中国人口出生率与老龄化对策

ZHONGGUO RENKOU CHUSHENGLÜ
YU LAOLINGHUA DUICE

齐玲 ◎ 著

中国财经出版传媒集团
经济科学出版社
Economic Science Press

图书在版编目（CIP）数据

中国人口出生率与老龄化对策/齐玲著．—北京：
经济科学出版社，2020.7
ISBN 978－7－5218－1662－4

Ⅰ．①中… Ⅱ．①齐… Ⅲ．①人口出生率－影响－
人口老龄化－研究－中国②人口政策－研究－中国
Ⅳ．①C924.2

中国版本图书馆 CIP 数据核字（2020）第 108977 号

责任编辑：刘怡斐
责任校对：郑淑艳
责任印制：邱 天

中国人口出生率与老龄化对策
齐 玲 著
经济科学出版社出版、发行 新华书店经销
社址：北京市海淀区阜成路甲 28 号 邮编：100142
编辑部电话：010－88191348 发行部电话：010－88191522
网址：www.esp.com.cn
电子邮箱：esp@esp.com.cn
天猫网店：经济科学出版社旗舰店
网址：http://jjkxcbs.tmall.com
北京季蜂印刷有限公司印装
710×1000 16 开 18.5 印张 360000 字
2020 年 8 月第 1 版 2020 年 8 月第 1 次印刷
ISBN 978－7－5218－1662－4 定价：78.00 元
（图书出现印装问题，本社负责调换。电话：010－88191510）

前　　言

本书主要研究人口老龄化问题的模型构建问题，基于人口经济学、经济增长理论，力图构建适合中国国情的理论模型，并为应对人口老龄化问题提出对策和建议。

人口出生率与老龄化是很多发达国家所面临的严峻问题。随着经济的发展，发达国家出现了出生率下降的现象；同时，伴随着经济的发展、医疗技术的提高及医药水平的不断进步，特效药和特效的治疗方法不断被发现，人的预期寿命也不断地延长。出生率的下降和人的寿命的延长，使老年人口占比不断加大，因此，人口老龄化似乎是经济发展的必然结果。人口老龄化给经济和社会带来了很多变化。首先，人口老龄化造成了政府财政上的负担，本来用在科学研究、发明创造和生产上的资金现在要更多地用于支付老龄人口的养老和医疗。其次，年轻人口的减少也使得社会缺乏活力，造成技术革新和发明创造减少。同时，带来商品需求的减少、偏好的转变和劳动市场结构的变化等一系列经济问题。我国属于发展中国家，社会和个人的积累还没有达到发达国家的水平就先步入了老龄化社会，过早地背负了养老的负担。怎样应对人口老龄化和怎样延缓老龄化的发展进程，对处于经济转型期的我国而言有着更深刻的意义。研究人口老龄化问题，并不只是从经验研究上进行现象的研究，而是要在理论模型上进行更深刻的、本质的研究。虽然国际上已有很多这方面的研究文献，但多数的模型并不适合我国的国情。我国目前还比较缺乏这方面的理论模型研究，多数研究局限于经验分析或照搬国外的理论模型。本书试图在人口老龄化问题的理论模型上取得突破，填补这方面的空白。

本书重点研究两部分内容，即出生率与人口老龄化的现实对策问题。我国已于2016年实行“全面二孩政策”。提高出生率，这是解决人口老龄化问题的关键和根本。2016年与2017年的出生率有所提高，但2018年的出生率比2017年要低，2019年的出生率预计要远低于2018年。那么，就会产生这样的疑问：允许每个家庭生育两个孩子的人口政策是否可以提高出生率，并从根本上缓解人口老龄化？笔者在本书第1部分——出生率模型研究中对此进行了分析。

本书第1部分是关于出生率模型的研究，共包含四章。第1章是对出生率相关文献的综述。重点介绍了有代表性的经典文献，为了便于读者阅读和理解，加入了笔者的推导和求解过程。第2章构建了出生率决定模型，这一模型是以R. 巴罗（R. Barro）和G. 贝克（G. Becker，1989）的内生出生率模型为基础，在J. 贝哈鲍比（J. Benhabib）和K. 西村（K. Nishimura，1989）模型的基础上加以改进而成的。新模型改进了R. 巴罗和G. 贝克（1989）、J. 贝哈鲍比和K. 西村（1989）的动态最优路径不唯一的缺陷，并分析了动态路径的变化。这一改进同时参考了齐玲和S. 金谷（S. Kanaya，2010）的研究，经过了细化和改进。第3章使用第2章的模型对我国实行二孩政策以后出生率的变化和将来的变化趋势进行分析。第4章以第2章和第3章的分析为基础，对我国是否应进一步放开对生育的限制和放开生育限制的时机等政策提出了一些建议。

本书第2部分是应对人口老龄化对策研究，这一部分包含四章。第5章梳理了退休时间的最优选择和保险需求方面的相关文献，并加入了大量笔者的推导和证明。第6章研究了适合我国实际情况的退休时间最优选择问题，既探讨了连续时间动态模型中最优退休时间选择问题，也探讨了离散时间模型中最优退休时间的选择问题，并指出延迟退休对经济的影响，既包含不确定生存的情况，也包含风险投资的情况。第7章讨论了社会养老保障的补充——商业养老保险购买的问题。第8章在前三章结论的基础上，对我国的人口老龄化对策提出了一些政策性建议。

本书在2015年度教育部人文社会科学重点研究基地重大项目（项目编号：15JJD790037）和国家自然科学基金（项目编号：11471345）的支持下出版。感谢中央财经大学中国精算研究院领导的大力支持。

齐　玲
中央财经大学中国精算研究院
2019年9月24日

Preface

Some results of my studying on population aging are included in this book. I am studying on the theory of population aging problem and providing the models what are appropriate to our country.

Population aging is a serious problem in developed countries for recent three decades. As economic developing, there are decline in the fertility, and extension of life expectancy. It seems that aging is a natural result as the economy developing. However, aging changed the economy and society broadly. At first, it raises the burden of financing the existing pay-as-you-go national pension system and medication.

The second, the decreasing of young population causes decline of innovation and invention on one hand, the change on commodity demand and the change in the labor market on the other hand. Studying on population aging in our country has a practical meaning, because we are developing country now, the social security in our country will confront more difficult situation than developed countries. Thus, how to solve this problem is very important in the change period of economy development. However, almost most studying on aging in our country only concentrate on Econometrics. With this book I try to fill the gap on theory models between our country and the world.

There are two parts included in this book: researches on the models of fertility and policies against aging. We have a new population policy in 2016: every family may have two children. We expected that this new population policy, fertility would increase in our country. However, the fertility rate increased in 2017, but declined in 2018; and in 2019, it is predicted that fertility will be more decline than 2018. Can the new policy cause the fertility rate increasing in the future? I give an analysis on it in Part 1.

Part 1 is a research on fertility model including four chapters. In Chapter 1, some literature on the theory of fertility and population are discussed. I provide proofs and explanation in detail on every important equation and proposition for readers. A fertility model is given in Chapter 2, which based on the models of Barro and Becker (1989) and Benhabib and Nishimura (1989). This chapter is rewrite from the paper of Qi and Kanaya (2010) published on *Journal of Economic Dynamics & Control.* The defect of multiple paths in the models of Barro and Becker (1989) and Benhabib and Nishimura (1989) is corrected and an analysis on the dynamics of the optimal path is given in this chapter. An analysis on the change and tendency of the fertility after the new population policy executed is giving in Chapter 3 by using the model of Chapter 2. Based on the results in Chapters 2 – 3, some suggestions on population policy is given in Chapter 4. The results of two chapters are also out of my work.

Part 2 is the research on the models of the policies against aging. There are four chapters in it. Some literature on retirement and life insurance are discussed in Chapter 5. I also provide proofs and explanation in detail on every important equation and proposition for readers. In Chapter 6, the models of optimal choice on retirement are given both in continuous and concrete time dynamics, and both in uncertain life time and risk investment. The effect of the delay on retirement on economy is also analyzed. In Chapter 7, the demand of commercial pension is analyzed. The results of Chapters 6 – 7 are all my work. In chapter 8, some suggestion on polices against aging are provided based on analyses of Chapters 6 – 7.

This book was supported by the MOE Project of Key Research Institute of Humanities and Social Science in Universities 15JJD790037 of the Ministry of Education of the Peoples' Republic of China and National Natural Science Foundation of China 11471345. I also appreciate the leadership of our institute for their support on writing of this book.

Qi Ling

China Institute for Actuarial Science

Central University of Finance and Economics

September 24, 2019

目录

第1部分　人口出生率模型研究

第1部分
人口出生率模型研究

本部分是关于出生率模型的研究，共包含四章。第1章是对出生率相关文献的综述。重点介绍了有代表性的经典文献，为了便于读者阅读和理解，加入了笔者的推导和求解过程。第2章构建了出生率决定模型，这一模型是以R. 巴罗（R. Barro）和G. 贝克（G. Becker，1989）的内生出生率模型为基础，在J. 贝哈鲍比（J. Benhabib）和K. 西村（K. Nishimura，1989）模型的基础上加以改进而成的。新模型改进了R. 巴罗和G. 贝克（1989）、J. 贝哈鲍比和K. 西村（1989）的动态最优路径不唯一的缺陷，并分析了动态路径的变化。这一改进同时参考了齐玲和S. 金谷（S. Kanaya，2010）的研究，经过了细化和改进。第3章使用第2章的模型对我国实行二孩政策以后出生率的变化和将来的变化趋势进行分析。第4章以第2章和第3章的分析为基础，对我国是否应进一步放开对生育的限制和放开生育限制的时机等政策提出一些建议。

第 1 章

人口老龄化问题中出生率模型

人口出生率的低下与预期寿命的提高是人口老龄化程度加深的原因。我国以往实行的“独生子女政策”造成了出生率的长期低下；而我国快速的经济发展，人民生活水平和健康水平的提高，医疗技术的高速发展使很多过去无法治疗的病症得以治愈，大大地延长了人们的预期寿命。出生率的一直低下和老年人口的不断增加，使人口老龄化的程度不断地加深。

人口老龄化给社会和经济带来很多问题。从长远来看，年轻人口的比例下降会造成将来劳动力的减少或不足，更重要的是造成科学技术创造力的下降。也给社会带来国家的防卫问题，还会给经济带来商品与服务需求的变化。从短期来看，首先，会造成养老保障支出和医疗费用的上升，使得国家财政中很大比例的资金用于养老福利和老年病的治疗，从而减少了对科学技术研发和产品生产的投资。其次，年轻人口比例降低的社会，生活消费需求会减少，即内需减少，这直接会影响我国的经济增长。最后，由于多年来实行“独生子女政策”，家庭养老面临一系列困难，而社会现有的养老设施远远赶不上人口快速老龄化的需求。

人口老龄化是经济发展的必然结果，差不多所有的发达国家都面临这一问题。但我国还是发展中国家，正处于经济快速发展时期，快速的人口老龄化给我国的经济增加了下行压力。由于我国经济高速增长的时间较短，国家财政的积累还不足以应对快速的人口老龄化进程，老龄人口社会养老保障的积累不足。因此，我国的人口老龄化面临发达国家没有面临过的问题。

面对人口老龄化程度的加深，我国要解决的首要问题是延缓老龄化的发展。而提高出生率是改善人口老龄化状况的最基本也是最紧要的问题。我国在 2016 年废止了实行了 30 余年的“独生子女政策”，允许每个家庭生育两个孩子。这一政策尚在实行初期，2016 年出生率有所上升，但 2017 年的出生率远不如预期。2018 年的出生率更低于 2017 年。为了分析新人口政策实行后出生率远低于预期的原因，就需要了解是哪些因素影响了出生率，以便实行对缓解人口老龄化最有效的人口政策。

即使出生率如预期那样大幅提高，现在出生的孩子到成年也还需要很长时间，很多亟待解决的问题并没有因人口政策的改变而得到解决，例如，社会养老保障系统的运营问题，短期内并没有因人口政策的改变而改变。为减轻社会和政府的压力、维持社会养老保障系统的持续运营，关于延迟退休、社会养老保障系统的改革等措施的研究是人口老龄化迫在眉睫应解决的问题。

研究人口老龄化问题，首先需要从经济理论方面入手，搞清楚人口老龄化的发展对经济的动态影响，找到解决或缓和人口老龄化问题的政策和努力方向。虽然国外有很多关于人口老龄化的研究文献，但都是基于发达国家的研究，很多模型并不适合我国的实际情况。本书旨在研究适合我国国情的理论动态模型，对理论模型的结果进行分析，得到解决或缓和人口老龄化问题的政策和方法。

本章主要介绍国际上关于出生率研究的有代表性的文献。首先，介绍关于人口转换的研究。这一研究证明了出生率的下降是经济发展的必然趋势，解释了发达国家出生率下降现象的原因。由于经济的发展，人们的生活水平和健康水平提高，同时医疗技术的进步使很多疑难病症得以治疗，人的预期寿命大大提高，加上出生率的下降，人口老龄化成为必然趋势。其次，介绍有关孩子的机会成本的文献。这篇文献把劳动分为脑力劳动与体力劳动，女性与男性的劳动能力区别主要在于体力劳动的差别，经济的发展提高了脑力劳动的价格，也就提高了女性的相对工资，因而提高了生育孩子的机会成本，从而解释了经济增长出生率却下降的原因。再次，介绍了有关死亡率降低对出生率影响的文献。最后，介绍了离散时间经济增长模型中出生率内生选择的文献。为了便于理解，对经典文献笔者给出了详细的证明和分析。

1.1 经济增长与出生率的关系

本节主要介绍出生率和人口转换的研究。关于人口增长，从公元前 1 万年到公元 1 世纪，人口增长非常缓慢，世界人口年均增长率只有 0.04%；在以后的 1800 年里，人口年均增长率为 0.09%。19 世纪人口年均增长率为 0.6%，而 20 世纪前半叶，年均人口增长率为 0.9%，20 世纪后半叶为 1.8%。这种现象激励了很多经济学家去研究为什么在生产力不发达的时期人口增长如此缓慢，而在生产力提升时期人口增长则会加快的问题。

T. 马尔萨斯（T. Malthus）首先注意到并研究了这一问题。T. 马尔萨斯（1826）描述了最基本的人口增长与收入的关系。[①] 他的模型有两个重点：第一，以固定的量供给的要素的存在性，例如土地，这意味着其他生产要素是规模报酬递减的；第二，生活基准对人口增长有正的效应。相对于可用土地的人口越少，人们就越富有，而人口增长就会越快，这样人均土地就会减少，人们就会走向贫穷。

由马尔萨斯模型可知，当人口规模很小时，生活水平会比较高，人口会增长；当人口规模比较大时，生活水平会比较低，人口会减少。

通过马尔萨斯模型，可以分析环境的改变如何影响人们的收入和人口数量。首先，在一定的人口规模下，假设存在某些技术改革，如水的灌溉或新的粮食品种，提高了生产力，从而提高了给定数量的土地下的粮食产量。这样，人均收入上升，生活水平提高。人们会生育更多的子女，人口增长稀释了生产力提升带来的益处，人口将持续增加直至回到过去的生活水平。新技术或土地的增加并没有使人们更健康、更幸福，而是增加了人口。

实证分析的结果表明，马尔萨斯模型与欧洲产业革命前的实际情况大体一致。在公元前 1000 年，中国是世界上技术最发达的国家，但因为人口增长，中国那时的生活水平与当时技术落后只能维持生存的欧洲接近。

但马尔萨斯模型并不适用于分析现在的世界。该模型的两个方面都与现在的实际情况相矛盾。第一，虽然土地供给是固定的，人口的增多意味着生活水平的下降，但是技术的进步突破了人均自然资源减少的阻碍，从而使近两个世纪人口增多但人均收入上升。第二，在马尔萨斯模型中，人均资本的足够大的提升会促使人口增长，但现在的

① Malthus，T. R. An Essay on the Principle of Population［M］. Cambridge：Cambridge University Press，1826.

数据表明，最富裕的国家却有最低的人口增长率。早在19世纪末欧洲就出现了收入高速增长，而人口增长却开始下降的现象。世界很多其他国家也同样出现了这样的现象：经济增长开始导致一个阶段的人口增长，但以后又出现人口增长下降。

经济的发展导致了死亡率的降低，也导致了出生率的降低。死亡率随经济的发展而降低是因为：第一，收入的增加减少了饥饿、加强了营养，也就增强了对疾病的抵抗力；第二，生活水平的提高和居住环境的改善减少了疾病，特别是传染病；第三，随着经济和技术的发展，很多疾病得到治疗。

1.1.1 出生率移转

人口统计学使用年龄别出生率（age-specific fertility rate），即某个国家在某一年15~49岁女性在各年龄上的平均出生率。例如，1999年25岁的美国女性的平均出生率为0.12。总和出生率由15~49岁女性的各个年龄别出生率相加而得到。因为孩子出生的数量与各个年龄的女性的数量有很大关系，计算各个年龄女性的平均出生率就消除了因女性数量的波动而引起的出生率的波动，而这些出生率的和就比较精确地反映了一个国家孩子的出生能力。

在1946~1964年的“婴儿潮”之后，欧洲和美国都呈现出生率下降的趋势，很多发展中国家也是这样。美国1960年的总和出生率为3.81；20世纪70年代后期和80年代初的出生率为1.8，然后恢复到2.1，是达到世代交替水平的唯一发达国家。瑞典1965年的出生率为2.3，20世纪70年代末至80年代中的出生率为1.6，后来因为推行出生奖励政策，总和出生率恢复到2.11，以后又降到1.6。英国1960年的出生率为2.57，法国1950年的出生率为2.92，两国的总和出生率都降到1.6~1.7。

德国1960年的出生率为2.5降到20世纪90年代的1.2。虽然下降比较缓慢，但意大利的总和出生率也从1965年的2.55降到与德国相似的水平。日本1947年的总和出生率为4.54，由于预想庞大的人口势必对经济增长造成障碍，为了给将来的劳动力提供足够的就业机会，日本实行了降低出生率的宣传教育政策，1960年的总和出生率降到2.00。随着经济的高速增长，日本的总和出生率有所上升，1973年的第二次“婴儿潮”后出生率达到2.14，随后直到现在仍处于下降的状态。1989年出生率降到1.57，2000年为1.32，2001年为1.33，2003年为1.29，2004年为1.29。在亚洲除了日本，韩国也同样面临出生率下降的问题，甚至比日本更严重。据统计，2017年日本的总和出生率为1.43，韩国的出生率为1.05，我国的出生率为1.68。

1.1.2 出生率下降原因

为什么随着经济的增长，出生率反而下降了呢？经济学家试图通过以下四个方面来说明。

第一，死亡率下降的影响。父母关注的不是生育孩子的数量，而是可以活到成年的孩子数量，当死亡率很高时，为了保证一定数量的孩子可以存活下来，父母往往要生育比自己想要的数量更多的孩子，以保证成年孩子的数量。当死亡率下降以后，没有必要生育更多的孩子以保证存活率，那么，父母就会减少生育孩子的数量。

第二，收入效应与替代效应。由于经济增长，父母的收入增加了，同时养育孩子的机会成本也增加了。因为孩子的养育需要花费父母的时间，尤其是母亲的时间。女性用于生育和照顾孩子的时间不能用于工作，经济增长提高了女性的工资，因而也就提高了养育孩子的机会成本。收入的增加对孩子的出生率产生了收入效应，也产生了替代效应，至于哪一个占主导地位是不确定的。当替代效应大于收入效应时，就会导致出生率的下降。O. 加勒（O. Galor）和 D. 韦尔（D. Weil，1996）把男性和女性的工资分开，男性工资的提高代表收入效应，而女性工资的提高使养育孩子的机会成本升高，从而导致出生率下降。

当女性成年后只是养育孩子时，父母就不会有动机为女儿提供更多的受教育机会，而当经济发展、女性的工资提高后，父母就有了提供给女儿受教育机会的动机，当女性受到更多教育之后，其就会选择多工作少生孩子。20 世纪 70 年代，对拉丁美洲关于出生率的调查发现，受过 7 年以上教育的女性的总和出生率为 3.2，而只受过 1～3 年教育的女性的总和出生率为 6.2。

第三，子女作为劳动力和赡养父母作用的转变。在经济发展水平低、生产技术水平低的时代，子女可以在很小的时候参与家庭劳动，当他们还是孩子时，就可以自己养活自己了。而随着经济的发展，生产技术变得复杂，子女在儿童时期不但不能成为劳动力，而且延长了受教育的时间，使家长要负担他们受教育的费用。在发展中国家，孩子通常在父母年老时赡养父母。若父母年老时没有其他经济来源，则养育子女就成为其必要的养老手段。而在发达国家，金融市场很发达，父母可以储蓄以备老年之需，而且会有国家的社会养老保障金，因而，其养育多子女的动机就减弱了。

第四，孩子的质与量的转换。随着经济的增长，父母把养育多子女的时间和资源用于养育数量较少但质量较高的子女。当父母需要子女养老时，他们当然需要健康、高收入的子女。即使子女在父母年老时并不支撑他们的生活，但父母会为自己健康、幸福的子女而高兴，所以父母愿意为提升子女的质量而投资。

为什么经济增长导致父母对孩子由量到质的转换呢？其一，经济发展降低了死亡率。当死亡率很高，不确定孩子能否活到成年时，父母是不会投资让他们受那么多教育的。如同金融投资一样，他们会选择多生孩子以分散风险。当父母确定孩子可以存活到成年之后，他们就有了增加投资以提升孩子质量的动机。其二，经济发展提高了教育的价值，刺激了父母为孩子们的受教育而投资的欲望。

G. 贝克（G. Becker，1990）和 H. 刘易斯（H. Lewis，1973）等研究了由于经济的发展，孩子质量的高收益带来了孩子由量到质的转换。

1.2 人口移转模型

这一节主要介绍和讨论从马尔萨斯时期到现代经济增长阶段关于人口移转的研究，在现代经济增长阶段，人口的增长率出现下降趋势，为了解释这种现象，本节介绍了一篇文献，在其中，加入了笔者自己的证明，使结果更加严密。

现在很多经济学家用人口移转思想来解释经济增长与人口发展之间的关系。人口移转包括死亡率的移转与出生率的移转两个部分。

O. 加勒和 D. 韦尔（2000）分析了人口增长、技术变化与生活基准之间关系的历史进化，开发了把历史的人口、技术与生产的发展融为一体的模型。这一模型包含了以经济发展为特征的三个体制的内生移转：马尔萨斯阶段、后马尔萨斯阶段和现代经济增长阶段。在马尔萨斯阶段，技术进步缓慢，人口的增长妨碍了人均收入持续上升；在后马尔萨斯阶段，由于技术进步，人口增长只部分地吸收了产出的增长，而收入与人口的增长成正比；在现代增长阶段，收入与人口增长的正相关关系发生逆转，社会走向人口增长减少与收入持续增长阶段。

现代增长阶段是以人均收入的稳定增长与技术水平的提升为特征的。在这一阶段，产出水平与人口增长率之间呈负相关的关系。最贫穷的国家的人口增长率最高，而很多富裕国家却有着近乎零的人口增长率。

在马尔萨斯阶段，技术进步与人口增长都很缓慢，人均收入差不多是一个定数。人均收入越高，人口增长率越高，与现代增长阶段正好相反。

而马尔萨斯阶段与现代增长阶段之间的后马尔萨斯阶段，人均收入的增长虽然没有现代增长阶段那么快，但在这一时期，人均收入还是有所增长。而人口增长与收入增长的关系却如同马尔萨斯阶段，即人均收入的增长导致人口的增长。

该文献把从马尔萨斯阶段、后马尔萨斯阶段到现代增长阶段的经济发展和人口移转收入一个模型中。这个统一模型的核心是解释当收入远远超过维持生存所需的水平时，出生率减少的原因。几乎所有关于人口移转的研究都集中在收入高的父母转向少生育而培养高质量的孩子，因而导致出生率下降的解释上。但是，与其说解释为收入增加的结果，不如说是技术进步的结果，是技术进步提高了人力资本收益率带来的结果。

模型第二部分是父母关于孩子受教育水平的选择给技术进步速度带来的影响。接受较高人力资本投资的孩子具有提高技术边界的较大的可能性和较高的接受先进技术的可能性。

模型第三部分把人口的规模与技术进步率相联系，并脱离马尔萨斯阶段。在一定的教育水平上，技术进步的速度是总人口数的递增函数。在给定教育水平的基础上，人口更多会产生更多的供给和需求，新想法也会更快速地扩散。

模型的最后部分是最古典的部分，刻画了存在固定生产要素（土地）的经济。当技术进步使人均产出超过生存水平（生存所需的最低收入水平）时，人口增加，使人均土地下降，如没有进一步的技术进步，工资率会降回到消费的生存水平。只有持续的技术进步才能克服由人口增长带来的人均收入的下降，产生持续的收入增长。

该模型产生了马尔萨斯的伪稳态点。这一稳态在很长的时间里是稳定的，但是在长期均衡中消失了。在马尔萨斯阶段，人均产出是稳定的。技术进步缓慢，反映了产出和人口的成比例增加。由于技术进步缓慢，人力资本的收益低，父母没有以孩子的质量去替代孩子数量的意愿。由于人口规模对技术进步的影响，马尔萨斯稳态在长期中消失。当人口规模充分大时，由人口带来的技术进步率充分高，使得父母认为对子女进行人力资本的投资是最佳的。在这一点上，产生了良性循环：高人力资本提高了技术进步水平，技术进步反过来提高了人力资本。

技术进步初期给人口增长带来两个效果。一方面，技术进步使得家庭预算的限制放松，可以使更多的资源用于养育孩子；另一方面，这也导致孩子质量上的资源的再分配。在后马尔萨斯阶段，前者的影响是主要的，所以人口增加。结果，人力资本的增加产生更快的技术进步，改变了人口移转：工资与孩子质量提升所带来的收益继续增加，越来越多的资源分配在孩子质量上而非在孩子的数量上，人口增长走向减少。在现代增长阶段，与技术迅速进步和人均产出迅速增长相对应的是，人口增长很缓慢。

该文献把土地与有效劳动作为投入，由生产函数中的内生技术进步描述了三个不同的阶段；另外，家庭基于效用最大化原则决定自己的消费水平、孩子的数量和孩子的质量。该文献使用世代交叠模型研究了不同阶段之间的人口移转问题。

在各个期间，使用土地和有效劳动来生产最终商品。假设土地的供给是外生的，数量是固定的。生产函数为：

$$Y_t = H_t^{\alpha}(A_t X)^{1-\alpha} \tag{1-1}$$

其中，H_t 为 t 期所雇用的劳动的有效单位的数量，而 X 则表示每个时期在生产中所投入的土地数量，$A_t > 0$ 表示在 t 时刻的内生技术水平，$A_t X$ 表示 t 期生产使用的有效资源，$0 < \alpha < 1$。单位劳动力平均产出为：

$$y_t = h_t^{\alpha} x_t^{1-\alpha} \equiv y(h_t,\ x_t) \tag{1-2}$$

其中，$h_t = \dfrac{H_t}{L_t}$为工人人均劳动有效单位；而 $x_t = \dfrac{A_t X}{L_t}$则表示 t 时刻的单位劳动力平均有效资源。

假设不存在对土地的权利，所以土地的收入为零。因为利润为零，每单位有效劳动的工资等于平均产出。

$$w_t = \left(\frac{x_t}{h_t}\right)^{1-\alpha} \equiv w(h_t,\ x_t) \tag{1-3}$$

这里，对任意正的向量（h_t，x_t），都有 $w_h(h_t,\ x_t) < 0$，$w_x(h_t,\ x_t) > 0$ 成立。

1. 偏好与预算约束

在每个期间 t，每个世代拥有 L_t 个相同的个人加入劳动市场，假设每个个人只有一个上一代的父亲或母亲。每个世代生存两个时期：在 $t-1$ 期，即儿童期，消费父母所拥有的 1 单位时间的某个比例，孩子的质量随父母付出的育儿时间的增加而提升；在第二个时期，每个人拥有 1 单位的时间初始禀赋，他们把自己的时间在养育孩子和参加生产之间进行分配。他们要选择自己子女的质量与数量，决定自己投入生产的时间比例，得到工资，并依赖工资进行消费。

t 世代个人的效用函数为：

$$u^t = (c_t)^{1-\gamma}(w_{t+1} n_t h_{t+1})^{\gamma} \quad \gamma \in (0,\ 1) \tag{1-4}$$

其中，c_t 为 t 世代的个人的消费，n_t 为 t 世代个人的孩子数量，而 h_{t+1} 为 t 世代的每个孩子的人力资本，w_{t+1} 为在 $t+1$ 时刻有效单位劳动的工资。

为了简化模型，假设养育孩子只需要父母的时间。设个人拥有 1 单位的时间禀赋，并设养育每个孩子需要 $\tau^q+\tau^e e_{t+1}$ 的时间成本。其中，τ^q 为相对于 1 单位的时间禀赋的比例，为单纯养育孩子所需的时间成本，并不考虑孩子的质量；而 τ^e 为对于每个孩子 1 单位的教育，个人所付出的相对于 1 单位时间的比例。

考虑 t 世代的个人在 t 时刻有 h_t 单位的有效劳动，他要在养育孩子和供给劳动之间进行时间上的选择，把在生产上供给的劳动收入用于消费，即：

$$c_t \leqslant w_t h_t [1-n_t(\tau^q+\tau^e e_{t+1})]$$

其中，中括号内的后一项为养育所有孩子所需的时间。改写上式，得到：

$$w_t h_t n_t(\tau^q+\tau^e e_{t+1})+c_t \leqslant w_t h_t \tag{1-5}$$

在这里把 $z_t=w_t h_t$ 定义为潜在收入。

2. 人力资本的生产

个人的人力资本水平由他们的教育和技术环境所决定。t 世代人的孩子的人力资本水平为：

$$h_{t+1}=h(e_{t+1},\ g_{t+1}) \tag{1-6}$$

其中，$g_{t+1} \equiv \dfrac{A_{t+1}-A_t}{A_t}$为技术增长率。

$t+1$ 世代的人力资本关于 $t+1$ 世代的受教育水平 e_{t+1}是递增的，关于技术增长率是递减的。而且，$h_{11}<0$，$h_{22}>0$，$h_{12}>0$。

3. 效用的最大化

t 世代选择孩子的数量 n_t 和质量 e_{t+1}使得以下效用达到最大化：

$$\{w_t h_t[1-n_t(\tau^q+\tau^e e_{t+1})]\}^{1-\gamma}[n_t h(e_{t+1},\ g_{t+1})]^\gamma$$

服从以下限制条件：

$$w_t h_t[1-n_t(\tau^q+\tau^e e_{t+1})]\geqslant\tilde{c},\ n_t\geqslant 0,\ e_{t+1}\geqslant 0$$

考虑关于 n_t 的一阶条件，当 $w_t h_t[1-n_t(\tau^q+\tau^e e_{t+1})]>\tilde{c}$ 时，不受约束条件的约束，应有：

$$-(1-\gamma)(\tau^q+\tau^e e_{t+1})(w_t h_t)^{1-\gamma}[1-n_t(\tau^q+\tau^e e_{t+1})]^{-\gamma}\times$$
$$[n_t h(e_{t+1},\ g_{t+1})]^\gamma+\gamma(w_t h_t)^{1-\gamma}[1-n_t(\tau^q+\tau^e e_{t+1})]^{1-\gamma}\times$$
$$(n_t)^{\gamma-1}h(e_{t+1},\ g_{t+1})^\gamma=0$$

即：

$$-(1-\gamma)n_t(\tau^q+\tau^e e_{t+1})+\gamma[1-n_t(\tau^q+\tau^e e_{t+1})]=0$$

得到：

$$n_t(\tau^q+\tau^e e_{t+1})=\gamma \tag{1-7}$$

而当约束条件产生约束时，也就是说，当 $w_t h_t[1-n_t(\tau^q+\tau^e e_{t+1})]=\tilde{c}$ 时，可以得到：

$$n_t(\tau^q+\tau^e e_{t+1})=1-\frac{\tilde{c}}{w_t h_t}$$

怎样描述限制条件是否产生约束呢？在这里定义当消费为 $\tilde{c}$ 时的潜在收入为：

$$\tilde{z}\equiv\frac{\tilde{c}}{1-\gamma} \tag{1-8}$$

也就是说，$\tilde{z}$ 是使得一阶条件以等式成立时的潜在收入，即当 $n_t(\tau^q+\tau^e e_{t+1})=\gamma$ 且消费为 $\tilde{c}$ 时的潜在收入。当潜在收入 $z_t=w_t h_t\geqslant\tilde{z}$ 时，由 $\tilde{z}$ 的定义，得到：

$$c_t=w_t h_t(1-\gamma)\geqslant\tilde{z}(1-\gamma)=\tilde{c}$$

而当 $n_t(\tau^q+\tau^e e_{t+1})>\gamma$ 时，会有：

$$-(1-\gamma)n_t(\tau^q+\tau^e e_{t+1})+\gamma[1-n_t(\tau^q+\tau^e e_{t+1})]$$
$$<-\gamma(1-\gamma)+\gamma(1-\gamma)=0$$

因而，当 $n_t(\tau^q+\tau^e e_{t+1})>\gamma$，且满足 $w_t h_t[1-n_t(\tau^q+\tau^e e_{t+1})]\geqslant\tilde{c}$ 时，并不能取到最大值。因此，必有：

$$n_t(\tau^q+\tau^e e_{t+1})=\gamma$$

而当 $z_t=w_t h_t<\tilde{z}$ 时，有：

$$w_t h_t(1-\gamma)<\tilde{z}(1-\gamma)=\tilde{c}$$

因而必有：

$$n_t(\tau^q+\tau^e e_{t+1})<\gamma$$

即：

$$w_t h_t[1-n_t(\tau^q+\tau^e e_{t+1})]=\tilde{c}$$

整理得到：

$$n_t(\tau^q+\tau^e e_{t+1})=1-\frac{\tilde{c}}{w_t h_t} \tag{1-9}$$

由式（1-7）和式（1-9），得到：

$$n_t(\tau^q+\tau^e e_{t+1})=\begin{cases}\gamma, & z_t\geqslant\tilde{z}\\ 1-\dfrac{\tilde{c}}{w_t h_t}, & z_t<\tilde{z}\end{cases} \tag{1-10}$$

由关于 e_{t+1} 的一阶条件，得到：

$$-(1-\gamma)[1-n_t(\tau^q+\tau^e e_{t+1})]^{-\gamma}n_t\tau^e[n_t h(e_{t+1},g_{t+1})]^{\gamma}$$
$$+\gamma[1-n_t(\tau^q+\tau^e e_{t+1})]^{1-\gamma}n_t^{\gamma}h^{\gamma-1}h_1\leqslant 0$$

得到：

$$-(1-\gamma)n_t\tau^e h(e_{t+1},g_{t+1})+\gamma[1-n_t(\tau^q+\tau^e e_{t+1})]h_1\leqslant 0 \tag{1-11}$$

当式（1-11）为负时，$e_{t+1}=0$。

当 $z_t\geqslant\tilde{z}$ 时，由式（1-10），$n_t(\tau^q+\tau^e e_{t+1})=\gamma$，式（1-11）变为：

$$-n_t\tau^e h(e_{t+1},g_{t+1})+\gamma h_1\leqslant 0 \tag{1-12}$$

把式（1-7）代入式（1-12）并消去 n_t，得到：

$$(\tau^q+\tau^e e_{t+1})h_1(e_{t+1'},\ g_{t+1})-\tau^e h(e_{t+1},\ g_{t+1})\leqslant 0 \tag{1-13}$$

而当 $z_t<\tilde{z}$ 时，$c_t=\tilde{c}$，要达到效用最大化，只需使 $w_{t+1}n_t h_{t+1}$ 达到最大，即使 $n_t h_{t+1}=\dfrac{1-\dfrac{\tilde{c}}{z_t}}{\tau^q+\tau^e e_{t+1}}h(e_{t+1},\ g_{t+1})$ 达到最大。而 $n_t h_{t+1}=\dfrac{1-\dfrac{\tilde{c}}{z_t}}{\tau^q+\tau^e e_{t+1}}h(e_{t+1},\ g_{t+1})$ 最大化的一阶条件为：

$$-\frac{1-\dfrac{\tilde{c}}{z_t}}{(\tau^q+\tau^e e_{t+1})^2}\tau^e h(e_{t+1},\ g_{t+1})+\frac{1-\dfrac{\tilde{c}}{z_t}}{\tau^q+\tau^e e_{t+1}}h_1(e_{t+1},\ g_{t+1})\leqslant 0$$

经过整理，得到：

$$(\tau^q+\tau^e e_{t+1})h_1(e_{t+1'},\ g_{t+1})-\tau^e h(e_{t+1},\ g_{t+1})\leqslant 0 \tag{1-14}$$

设：

$$G(e_{t+1},\ g_{t+1})=(\tau^q+\tau^e e_{t+1})h_1(e_{t+1},\ g_{t+1})-\tau^e h(e_{t+1},\ g_{t+1}) \tag{1-15}$$

计算：

$$\frac{\partial G}{\partial g_{t+1}}=-\tau^e h_2(e_{t+1},\ g_{t+1})+(\tau^q+\tau^e e_{t+1})h_{12}(e_{t+1},\ g_{t+1}) \tag{1-16}$$

由假设，$h_2<0$，$h_{12}>0$，由式（1－16），有：

$$\frac{\partial G}{\partial g_{t+1}}>0$$

由式（1－15）得到：

$$\frac{\partial G}{\partial e_{t+1}}=\tau^e h_1+(\tau^q+\tau^e e_{t+1})h_{11}-\tau^e h_1=(\tau^q+\tau^e e_{t+1})h_{11}<0 \tag{1-17}$$

提出以下假设。

假设 1.1　假设 $G(0,\ 0)<0$。

引理 1.1 若假设 1.1 被满足，则 t 世代成员所选择的孩子受教育水平是技术增长率 g_{t+1} 的函数，且存在 $\hat{g}>0$，使得：

$$e_{t+1}=e(g_{t+1})\begin{cases}=0, & g_{t+1}\leqslant\hat{g}\\>0, & g_{t+1}>\hat{g}\end{cases}$$

且 $e'(g_{t+1})>0$，对任意 $g_{t+1}>\hat{g}$ 都成立。

证明：由假设 1.1，$G(0,0)<0$。如果对于任意 e_{t+1} 和 g_{t+1} 都有 $G(e_{t+1},g_{t+1})<0$，则有 $e_{t+1}=0$。现在证明由假设 1.1，一定会有 (e_{t+1},g_{t+1})，使 $G(e_{t+1},g_{t+1})=0$。

由 h 关于 g 是凸函数，由凸函数定义可得：

$$h(0,g_{t+1})<h(0,0)+h_2(0,0)g_{t+1} \tag{1-18}$$

把式（1-18）代入下式，得到：

$$\begin{aligned}G(0,g_{t+1})&=\tau^q h_1(0,g_{t+1})-\tau^e h(0,g_{t+1})\\&>\tau^q h_1(0,g_{t+1})-\tau^e h(0,0)-\tau^e h_2(0,0)g_{t+1}\end{aligned}$$

由于 $h_2(0,0)<0$，$h_1>0$，第一项和第三项是正的，而且当 g_{t+1} 很大时，两项的和会很大，而第二项是定数，当 g_{t+1} 很大时会有 $G(0,g_{t+1})>0$。由假设 1.1 和连续函数的介值定理可知，一定存在 $\hat{g}>0$，使得 $G(0,\hat{g})=0$，即：

$$\tau^q h_1(0,\hat{g})-\tau^e h(0,\hat{g})=0$$

由式（1-16）及 $h_2<0$，$h_{12}>0$ 的假设，可知：

$$\frac{\partial G}{\partial g_{t+1}}>0$$

G 关于 g 是单调的，因而，$\hat{g}$ 是唯一的。

又由于 $G(e_{t+1},g_{t+1})$ 关于 g_{t+1} 是递增的，当 $g_{t+1}>\hat{g}$ 时，应有 $G(0,g_{t+1})>0$。

由于 $h(e_{t+1},g_{t+1})$ 关于 e_{t+1} 是凹的，由凹函数的定义，有：

$$h(e_{t+1},g_{t+1})>h(0,g_{t+1})+h_1(0,g_{t+1})e_{t+1} \tag{1-19}$$

把式（1-19）代入下式，得到：

$$
\begin{aligned}
G(e_{t+1},\ g_{t+1}) &= (\tau^q + \tau^e e_{t+1})h_1(e_{t+1},\ g_{t+1}) - \tau^e h(e_{t+1},\ g_{t+1}) \\
&< (\tau^q + \tau^e e_{t+1})h_1(e_{t+1},\ g_{t+1}) - \tau^e h(0,\ g_{t+1}) \\
&\quad - \tau^e h_1(0,\ g_{t+1})e_{t+1} \\
&= \tau^q h_1(e_{t+1},\ g_{t+1}) - \tau^e h(0,\ g_{t+1}) \\
&\quad + \tau^e e_{t+1}[h_1(e_{t+1},\ g_{t+1}) - h_1(0,\ g_{t+1})]
\end{aligned}
$$

由于 $h_{11}<0$，所以 $h_1(e_{t+1},\ g_{t+1})<h_1(0,\ g_{t+1})$，因而，第三项中括号内的两项和为负，第二项也为负，而第一项 $\tau^q h_1(e_{t+1},\ g_{t+1})<\tau^q h_1(0,\ g_{t+1})$，而 $h_1(0,\ g_{t+1})$ 对于给定的 g_{t+1} 来说是一个定数。因而，当 $e_{t+1}\to\infty$ 时，$G(e_{t+1},\ g_{t+1})<0$。由前所述，当 $g_{t+1}>\hat{g}$ 时，$G(0,\ g_{t+1})>0$，又由于 $G(e_{t+1},\ g_{t+1})$ 是关于 e_{t+1} 的连续函数，由连续函数的介值定理，存在 $e_{t+1}>0$ 使得 $G(e_{t+1},\ g_{t+1})=0$。

由于 $\frac{\partial G}{\partial e_{t+1}}<0$，由隐函数定理，存在唯一连续可微函数 e，$e_{t+1}=e(g_{t+1})$ 使得：

$$G(e(g_{t+1}),\ g_{t+1})=0 \tag{1-20}$$

对式（1-20）的两边求微分得到：

$$
\begin{aligned}
&(\tau^q + \tau^e e_{t+1})h_{11}(e_{t+1},\ g_{t+1})\mathrm{d}e_{t+1} + [(\tau^q + \tau^e e_{t+1})h_{12} \\
&- \tau^e h_2(e_{t+1},\ g_{t+1})]\mathrm{d}g_{t+1} = 0
\end{aligned}
$$

整理得到：

$$\frac{\mathrm{d}e_{t+1}}{\mathrm{d}g_{t+1}} = -\frac{(\tau^q + \tau^e e_{t+1})h_{12} - \tau^e h_2(e_{t+1},\ g_{t+1})}{(\tau^q + \tau^e e_{t+1})h_{11}(e_{t+1},\ g_{t+1})} \tag{1-21}$$

由假设 $h_2<0$，$h_{12}>0$，得到：

$$\frac{\mathrm{d}e_{t+1}}{\mathrm{d}g_{t+1}}>0$$

由前所证，$G(e_{t+1},\ g_{t+1})$ 关于 g_{t+1} 是递增的，所以当 $g_{t+1}<\hat{g}$ 时，有 $G(0,\ g_{t+1})<0$。由 $\frac{\partial G}{\partial e_{t+1}}<0$，可知：

$$G(e_{t+1},\ g_{t+1}) < G(0,\ g_{t+1}) < 0$$

对任意 $e_{t+1} > 0$ 成立。那么，$e_{t+1} = 0$ 就是最佳选择。所以，得到：

$$e_{t+1} = \begin{cases} 0,\ g_{t+1} \leqslant \hat{g} \\ e(g_{t+1}),\ g_{t+1} > \hat{g} \end{cases} \qquad (1-22)$$

Q. E. D.

由于计算 e'' 需要关于 h 的三阶偏导假设，文献笔者只是假设 $e'' < 0$，因为这样最接近实际。

假设 1.2 $e''(g_{t+1}) < 0$。

下面计算 n_t 的表示式。在式（1－10）中代入 e_{t+1} 的表示式，得到：

$$n_t = \begin{cases} \dfrac{\gamma}{\tau^q + \tau^e e(g_{t+1})},\ z_t \geqslant \tilde{z} \\ \dfrac{1 - \dfrac{\tilde{c}}{z_t}}{\tau^q + \tau^e e(g_{t+1})},\ z_t < \tilde{z} \end{cases} \qquad (1-23)$$

其中，$z_t = w_t h_t$，为了简便起见，令 $n^b(g_{t+1}) \equiv \dfrac{\gamma}{\tau^q + \tau^e e(g_{t+1})}$，$n^a(g_{t+1},\ z_t) \equiv \dfrac{1 - \dfrac{\tilde{c}}{z_t}}{\tau^q + \tau^e e(g_{t+1})}$。

命题 1.1 在假设 1.1 和假设 1.2 下，有以下性质。

（1）技术进步率的上升减少了孩子的数量，提升了孩子的质量，即：

$$\frac{\partial n_t}{\partial g_{t+1}} \leqslant 0,\ \frac{\partial e_{t+1}}{\partial g_{t+1}} \geqslant 0$$

（2）若 $z_t < \tilde{z}$，父母收入的增加导致孩子数量的上升，但对他们的质量并无影响。

（3）若 $z_t \geqslant \tilde{z}$，则父母收入的增加并不影响孩子的数量和质量。

性质（1）关于孩子数量的结论是由式（1－23）中的两式而得，而关于孩子质量的结论是由式（1－22）与式（1－21）所得。性质（2）关于父母收入的增加对孩子数量的影响是由式（1－23）的第二式得到，而其对孩子质量的影响可由式（1－22）得到，因为孩子的质量只与技术进步率有关。关于性质（3）的结果，关于孩子数量的结论由式（1－23）的第一式得出，而关于孩子的质量问题与上面性质（2）的分析相同。

4. 技术进步

假设技术进步 g_{t+1} 依赖于 t 期的人均受教育水平 e_t 与 t 期的人口 L_t：

$$g_{t+1}=g(e_t,\ L_t) \tag{1-24}$$

假设：

$$g(0,\ L_t)>0,\ g_i(e_t,\ L_t)>0,\ g_{ii}(e_t,\ L_t)<0,\ i=e,\ L \tag{1-25}$$

由这一假设，技术随人口的增加而进步。即使劳动的质量为零，技术进步也是正的。这一假设是与实际情况相符的。

为使分析简单，在分析的初期假设人口的增加对技术进步没有影响。

假设 1.3　$g_L(e_t,\ L_t)=0$，对任意 $L_t>0$ 都成立。

由定义 $g_{t+1}\equiv\dfrac{A_{t+1}-A_t}{A_t}$，得到 $t+1$ 期的技术：

$$A_{t+1}=A_t(1+g_{t+1}) \tag{1-26}$$

设初期的技术 A_0 是给定的，而人口为：

$$L_{t+1}=n_tL_t \tag{1-27}$$

由此得到：

$$L_{t+1}=\begin{cases}n^b(g_{t+1})L_t,\ z_t\geqslant\tilde{z}\\ n^a[g_{t+1},\ z(e_t,\ g_t,\ x_t)]L_t,\ z_t<\tilde{z}\end{cases} \tag{1-28}$$

设初期的人口 L_0 是给定的。

5. 有效资源

单位劳动力平均有效资源 $x_t \equiv \frac{A_t x}{L_t}$，则：

$$x_{t+1} = \frac{A_{t+1}x}{L_{t+1}} = \frac{1+g_{t+1}}{n_t}\frac{A_t x}{L_t} = \frac{1+g_{t+1}}{n_t}x_t \tag{1-29}$$

为单位劳动力平均有效资源的变革。设 $x_0 = \frac{A_0 x}{L_0}$ 为给定的。

由式（1-29）、式（1-23）和式（1-24），得到：

$$x_{t+1} = \begin{cases} \dfrac{[1+g(e_t,\ L_t)]\{\tau^q + \tau^e e[g(e_t,\ L_t)]\}}{\gamma}x_t, & z_t \geqslant \tilde{z} \\ \dfrac{[1+g(e_t,\ L_t)]\{\tau^q + \tau^e e[g(e_t,\ L_t)]\}x_t}{1-\dfrac{\tilde{c}}{z(e_t,\ g_t,\ x_t)}}, & z_t < \tilde{z} \end{cases} \tag{1-30}$$

令：

$$\varphi^b(e_t,\ L_t) \equiv \frac{[1+g(e_t,\ L_t)]\{\tau^q + \tau^e e[g(e_t,\ L_t)]\}}{\gamma} \tag{1-31}$$

$$\varphi^a(e_t,\ g_t,\ x_t,\ L_t) \equiv \frac{[1+g(e_t,\ L_t)]\{\tau^q + \tau^e e[g(e_t,\ L_t)]\}}{1-\dfrac{\tilde{c}}{z(e_t,\ g_t,\ x_t)}} \tag{1-32}$$

得到：

$$\varphi^b_e(e_t,\ L_t) = \frac{[1+g_e(e_t,\ L_t)]\{\tau^q + \tau^e e[g(e_t,\ L_t)]\} + [1+g(e_t,\ L_t)]\tau^e e' g_e}{\gamma} > 0$$

$$\varphi^a_x(e_t,\ g_t,\ x_t,\ L_t) = -\frac{[1+g(e_t,\ L_t)]\{\tau^q + \tau^e e[g(e_t,\ L_t)]\}}{\left[1-\dfrac{\tilde{c}}{z(e_t,\ g_t,\ x_t)}\right]^2} \times$$

$$(1-\alpha)\tilde{c}h_t^{-\alpha}x_t^{\alpha-2}<0$$

6. 动态系统

经济的发展由以下满足式（1－22）、式（1－24）、式（1－27）和式（1－30）的序列 $\{e_t,\ g_t,\ x_t,\ L_t\}_{t=0}^{\infty}$ 决定。由前面的分析，此动态系统分为两个部分。

（1）当 $z_t<\tilde{z}$ 时，应有：

$$\begin{cases}x_{t+1}=\varphi^a(e_t,\ g_t,\ x_t,\ L_t)x_t\\ e_{t+1}=e[g(e_t,\ L_t)]\\ g_{t+1}=g(e_t,\ L_t)\\ L_{t+1}=n^a[g(e_t,\ L_t),\ z(e_t,\ g_t,\ x_t)]L_t\end{cases}\tag{1-33}$$

给定初始值 e_0，g_0 和 x_0。

（2）当 $z_t\geqslant\tilde{z}$ 时，应有：

$$\begin{cases}x_{t+1}=\varphi^b(e_t,\ L_t)x_t\\ e_{t+1}=e[g(e_t,\ L_t)]\\ L_{t+1}=n^b[g(e_t,\ L_t)]L_t\end{cases}\tag{1-34}$$

因为四维和三维的动态系统既难以得到解析解，又难以用相位图来表示，因此采用简化的手法，在分析技术与教育动态时，把人口当作为不变的定数来看，这样就可以减少动态系统的维数，用相位图进行分析。

7. 技术与教育的变革

在分析技术与教育的变革时，为了简单，假设人口不变，则动态系统为：

当 $z_t<\tilde{z}$ 时，

$$\begin{cases}x_{t+1}=\varphi^a(e_t,\ g_t,\ x_t,\ L)x_t\\ e_{t+1}=e[g(e_t,\ L)]\\ g_{t+1}=g(e_t,\ L)\end{cases}\tag{1-35}$$

当 $z_t \geqslant \tilde{z}$ 时，

$$\begin{cases} x_{t+1} = \varphi^b(e_t,\ L_t)x_t \\ e_{t+1} = e[g(e_t,\ L_t)] \end{cases} \tag{1-36}$$

当 $z_t \geqslant \tilde{z}$ 时，教育的变革只与技术增长率有关，而与有效资源无关。考虑：

$$\begin{cases} e_{t+1} = e[g(e_t,\ L)] \\ g_{t+1} = g(e_t,\ L) \end{cases} \tag{1-37}$$

当 $e_0 = 0$ 时，$g^l = g_1 = g(0,\ L)$，而 $e_1 = e(g_1) = e(g(0,\ L))$。接着，由式（1-37），得到：

$$g_2 = g(e_1,\ L) = g[e(g_1),\ L]$$

$$e_2 = e(g_2) = e\{g[e(g_1),\ L]\}$$

$$g_3 = g(e_2,\ L) = g(e\{g[e(g_1),\ L]\},\ L)$$

$$e_3 = e(g_3) = e[g(e\{g[e(g_1),\ L]\},\ L)],\ \cdots$$

由于技术增长率是有界的，所以技术增长率的序列会有收敛子序列。因而不妨设其本身在长期会趋于一个常数。如果教育曲线与技术增长率曲线不相交的话，技术增长率只会收敛于 g^l，而教育水平会收敛于零。如果两条曲线有交点的话，稳态会是（0，g^l）和两条曲线的交点。当人口 L 升高时，$g^m = g(0,\ L^m)$ 会比 g^l 高，那么整个技术增长率曲线会向上移动，这样，它与教育曲线会有交点。当交点是两个时，中间一个稳态（e^u，g^u）是不稳定的，而后一个稳态（e^h，g^h）是稳定的，而最低的稳态（0，g^m）也是稳定的。如果 L 再升高，技术增长率曲线继续向上移动，它与教育曲线会只有一个交点（e^h，g^h），那么这个稳态是稳定的。对于动态路径的移动，当 L 最低时，技术增长率曲线与教育曲线没有交点，虽然有一段时间教育水平可能会大于零，但最终会回到教育水平为零的稳态上去。当人口水平再高一些时，存在一个临界点（e^u，g^u），在这一点以下的话，动态路径最终还要回到（0，g^m）点去。当初始的教育水平与技术增长率高于（e^u，g^u）时，动态路径最终会收敛于高的教育水平和高的技术增长率（e^h，g^h）。当人口水平再高时，即比 $g^h=g(0, L^h)$ 的 L^h 更高时，技术增长率曲线与教育曲线只有一个交点（$e^{h'}$，$g^{h'}$），动态路径最终会收敛于（$e^{h'}$，$g^{h'}$），达到高的技术增长率与高的教育水平。

8. 全局的动态

在分析 $\{x_t, e_t, g_t, L_t\}$ 的动态时，先假设人口是固定的，分析 $\{e_t, g_t\}$ 的变革，然后固定 g_t，再分析 $\{x_t, e_t\}$ 的变革。

把潜在收入 $z_t=w_t h_t=\tilde{z}$ 定义为马尔萨斯边界。潜在收入低于 $\tilde{z}$ 是马尔萨斯时期的特征。由于 $w_t=\left(\frac{x_t}{h_t}\right)^{1-\alpha}$，所以 $w_t h_t=x_t^{1-\alpha}h_t^{\alpha}$。由 $\tilde{z}=\frac{\tilde{c}}{1-\gamma}$得到，在边界上应有 $x_t^{1-\alpha}h_t^{\alpha}=\frac{\tilde{c}}{1-\gamma}$。

因而，马尔萨斯边界被表示为：

$$MM\equiv\left\{(e_t, x_t, g_t): x_t^{1-\alpha}h(e_t, g_t)^{\alpha}=\frac{\tilde{c}}{1-\gamma}\right\}$$

当潜在收入超过 $\tilde{z}$ 时，经济从维持生存的时期走出来。

在马尔萨斯阶段，人口规模很低，$g_{t+1}=g(e_t, L_t)$，意味着技术增长率很低，这样，当技术增长率小于 $\hat{g}$ 时，会有 $e_{t+1}=0$，即父母不会对孩子进行教育投资。

条件马尔萨斯边界：

$$MM_{|g}\equiv\left\{(e_t, x_t): x_t^{1-\alpha}h(e_t, g_t)^{\alpha}=\frac{\tilde{c}}{1-\gamma}\middle| g_t\right\}$$

是在给定技术增长率 g_t 的条件下，个人收入等于 $\tilde{z}$ 的所有（e_t，x_t）的集合。

考虑：

$$x_t^{1-\alpha}h(e_t, g_t)^{\alpha}=\frac{\tilde{c}}{1-\gamma} \tag{1-38}$$

式（1－38）等号左侧的函数关于 x_t 是单调增的，所以存在隐函数 $x_t = x(e_t)$，使得式（1－38）成立。对式（1－38）两边求微分，得到：

$$(1-\alpha)x_t^{-\alpha}h^{\alpha}\mathrm{d}x_t + \alpha x_t^{1-\alpha}h^{\alpha-1}h_1\mathrm{d}e_t = 0$$

由此得到：

$$\frac{\mathrm{d}x_t}{\mathrm{d}e_t} = -\frac{\alpha x_t h_1}{(1-\alpha)h} < 0 \qquad (1-39)$$

再计算：

$$\frac{\mathrm{d}^2 x_t}{\mathrm{d}e_t} = -\frac{\alpha\left[x_t h_{11} + h_1\dfrac{\mathrm{d}x_t}{\mathrm{d}e_t}\right]h - \alpha h_1^2 x_t}{(1-\alpha)h^2} > 0 \qquad (1-40)$$

由式（1－39）和式（1－40）得到，在条件马尔萨斯边界上，$x_t = x(e_t)$ 是递减的凸函数。有下面的引理：

引理 1.2　若 $(e_t, x_t) \in MM|_{g_t}$，则 x_t 关于 e_t 是递减的严格凸函数。

在经济发展的早期阶段，人口规模很小，技术增长率很低，较低的技术进步水平不会激励父母让他们的子女接受教育。所以，技术进步与教育水平的动态的稳态为（0，g^l），教育水平为零。

当人口继续增长时，技术增长率曲线向上升高，可能会与教育曲线有三个交点，形成三个稳态。第一个低的稳态为教育水平为零，技术增长率很低，为（0，g^l）。当人口规模足够大，技术增长率也足够大时，父母有了让孩子接受教育的激励，此时教育水平不再是零。第二个稳态是不稳定的稳态（e^u，g^u），而第三个稳态（e^h，g^h）是稳定的。当人口规模继续增大；$z_t \geqslant \tilde{z}$ 且技术增长率也很大时，教育曲线与技术增长率曲线只有一个交点（e^h，g^h），即教育与技术增长率的稳态只有（e^h，g^h）。此时经济发展到现代增长期。

考虑人均有效资源是稳态时的情况，即 XX 轨迹：

$$XX \equiv \{(e_t, x_t, g_t): x_{t+1} = x_t\}$$

由式（1－29）可知，在 XX 轨迹上人口的增长率与技术增长率相同。

为了保证 XX 轨迹不空，有以下假设：

假设（1.4）　$\hat{g} < \frac{\gamma}{\tau^q} - 1 < g[e^h(L_0), L_0]$。

引理 1.3　若假设 1.1 至假设 1.4 满足，则对 $z_t \geqslant \tilde{z}$，存在一个唯一的 $0 < \hat{e} < e^h$，使得 $x_t \in XX$。进一步，对 $z_t \geqslant \tilde{z}$，有：

$$x_{t+1} - x_t \begin{cases} >0, & e_t > \hat{e} \\ =0, & e_t = \hat{e} \\ <0, & e_t < \hat{e} \end{cases}$$

证明： 对 $z_t \geqslant \tilde{z}$，由式（1－30），$x_{t+1} = \varphi^b(e_t, L)x_t$，所以，$x_{t+1} = x_t \Leftrightarrow \varphi^b(e_t, L) = \frac{[1+g(e_t, L)]\{\tau^q + \tau^e e[g(e_t, L)]\}}{\gamma} = 1$。令 $L = L_0$。由于 $g_e(e_t, L) > 0$，$e'(g_{t+1}) > 0$，所以，$\varphi_e^b(e_t, L) = \frac{1}{\gamma}\{g_e[\tau^q + \tau^e e(g_{t+1})] + [1+g(e_t, L)]\tau^e e'(g_{t+1})g_e(e_t, L)\} > 0$

考虑：

$$\varphi^b(0, L) = \frac{[1+g(0, L)]\tau^q}{\gamma} = \frac{[1+g(0, L)]}{\frac{\gamma}{\tau^q}} \leqslant \frac{1+\hat{g}}{\frac{\gamma}{\tau^q}} < 1$$

上式中，第一个等号成立，是因为由 $e_t = 0 = e[g(e_{t-1}, L)]$ 和式（1－22）可知，$g(e_{t-1}, L) \leqslant \hat{g}$。又由于 $g_e > 0$，所以 $g(0, L) \leqslant g(e_{t-1}, L)$，因而 $g(0, L) \leqslant g(e_{t-1}, L) \leqslant \hat{g}$，这样就得到 $e[g(0, L)] = 0$，因而第一个等式成立。最后一个不等号成立，是因为假设 1.4 的前半部分。

而由假设 1.4 的后半部分，得到：

$$\varphi^b(e^h, L) = \frac{[1+g(e^h, L)]\{\tau^q + \tau^e e[g(e^h, L)]\}}{\gamma}$$

$$\geqslant \frac{1+g(e^{h},\ L)}{\frac{\gamma}{\tau^{q}}} > 1$$

第一个不等号成立是因为 $e^{h} \geqslant \hat{g}$，所以 $e[g(e^{h},\ L)] \geqslant 0$，而后一个不等号成立是因为假设 1.4 的后半部分。

由连续函数的介值定理，存在 $0 < \hat{e} < e^{h}$，使得 $\varphi^{b}(\hat{e},\ L) = 1$。因此，$x_t \in XX$。进一步，由于 $\varphi_e^{b}(e_t,\ L) > 0$，所以当 $0 < e_t < \hat{e}$ 时，$\varphi^{b}(e_t,\ L) < 1$，因而 $x_{t+1} - x_t < 0$。而当 $\hat{e} < e_t < e^{h}$ 时，$\varphi^{b}(e_t,\ L) > 1$，因而，$x_{t+1} - x_t > 0$。当 $e_t = \hat{e}$ 时，$\varphi^{b}(e_t,\ L) = 1$，因而，$x_{t+1} - x_t = 0$。Q. E. D.

当 $z_t \geqslant \tilde{z}$ 时，在 0 与 e^{h} 之间存在 $\hat{e}$ 使得 $x_{t+1} = x_t$，即点（$\hat{e}$，x_t，g_t）在 XX 上。当 $e_t > \hat{e}$ 时，有 $x_{t+1} > x_t$，即人均有效资源增加。当 $e_t < \hat{e}$ 时，有 $x_{t+1} < x_t$，即人均有效资源路径递减。这由式（1－36）可以得到。

令 $XX|_{g_t}$ 为给定技术增长率 g_t 下的人均有效资源的稳态。即：

$$XX|_{g_t} \equiv \{(e_t,\ x_t):\ x_t = x_{t+1}|g_t\}$$

引理 1.4 若假设 1.1 和假设 1.2 成立，对 $z_t < \tilde{z}$ 且 $0 < e_t < \hat{e}$，存在一个单值函数 $x_t = x(e_t)$，使得 $(e_t,\ x(e_t)) \in XX|_{g_t}$。进一步，对 $z_t < \tilde{z}$，有：

$$x_{t+1} - x_t \begin{cases} <0,\ (e_t,\ x_t) > [e_t,\ x(e_t)];\ 0 \leqslant e_t \leqslant \hat{e} \\ =0,\ x_t = x(e_t);\ 0 \leqslant e_t \leqslant \hat{e} \\ >0,\ (e_t,\ x_t) < [e_t,\ x(e_t)];\ 0 \leqslant e_t \leqslant \hat{e},\ or\ e_t > \hat{e} \end{cases}$$

证明：由式（1－30），可得：

$$x_{t+1} = x_t \Leftrightarrow \varphi^{a}(e_t,\ g_t,\ x_t) = \frac{[1+g(e_t,\ L)]\{\tau^{q} + \tau^{e} e[g(e_t,\ L)]\}}{1 - \frac{\tilde{c}}{z_t}} = 1$$

由于 $1 - \frac{\tilde{c}}{z_t} \leqslant \gamma$，所以 $\varphi^{a} \geqslant \varphi^{b}$。由引理 1.3，当 $e_t > \hat{e}$ 时，$\varphi^{b}(e_t,\ L) >$

1，因而当 $e_t>\hat{e}$ 时，也有 $\varphi^a(e_t, g_t, x_t)\geqslant\varphi^b(e_t, L)>1$。

以下设 $0<e_t<\hat{e}$。设：

$$H(e_t, x_t)=\frac{[1+g(e_t, L)]\{\tau^q+\tau^e e[g(e_t, L)]\}}{1-\frac{\tilde{c}}{z_t}}-1$$

$$\frac{\partial H}{\partial x_t}=-\frac{[1+g(e_t, L)]\{\tau^q+\tau^e e[g(e_t, L)]\}\frac{\tilde{c}}{z_t^2}(1-\alpha)h^{\alpha}x^{-\alpha}}{\left(1-\frac{\tilde{c}}{z_t}\right)^2}<0$$

由隐函数定理，存在唯一的连续可微的隐函数 $x_t=x(e_t)$，使得 $H[e_t, x(e_t)]=0$，即 $\varphi^a[e_t, g_t, x(e_t)]=1$，因而 $(e_t, x(e_t))\in XX|_{g_t}$。

由前所证，$\frac{\partial\varphi^a}{\partial x_t}=\frac{\partial H}{\partial x_t}<0$，所以当 $(e_t, x_t)>(e_t, x(e_t))$ 时，有 $\varphi^a(e_t, g_t, x_t)<\varphi^a[e_t, g_t, x(e_t)]=1$，因而 $x_{t+1}-x_t<0$。而当 $(e_t, x_t)<(e_t, x(e_t))$ 时，有 $\varphi^a(e_t, g_t, x_t)>\varphi^a[e_t, g_t, x(e_t)]=1$，因而 $x_{t+1}-x_t>0$。

当 $z_t<\tilde{z}$ 时，由式（1－35），当 g_t 给定时，存在 $x_t=x(e_t)$ 使得 $(x(e_t), e_t)$ 落在 $XX|_{g_t}$上。而当 $(e_t, x_t)>(e_t, x(e_t))$，且 $0\leqslant e_t\leqslant\hat{e}$ 时，$x_{t+1}<x_t$。当 $x_t=x(e_t)$，且 $0\leqslant e_t\leqslant\hat{e}$ 时，$x_{t+1}=x_t$。当 $(e_t, x_t)<(e_t, x(e_t))$ 且 $0\leqslant e_t\leqslant\hat{e}$ 时；或 $e_t>\hat{e}$ 时，都有 $x_{t+1}>x_t$。 Q. E. D.

引理 1.5 令 $(\hat{e}, \hat{x})\in MM|_{g_t}$。若假设 1.4 成立，则 $(\hat{e}, \hat{x})=XX|_{g_t}\cap MM|_{g_t}\cap XX$。

证明： 令 $(\hat{e}, \hat{x})\in MM|_{g_t}$，因而 $z(\hat{e}, g_t, \hat{x})=\tilde{z}$，$g_t$ 是给定的。由引理 1.3，$x_{t+1}-x_t=0$。因而，$(\hat{e}, \hat{x})\in XX$。因此，$(\hat{e}, \hat{x})\in XX|_{g_t}$。 Q. E. D.

再看教育是稳态的情况：$EE\equiv\{(e_t, x_t, g_t): e_{t+1}=e_t\}$

当 $z_t\leqslant\tilde{z}$ 时，$e=0$ 是稳定的稳态，而 $e=e^u$ 是不稳定的稳态。当 $z_t>\tilde{z}$ 时，$e=e^h$ 是稳定的稳态。在 (e_t, x_t) 空间，EE 轨迹是垂直线

$e=0$，$e=e^u$ 和 $e=e^h$。

在发展的早期阶段，当人口规模很小时，教育与技术进步的稳态是（0，g^l）。e_t 的动态为：

$$e_{t+1}-e_t\begin{cases}=0, & e_t=0\\<0, & e_t>0\end{cases} \tag{1-41}$$

把人口视为固定的，考虑教育与人均有效资源之间的关系。当人口很少时，技术增长率很低，父母没有让孩子受教育的动机，教育的稳态是零。在轨迹 $XX|_{g_t}$ 的左侧，人均有效资源也是减少的，但在马尔萨斯边界下方且在轨迹 $XX|_{g_t}$ 的下方，即 $x(e_t)$ 的下方，人均有效资源是增加的。由引理 1.3 和引理 1.4 及式（1－41）可以画出这种情况的相位图。

当人口增加到一定程度时，技术进步率导致教育的三个稳态：0，e^u 和 e^h。当教育小于 e^u 时，教育会减少，最后收敛于稳态 0，即使隐性收入大于 $\tilde{z}$ 也是一样。当潜在收入超过 $\tilde{z}$，且孩子的教育超过 e^u 时，教育会增加，并到达人均有效资源稳态时的教育水平 $\hat{e}$。如果教育超过 $\hat{e}$，则教育会一直增加到 e^h。

$$e_{t+1}-e_t\begin{cases}<0, & 0<e_t<e^u,\ or\ e_t>e^h\\=0, & e_t\in\{0,\ e^u,\ e^h\}\\>0, & e^u<e_t<e^h\end{cases} \tag{1-42}$$

当潜在收入小于临界值 $\tilde{z}$，即收入在马尔萨斯边界以下时，$XX|_{g_t}$ 轨迹是教育的函数，在这一轨迹下方，即有效资源很少时，教育是减少的，而在这轨迹上方，即有效资源足够多时，教育会增加，趋于 $\hat{e}$。在 $\hat{e}$ 的左侧，即 $e_t<\hat{e}$ 时，无论是在马尔萨斯边界以上还是以下，有效资源都是减少的。而当 $\hat{e}<e_t<e^h$ 时，人均有效资源是增加的。在马尔萨斯边界以下，即当 $z_t<\tilde{z}$，且 $e^u<e_t<e^h$ 时，人均有效资源是增加的。根据引理 1.3 和引理 1.4 及式（1－42）可以画出相位图，得

到上面的运动趋势。

当人口规模足够大时，教育只有一个稳态，即 e^h。

$$e_{t+1}-e_t\begin{cases}>0,\ 0\leqslant e_t<e^h\\=0,\ e_t=e^h\\<0,\ e_t>e^h\end{cases}\tag{1-43}$$

根据引理 1.3 和引理 1.4 及式（1－43）可以画出这种情况下的相位图。当 $\hat{e}<e_t<e^h$ 时，教育与人均有效资源都增加。

1.3　关于养育孩子机会成本的模型

O. 加勒和 D. 韦尔（1996）使用世代交叠模型研究出生率与经济增长的关系。他们把伴随经济增长的出生率下降解释为女性相对工资的上升提高了养育孩子的机会成本的结果。笔者在本节对此展开详细的证明。

该文献主要构建出生率、劳动供给选择与经济增长相结合的模型，研究经济增长如何通过女性的相对工资影响家庭出生率和女性参加社会劳动的选择，以及这些决定如何反过来通过生产影响产出的增长。

模型体现了三个重要的部分：首先，出生率为男性、女性相对工资的函数，女性相对工资上升导致养育孩子成本上升，这种影响超过家庭收入上升的影响，因而导致出生率下降；其次，人口增长率影响人均资本水平；最后，人均资本水平影响男性、女性的相对工资。人均资本水平越高，男性、女性的相对工资越高。

该文献的第一部分，要从 G. 贝克（1960）和 J. 明瑟（J. Mincer，1963）开始。孩子被当作持久商品出现在父母的效用函数中。在孩子价格不变的情况下，家庭收入的增加提高了对孩子的需求。在孩子完全是由女性抚养的情况下，男性收入的增加就产生了这样的效应。而女性工资的提高则产生了家庭收入增加和养育孩子的成本增加的效果。家庭收入增加的收入效应和孩子成本上升的替代效应并存，因而最终效应并不清楚。这篇文献考虑替代效应高于收入效应的情况，因而，女性相对工资的增加导致出生率下降。实证的论文 J. 赫克曼（J. Heckman）和 J. 沃克（J. Walker，1990），W. 布茨（W. Butz）和 M. 沃德（M. Ward，1979）都发现了女性工资提高的负效应和男性工资提高的正效应。T. 舒尔茨（T. Schultz，1985）使用农业产品世界价格的变化作为工具去克服收入和劳动供给的内生性，发现女性的相对工资在瑞典出生率的转换上扮演了重要角色。

文献第二部分研究人口增长对人均资本的影响。R. 巴罗（R. Barro，1991）和 G. 曼昆（G. Mankiw，1992）等指出了资本稀薄化的影响，以此解释国家间收入增长水平或收入增长率的回归中关于人口增长的负的系数。

文献的最后部分研究了资本集约的增加提高了女性的相对工资。女性相对工资的增加似乎可以看作经济发展进程的一部分。1890～1988 年，美国全职工作的女性的工资从全职男性工资的 46% 上升到 67%。在模型中，笔者简单地指出性别之间的差别：女性和男性拥有相同的脑力，但男性还拥有体力。经济越发展，则脑力的价格越高。综合起来，资本—劳动比率的上升提高了女性的相对工资。女性相对工资的上升导致了女性减少孩子的数量，把原来养育孩子的时间用于参加社会劳动。高工资和人口增长率的下降都提高了人均资本水平。女性的工资上升既是经济增长的结果，也是导致经济增长的原因。这一模型展示了多个稳定的稳态均衡。在其中一个稳态均衡中，出生率高，单位劳动力平均产出和人均资本比较低，女性工资相对于男性也比较低。而在另一稳态均衡中，出生率较低，单位劳动力平均产出和人均资本较高，女性的相对工资也较高。这样，初始条件可以决定一个国家的长期稳态均衡。

人均资本低的国家将收敛于发展陷阱，高出生率导致人均资本和产出低下，人均资本低下，导致女性相对工资低下，而相对工资低下又导致了高的出生率和女性低的劳动供给。

在上述模型中，男性、女性的工资都是内生决定的。在世代交叠模型中，个人存活三个期间。第一期属于幼年期，在这个期间个人依赖于父母，从父母那里得到固定数量的养育时间。第二期是青年期，个人在这个期间工作、养育子女并为老年而储蓄。为了简单起见，假设在这一期并不消费。第三期是老年期，在这一期，个人用上一期的储蓄消费。在这篇文献中，笔者以夫妇为最小单位。假设孩子是男女成对地出生，生来就是配偶。实际上，这里的出生率是新出生的家庭的数量。男性与女性在幼年期和老年期是没有差别的，在青年期则假设男性既有一单位的脑力，又有一单位的体力，女性只有一单位的脑力而没有体力，以区别男女，来说明出生率的下降与女性工资升高之间的关系。

1. 生产

存在三种生产要素：物力资本 K、体力劳动 L^p 和脑力劳动 L^m。体力劳动是一种需要力量的劳动，男性拥有的量多于女性。脑力劳动是男女具有相同能力的一种劳动。为简化模型，假设女性只有脑力，不拥有体力。

假设经济是富有资本的经济，在这样的经济中，相对体力劳动的报酬来说，脑力劳动的报酬更高。因为物力资本可以很好地替代体力，却不能很好地替代人类的思考。

假设物力资本与脑力劳动是互补的，而体力劳动与其他要素既非互补又非替代关系。生产函数为：

$$Y_t = a[\alpha K_t^{\rho} + (1-\alpha)(L_t^m)^{\rho}]^{\frac{1}{\rho}} + bL_t^p \quad (1-44)$$

$$a,\ b>0,\ \alpha \in (0,\ 1),\ \rho \in (-\infty,\ 1)$$

因为只有男性供给体力劳动，因而体力劳动的数量 L^p 就与提供劳动的男性的数量，也就是处于劳动年龄的家庭数量相等。式（1－44）可以表示为：

$$y_t = a[\alpha k_t^{\rho} + (1-\alpha)(m_t)^{\rho}]^{\frac{1}{\rho}} + b \quad (1-45)$$

$k_t \equiv \frac{K_t}{L_t^p}$为 t 期的家庭平均资本，m_t 为家庭平均脑力劳动投入。因为男性总是投入 1 单位的脑力劳动和 1 单位的体力劳动，而女性只投入 1 单位的脑力劳动，因而 $1 \leqslant m_t \leqslant 2$。假设所有的生产要素的报酬等于它们的边际产品。设体力劳动的收益为 w_t^p，而脑力劳动的收益为 w_t^m，则：

$$w_t^p = b \quad (1-46)$$

且：

$$\begin{aligned} w_t^m &= a(1-\alpha)(L_t^m)^{\rho-1}[\alpha K_t^{\rho} + (1-\alpha)(L_t^m)^{\rho}]^{\frac{1-\rho}{\rho}} \\ &= a(1-\alpha)m_t^{\rho-1}[\alpha k_t^{\rho} + (1-\alpha)m_t^{\rho}]^{\frac{1-\rho}{\rho}} \end{aligned} \quad (1-47)$$

男性赚得 $w_t^p + w_t^m$，而女性只赚得 w_t^m。保持 m_t 不变，物力资本的增加提高了脑力劳动的收益，因而减少了男性和女性之间的工资差别。

2. 夫妇决定的问题

夫妇通过其孩子数量和生命最后阶段的消费来得到效用。设不存在不确定性和遗产的动机，则效用函数为：

$$u_t = \gamma \ln n_t + (1-\gamma)\ln c_{t+1} \quad (1-48)$$

其中，n_t 为夫妇的孩子数量。由于模型中所用的单位是家庭，所以，孩子数量实际上为下一代的夫妇数量，即假设夫妇是一起出生的。

假设养育孩子仅需要时间，用于养育孩子的时间就不能用于工作，所以孩子的机会成本与市场工资成比例。先忽略孩子的质量，只注重孩子的数量。令 z 是养育每个孩子所需的时间比例。若女性养育孩子，则需 zw_t^m，若男性养育孩子，则需 $z(w_t^m+w_t^p)$。因而，女性养育孩子成本会更低。若 $zn_t\leqslant 1$，则只有妻子养育孩子；若 $zn_t>1$，则除妻子全职养育孩子外，丈夫也要参与养育孩子。

假设夫妇年轻时不消费，因而预算约束为：

$$w_t^m zn_t+s_t\leqslant w_t^p+2w_t^m,\ zn_t\leqslant 1$$

$$w_t^m+(w_t^p+w_t^m)(zn_t-1)+s_t\leqslant w_t^p+2w_t^m,\ zn_t>1 \qquad (1-49)$$

在生命的第二期间，夫妇仅消费他们的储蓄和由此得到的利息。

$$c_{t+1}=s_t(1+r_{t+1}) \qquad (1-50)$$

家庭需要决定的是他们要生几个孩子，因而就决定了需要花多少时间养育孩子。由效用

$$\gamma\ln\left(\frac{w_t^p+2w_t^m-s_t}{w_t^m z}\right)+(1-\gamma)\ln[s_t(1+r_{t+1})]$$

的最大化问题，得到以下一阶条件：

$$-\frac{\gamma}{w_t^p+2w_t^m-s_t}+\frac{1-\gamma}{s_t}=0$$

整理得到：

$$s_t=(1-\gamma)(w_t^p+2w_t^m) \qquad (1-51)$$

把式（1-51）代入式（1-49）的第一式，得到：

$$zn_t=\gamma\left(2+\frac{w_t^p}{w_t^m}\right)\quad\left(\gamma\left(2+\frac{w_t^p}{w_t^m}\right)\leqslant 1\right)$$

而当 $n_t z>1$ 时，在式（1-49）的第二式中解出 n_t，代入式（1-48），则最大化问题为：

$$\max\ \gamma\ln\left[\frac{2}{z}-\frac{s_t}{z(w_t^p+w_t^m)}\right]+(1-\gamma)\ln[s_t(1+r_{t+1})]$$

得到最大化的一阶条件：

$$\frac{-\gamma}{2(w_t^p+w_t^m)-s_t}+\frac{1-\gamma}{s_t}=0$$

解出 s_t 得到：

$$s_t=(1-\gamma)2(w_t^p+w_t^m) \tag{1-52}$$

把式（1－52）代入预算约束式，得到：

$$zn_t=2\gamma\ (2\gamma>1)$$

所以，得到：

$$zn_t=\begin{cases}\gamma\left(2+\dfrac{w_t^p}{w_t^m}\right),\ \gamma\left(2+\dfrac{w_t^p}{w_t^m}\right)\leqslant 1\\ 2\gamma,\ 2\gamma>1\\ 1,\ otherwise\end{cases} \tag{1-53}$$

当脑力劳动的相对工资充分低时，式（1－53）的第一式不会被满足，即 $\gamma\left(2+\frac{w_t^p}{w_t^m}\right)<1$ 不会成立，因而女性会全职养育孩子。当相对工资升高时，女性会加入劳动市场，将部分时间用于养育孩子，逐渐增加其参加工作的时间。当 $\gamma>\frac{1}{2}$时，无论脑力劳动的工资有多高，女性也不会参加社会劳动，而会将全部时间用于养育孩子。由于当工资充分高时，观察到女性确实参加社会劳动，因而限制 $\gamma<\frac{1}{2}$。这一限制保证了当$\frac{w_t^p}{w_t^m}$充分小时，女性会参加社会劳动。由式（1－53）可知，这一限制意味着 zn_t 有上界 1，也就是男性并不分出时间来养育孩子。这样，给定 $\gamma<\frac{1}{2}$，有：

$$zn_t=\min\left\{1,\ \gamma\left(2+\frac{w_t^p}{w_t^m}\right)\right\} \tag{1-54}$$

下面计算夫妇的储蓄。

当 $zn_t<1$ 时，有：

$$s_t = w_t^m\left[2-\gamma\left(2+\frac{w_t^p}{w_t^m}\right)\right]+w_t^p = 2w_t^m - 2\gamma w_t^m - \gamma w_t^p + w_t^p$$

$$= 2w_t^m(1-\gamma)+w_t^p(1-\gamma) = (1-\gamma)(w_t^p+2w_t^m)$$

当 $zn_t=1$ 时，有：

$$s_t = w_t^p + w_t^m$$

因而有：

$$s_t=\begin{cases}(1-\gamma)(w_t^p+2w_t^m),\ zn_t<1\\ w_t^p+w_t^m,\ zn_t=1\end{cases} \tag{1-55}$$

由 m_t 的设定得到：

$$m_t=\frac{L_t^m}{L_t^p}=\frac{L_t(2-zn_t)}{L_t}=2-zn_t \tag{1-56}$$

这里，L_t 为家庭数，按前面的设定，$L_t=L_p$。当 $\gamma<\frac{1}{2}$时，把式（1-46）和式（1-47）代入式（1-54），得到：

$$zn_t=\min\left\{1,\ \gamma\left[2+\frac{b}{a(1-\alpha)(2-zn_t)^{\rho-1}[\alpha k_t^\rho+(1-\alpha)(2-zn_t)^\rho]^{\frac{(1-\rho)}{\rho}}}\right]\right\} \tag{1-57}$$

考虑：

$$zn_t-\gamma\left\{2+\frac{b}{a(1-\alpha)(2-zn_t)^{\rho-1}[\alpha k_t^\rho+(1-\alpha)(2-zn_t)^\rho]^{\frac{1-\rho}{\rho}}}\right\}=0 \tag{1-58}$$

令式（1-58）的左侧函数为 $G(zn_t,\ k_t)$，对$(2-zn_t)^{1-\rho}[\alpha k_t^\rho+(1-\alpha)(2-zn_t)^\rho]^{\frac{\rho-1}{\rho}}$关于 zn_t 求导，得到导数为：

$$-(1-\rho)(2-zn_t)^{-\rho}[\alpha k_t^\rho+(1-\alpha)(2-zn_t)^\rho]^{\frac{\rho-1}{\rho}}$$

$$-(\rho-1)(1-\alpha)(2-zn_t)^{1-\rho}[\alpha k_t^{\rho}+(1-\alpha)(2-zn_t)^{\rho}]^{\frac{-1}{\rho}}(2-zn_t)^{\rho-1}$$

$$=\frac{-(1-\rho)[\alpha k_t^{\rho}+(1-\alpha)(2-zn_t)^{\rho}-(1-\alpha)(2-zn_t)^{\rho}]}{(2-zn_t)^{\rho}[\alpha k_t^{\rho}+(1-\alpha)(2-zn_t)^{\rho}]^{\frac{1}{\rho}}}$$

$$=\frac{-(1-\rho)\alpha k_t^{\rho}}{(2-zn_t)^{\rho}[\alpha k_t^{\rho}+(1-\alpha)(2-zn_t)^{\rho}]^{\frac{1}{\rho}}}<0 \tag{1-59}$$

所以，有：

$$\frac{\partial G(zn_t,\ k_t)}{\partial(zn_t)}=1+\frac{\gamma b\alpha(1-\rho)k_t^{\rho}}{a(1-\alpha)(2-zn_t)^{\rho}[\alpha k_t^{\rho}+(1-\alpha)(2-zn_t)^{\rho}]^{\frac{1}{\rho}}}>0 \tag{1-60}$$

由隐函数定理，存在可微且可逆函数 $\psi(k)$，使得：

$$zn_t=\min\{1,\ \psi(k_t)\} \tag{1-61}$$

且对任意 $k_t>0$，$\psi'(k_t)<0$。

现在证明 $\psi'(k_t)<0$：

$$\frac{\partial G}{\partial k_t}=\frac{-\gamma b\left(-\frac{1-\rho}{\rho}\right)[\alpha k_t^{\rho}+(1-\alpha)(2-zn_t)^{\rho}]^{\frac{-1}{\rho}}\alpha\rho k_t^{\rho-1}}{a(1-\alpha)(2-zn_t)^{\rho-1}}$$

$$=\frac{(1-\rho)\gamma b\alpha k_t^{\rho-1}}{a(1-\alpha)(2-zn_t)^{\rho-1}}[\alpha k_t^{\rho}+(1-\alpha)(2-zn_t)^{\rho}]^{\frac{-1}{\rho}}>0 \tag{1-62}$$

$$\psi'(k_t)=-\frac{\frac{\partial G}{\partial k_t}}{\frac{\partial G}{\partial(zn_t)}}<0 \tag{1-63}$$

ψ 是单调的，所以 $\psi(k)$ 存在反函数。令 $k^*=\psi^{-1}(1)$。当 $k_t\leqslant k^*$ 时，$\psi(k_t)\geqslant 1$，由 $zn_t=\min\{1,\ \psi(k)\}$，可以得到 $zn_t=1$。而当 $k_t>k^*$ 时，$\psi(k_t)<1$。由 $zn_t=\min\{1,\ \psi(k)\}$ 可以得到 $zn_t=\psi(k)$。由此，得到：

$$zn_t=\begin{cases}\psi(k_t),\ k_t>k^*\\ 1,\ k_t\leqslant k^*\end{cases} \tag{1-64}$$

其中，$\psi(k_t)\in(0,\ 1]$，对任意 $k_t\geqslant k^*$ 成立。这样，k^* 为女性全职养

育孩子情况下平均夫妇最高资本。

3. 动态系统

第 $t+1$ 期的资本为 t 期的总储蓄：

$$K_{t+1}=L_t^p s_t \tag{1-65}$$

在 $t+1$ 期处于劳动年龄的家庭数量为：

$$L_{t+1}^p=n_t L_t^p \tag{1-66}$$

定义 $k_{t+1}\equiv\frac{K_{t+1}}{L_{t+1}^p}$。

$$k_{t+1}=\frac{K_{t+1}}{L_{t+1}^p}=\frac{L_t^p s_t}{n_t L_t^p}=\frac{s_t}{n_t}=\frac{s_t}{n_t z}z \tag{1-67}$$

把式（1－53）和式（1－55）代入式（1－67），得到：

$$k_{t+1}=\frac{s_t}{n_t}=\begin{cases}\dfrac{z(1-\gamma)(w_t^p+2w_t^m)}{\gamma\left(2+\dfrac{w_t^p}{w_t^m}\right)}, & zn_t<1,\ k_t>k^*\\ z(w_t^p+w_t^m), & zn_t=1,\ k_t\leqslant k^*\end{cases}$$

$$=\begin{cases}\dfrac{z(1-\gamma)w_t^m}{\gamma}, & k_t>k^*\\ z(w_t^p+w_t^m), & k_t\leqslant k^*\end{cases} \tag{1-68}$$

由式（1－46）、式（1－47）、式（1－56）、式（1－64）和式（1－68），动态均衡序列被如下定义：

$$k_{t+1}=\phi(k_t)$$

$$=\begin{cases}za(1-\alpha)\left(\dfrac{1-\gamma}{\gamma}\right)\dfrac{\{\alpha k_t^\rho+(1-\alpha)[2-\psi(k_t)]^\rho\}^{\frac{1-\rho}{\rho}}}{[2-\psi(k_t)]^{1-\rho}}, & k_t>k^*\\ z\{b+a(1-\alpha)[\alpha k_t^\rho+(1-\alpha)]^{\frac{1-\rho}{\rho}}\}, & k_t\leqslant k^*\end{cases} \tag{1-69}$$

对 $\phi(k_t)$ 的第一个表示式 $\phi_1(k_t)$ 关于 k_t 求导，得到：

$$\phi_1'(k_t)=za(1-\alpha)\frac{1-\gamma}{\gamma}\{-(1-\rho)[2-\psi(k_t)]^{\rho-2}[-\psi'(k_t)]$$

$$\{\alpha k_t^\rho + (1-\alpha)[2-\psi(k_t)]^\rho\}^{\frac{1-\rho}{\rho}} + \frac{1-\rho}{\rho}\{\alpha k_t^\rho + (1-\alpha)[2-\psi(k_t)]^\rho\}^{\frac{1-\rho}{\rho}-1}$$

$$\{\rho\alpha k_t^{\rho-1} - (1-\alpha)\rho[2-\psi(k_t)]^{\rho-1}\psi'(k_t)\}[2-\psi(k_t)]^{\rho-1}\}$$

$$= za(1-\alpha)\frac{(1-\gamma)(1-\rho)}{\gamma}\{\alpha k_t^\rho + (1-\alpha)[2-\psi(k_t)]^\rho\}^{\frac{1}{\rho}-2} \times [2-\psi(k_t)]^{\rho-2}$$

$$\{\psi'(k_t)\{\alpha k_t^\rho + (1-\alpha)[2-\psi(k_t)]^\rho\} + \alpha k_t^{\rho-1}[2-\psi(k_t)]$$

$$-(1-\alpha)[2-\psi(k_t)]^\rho\psi'(k_t)\}$$

$$= \alpha za(1-\alpha)\frac{(1-\gamma)(1-\rho)}{\gamma}\{\alpha k_t^\rho + (1-\alpha)[2-\psi(k_t)]^\rho\}^{\frac{1}{\rho}-2} \times [2-\psi(k_t)]^{\rho-2}$$

$$k_t^{\rho-1}\{\psi'(k_t)k_t + 2 - \psi(k_t)\} \tag{1-70}$$

令 $A \equiv za(1-\alpha)(1-\rho)$，则当 $k_t \in (k^*,\ +\infty)$ 时，式（1－70）变为：

$$\phi_1'(k_t) =$$

$$\frac{\alpha(1-\gamma)}{\gamma}Ak_t^{\rho-1}\frac{[2-\psi(k_t)+k_t\psi'(k_t)]}{[2-\psi(k_t)]^{2-\rho}\{\alpha k_t^\rho + (1-\alpha)[2-\psi(k_t)]^\rho\}^{2-\frac{1}{\rho}}} \tag{1-71}$$

现确定分子的符号：

把式（1－60）和式（1－62）代入式（1－63），得到：

$$\psi'(k_t) = -\frac{\dfrac{(1-\rho)\gamma b\alpha k_t^{\rho-1}}{a(1-\alpha)(2-zn_t)^{\rho-1}\{\alpha k_t^\rho + (1-\alpha)[2-\psi(k_t)]^\rho\}^{\frac{1}{\rho}}}}{1+\dfrac{(1-\rho)\gamma b\alpha k_t^\rho}{a(1-\alpha)(2-zn_t)^\rho\{\alpha k_t^\rho + (1-\alpha)[2-\psi(k_t)]^\rho\}^{\frac{1}{\rho}}}}$$

$$= \frac{-(1-\rho)\gamma b\alpha k_t^{\rho-1}(2-zn_t)}{a(1-\alpha)(2-zn_t)^\rho\{\alpha k_t^\rho + (1-\alpha)[2-\psi(k_t)]^\rho\}^{\frac{1}{\rho}} + (1-\rho)\gamma b\alpha k_t^\rho} \tag{1-72}$$

由式（1－72）得到：

$$k_t\psi'(k_t) =$$

$$\frac{-(1-\rho)\gamma b\alpha k_t^{\rho}(2-zn_t)}{a(1-\alpha)(2-zn_t)^{\rho}\{\alpha k_t^{\rho}+(1-\alpha)[2-\psi(k_t)]^{\rho}\}^{\frac{1}{\rho}}+(1-\rho)\gamma b\alpha k_t^{\rho}}$$

进一步，计算：

$$2-\psi(k_t)+k_t\psi'(k_t)=(2-zn_t)\times$$

$$\left(1-\frac{(1-\rho)\gamma b\alpha k_t^{\rho}}{a(1-\alpha)(2-zn_t)^{\rho}\{\alpha k_t^{\rho}+(1-\alpha)[2-\psi(k_t)]^{\rho}\}^{\frac{1}{\rho}}+(1-\rho)\gamma b\alpha k_t^{\rho}}\right) \tag{1-73}$$

由于分母明显大于分子，因而：

$$\frac{(1-\rho)\gamma b\alpha k_t^{\rho}}{a(1-\alpha)(2-zn_t)^{\rho}\{\alpha k_t^{\rho}+(1-\alpha)[2-\psi(k_t)]^{\rho}\}^{\frac{1}{\rho}}+(1-\rho)\gamma b\alpha k_t^{\rho}}<1,$$

因此，得到：

$$2-\psi(k_t)+k_t\psi'(k_t)>0 \tag{1-74}$$

再看 $\phi(k_t)$ 的第二个式子 $\phi_2(k_t)$：

$$\begin{aligned}\phi_2'(k_t)&=\frac{\alpha z(1-\rho)}{\rho}a(1-\alpha)[\alpha k_t^{\rho}+(1-\alpha)]^{\frac{1-\rho}{\rho}-1}\rho k_t^{\rho-1}\\&=\alpha A[\alpha k_t^{\rho}+(1-\alpha)]^{\frac{1}{\rho}-2}k_t^{\rho-1}\end{aligned} \tag{1-75}$$

由式（1－71）和式（1－75），得到：

$$\phi'(k_t)=\begin{cases}\alpha\dfrac{1-\gamma}{\gamma}Ak_t^{\rho-1}\dfrac{[2-\psi(k_t)+k_t\psi'(k_t)]}{[2-\psi(k_t)]^{2-\rho}\{\alpha k_t^{\rho}+(1-\alpha)[2-\psi(k_t)]^{\rho}\}^{2-\frac{1}{\rho}}}\\ \quad >0,\ k_t\in(k^*,\ \infty)\\ \alpha Ak_t^{\rho-1}[\alpha k_t^{\rho}+(1-\alpha)]^{\frac{1}{\rho}-2}>0,\ k_t\in(0,\ k^*)\end{cases} \tag{1-76}$$

由 $\phi'(k_t)>0$ 可知，动态路径是单调的。

进一步，由式（1－69）和式（1－76），得到：

$$\phi(0)=z[b+a(1-\alpha)^{\frac{1}{\rho}}]>0 \tag{1-77}$$

$$\lim_{k_t\to\infty}\phi'(k_t)=0$$

下面证明$\lim\limits_{k_t\to\infty}\phi'(k_t)=0$。

当$k_t\in(k^*,\ \infty)$时，由式（1-76）：

$$\phi'(k_t)=\frac{\alpha(1-\gamma)}{\gamma}Ak_t^{\rho-1}$$
$$\times\frac{2-\psi(k_t)+k_t\psi'(k_t)}{[2-\psi(k_t)]^{2-\rho}\{\alpha k_t^{\rho}+(1-\alpha)[2-\psi(k_t)]^{\rho}\}^{2-\frac{1}{\rho}}}$$

由于$2-\psi(k_t)+k_t\psi'(k_t)>0$，且后两项为负，因此$2-\psi(k_t)+k_t\psi'(k_t)<2$，且$2-\psi(k_t)$是有界的。现在，只需看：

$$\frac{k_t^{\rho-1}}{\{\alpha k_t^{\rho}+(1-\alpha)[2-\psi(k_t)]^{\rho}\}^{2-\frac{1}{\rho}}}=\frac{k_t^{\rho-1}}{k_t^{2\rho-1}\left\{\alpha+(1-\alpha)\frac{[2-\psi(k_t)]^{\rho}}{k_t^{\rho}}\right\}^{2-\frac{1}{\rho}}}$$
$$=\frac{1}{k_t^{\rho}\left\{\alpha+(1-\alpha)\frac{[2-\psi(k_t)]^{\rho}}{k_t^{\rho}}\right\}^{2-\frac{1}{\rho}}}\tag{1-78}$$

所以，由式（1-78）可得：

$$\lim_{k_t\to\infty}\phi'(k_t)=\lim_{k_t\to\infty}\frac{1}{k_t^{\rho}}=0$$

对$\forall k_t\in(0,\ k^*)$，有：

$$\phi''(k_t)=\alpha(\rho-1)Ak_t^{\rho-2}[\alpha k_t^{\rho}+(1-\alpha)]^{\frac{1}{\rho}-2}$$
$$+\left(\frac{1}{\rho}-2\right)\alpha Ak_t^{\rho-1}[\alpha k_t^{\rho}+(1-\alpha)]^{\frac{1}{\rho}-3}\alpha\rho k_t^{\rho-1}$$
$$=\alpha Ak_t^{\rho-2}[\alpha k_t^{\rho}+(1-\alpha)]^{\frac{1}{\rho}-3}[(\rho-1)\alpha k_t^{\rho}$$
$$+(1-\alpha)(\rho-1)+(1-2\rho)\alpha k_t^{\rho}]$$
$$=\frac{\alpha Ak_t^{\rho-2}[(1-\alpha)(\rho-1)-\alpha\rho k_t^{\rho}]}{[\alpha k_t^{\rho}+(1-\alpha)]^{3-\frac{1}{\rho}}}\tag{1-79}$$

当$0<\rho<1$时，中括号内的两项都为负，因而$\phi''(k_t)<0$。而当

$\rho<0$ 时，中括号内的第二项为正。取 $k=\left[\dfrac{(1-\alpha)(\rho-1)}{\alpha\rho}\right]^{\frac{1}{\rho}}$，当 $k_t>k$ 时，式（1－79）分子的中括号内第二项的系数为正，但因 $\rho<0$，k_t^{ρ} 是 k_t 的递减函数，因此，中括号中的两项和是 k_t 的递减函数。当 $k_t>k$ 时，$\phi''(k_t)<\phi''(k)=0$。而当 $k_t<k$ 时，$\phi''(k_t)>\phi''(k)=0$。取 $\tilde{k}=\min\{k^*, k\}$，得到：

$$\phi''(k_t)=\begin{cases}<0,\ \rho\in[0,1),\ or\ \rho\in(-\infty,0),\ k_t>\tilde{k}\\ >0,\ \rho\in(-\infty,0),\ k_t<\tilde{k}\end{cases}\tag{1-80}$$

对任意 $k_t\in(0, k^*)$，$\rho\in[0, 1)$，$\phi(k_t)$ 是严格凹的。但当 ρ 为负时，$\phi(k_t)$ 在（0，$\tilde{k}$），$\tilde{k}\in(0, k^*)$ 上是严格凸的。当 ρ 为负时，$\phi(k_t)$ 在（$\tilde{k}$，$+\infty$）上是严格凹的。当 $\phi(k_t)$ 有凸的部分时，存在多个稳态的情况。

4. 稳态

$$\bar{k}=\phi(\bar{k})\tag{1-81}$$

稳态均衡是式（1－81）的解。由于 ϕ 是递增的，因而 $\bar{k}$ 是唯一决定的。由式（1－45），$\bar{k}$ 决定了夫妇的产出 $\bar{y}$。由式（1－64），$\bar{k}$ 决定了唯一的出生率 $\bar{n}$。因而：

$$\bar{n}=\begin{cases}\dfrac{\psi(\bar{k})}{z},\ \bar{k}\geqslant k^*\\ \dfrac{1}{z},\ \bar{k}\leqslant k^*\end{cases}\tag{1-82}$$

一般来说，人口以一个常数比率增长或收缩，依赖于 z 的值。如果导入一个要素，如土地，因为它不能与人口同步增长，所以会导出一个稳态点，在其上，人口的数量是常数。

令 $g(k)=\phi(k)-k$。由式（1－77），$\phi(0)>0$。也就是说，$g(0)>0$。如果在（0，k^*）中存在 k_t 使 $\phi(k_t)<k_t$，也就是 $g(k_t)<0$ 存在的话，由 $\phi(k_t)$ 在（0，k^*）是连续的，可得出 g 也是连续

的。由介值定理，存在 k_t 使 $g(k_t)=0$，即存在稳态。同理，由式（1－77）的第二式，$\lim\limits_{k_t\to\infty}\phi'(k_t)=0$，也就是 $\lim\limits_{k_t\to\infty}\dfrac{\phi(k_t)}{k_t}=\lim\limits_{k_t\to\infty}\phi'(k_t)=0$。因而，存在 k_t 充分大，有 $\phi(k_t)<k_t$。当 $k_t>k^*$ 时，如果存在 k_t，使 $\phi(k_t)>k_t$，由介值定理，存在 $k_t\in(k^*,+\infty)$，使得 $\phi(k_t)=k_t$ 成立。这就是稳态均衡点。稳态均衡点可能不是唯一的。

若 $k^*>0$，$\phi(k^*)<k^*$ 成立，由 $\phi(0)>0$ 及介值定理，在 $(0,k^*)$ 中存在稳态点。如果存在 $k_t>k^*$ 使得 $\phi(k_t)>k_t$，另外，由 $\lim\limits_{k_t\to\infty}\phi'(k_t)=0$，如前所证，一定存在足够大的 k_t，使得 $\phi(k_t)<k_t$，这样，在 $(k^*,+\infty)$ 一定也存在稳态。因而，存在非零的多个稳态均衡。由式（1－69）、式（1－76）、式（1－77）、式（1－79）和式（1－80）以及 $\phi(k^*)<k^*$，$k^*>0$ 得到，对某个参数值的取值范围会存在多个稳态均衡。特别是，对 a，b，α，γ 和 z 的任意合适的值的集合，存在充分大的 ρ 的负值，使得多个稳态均衡存在。

进一步，由式（1－76）可得：

$$\lim_{k_t\to k^*_-}\phi'(k_t)<\lim_{k_t\to k^*_+}\phi'(k_t)$$

因为，当 $k_t<k^*$ 时，

$$\lim_{k_t\to k^*_-}\phi'(k_t)=\alpha Ak^{*\rho-1}[\alpha k^{*\rho}+(1-\alpha)]^{\frac{1}{\rho}-2},$$

而 $\lim\limits_{k_t\to k^*_+}\phi'(k_t)=\dfrac{\alpha(1-\gamma)Ak^{*\rho-1}}{\gamma[\alpha k^{*\rho}+(1-\alpha)]^{2-\frac{1}{\rho}}}$。因为 $\gamma<\dfrac{1}{2}$，$\dfrac{1-\gamma}{\gamma}>1$，

所以，$\lim\limits_{k_t\to k^*_-}\phi'(k_t)<\lim\limits_{k_t\to k^*_+}\phi'(k_t)$。

在多重稳态均衡存在的情况下，存在一个低产出、高出生率和一个高产出、低出生率的稳态点。在一个部门的世代交叠模型中，多个稳态均衡的存在性与新古典派关于偏好和技术的假设是一致的。在本模型中，多个均衡的出现是由于妇女参加社会劳动使经济增长加速所致。

5. 出生率与产出的共同变革

（1）常数技术。平均家庭资本存量的变革 $\{k_t\}_{t=0}^{\infty}$ 通过式（1-45）、式（1-56）和式（1-64）唯一地决定 $\{n_t\}_{t=0}^{\infty}$ 和 $\{y_t\}_{t=0}^{\infty}$，动态系统会展现多个稳定的非零稳态均衡。无论是在一个稳态还是多个稳态的情况下，在向稳态趋近的动态路径上人均产出与出生率都呈现相反的关系。进一步，模型生成了伴随产出增长率的增加而出生率急速下降的方式，这与人口转换是一致的。

在存在唯一的全局稳定的稳态均衡的经济中，设 t^* 是平均夫妇的资本存量等于 k^* 的时间。平均每对夫妇资本存量变革的步伐不是单调的，当资本存量朝向 k^* 时，增长加速的步伐减慢，一旦超过 k^*，再一次减慢，朝着稳态均衡 $\bar{k}$ 移动。这样，只要女性不参加社会劳动（即 $k_t < k^*$），产出的增长率就会随时间而下降，产出保持相对低的水平，而出生率则保持相对高的水平。然而，一旦夫妇平均资本存量充分高，足以支撑一个吸引女性加入劳动市场的相对工资水平的话（即一旦夫妇平均资本存量水平超过 k^*），经济的加速增长必然伴随出生率的下降。经济将收敛于一个高产出、低出生率的稳态均衡。

考虑由多个稳态均衡所刻画的经济。在一个稳态点，出生率相对高，单位劳动力平均产出和资本存量都相对低，女性的工资相对于男性也较低。在另一个稳态点，出生率低，单位劳动力平均产出和平均资本都较高，女性的工资也较高。两个稳态点由于女性参加社会劳动情况的不同而不同：在低的稳态点，女性把她们的时间花费在养育孩子上；而在高的稳态点，女性将部分时间用于工作、部分时间用于养育孩子。在这种情况下，初始条件决定了一个国家的长期稳态均衡，具有相对低的人均资本的国家会收敛于一个发展的陷阱，而高出生率导致了低人均资本，反过来，导致女性面对低的相对工资，维持她们的高出生率和低劳动供给。

（2）技术进步。在没有技术变化的情况下，国家处于一个低产出、高出生率的均衡，而且永远停留在那里。在这一小节指出，技术进步将最终消除这个发展的陷阱，产生一个产出迅速增长和出生率迅速转换的时期。

假设在每个期间经济经历了外生的技术变化：

$$a_t = a_0\lambda^t;\ b_t = b_0\lambda^t;\ \lambda > 1 \qquad (1-83)$$

对不同的生产要素来说，技术变化是中性的，即技术同等地提高了它们（脑力、体力和资本）的边际产品。

改进上一小节的分析，技术进步使函数 $\phi(k_t)$ 成比例地向上移动。然而，$\phi(k_t)$ 函数发生折弯的点 k^* 值不变。在只有一个稳态点的情况下，动态系统的量的性质并不改变。然而，当多个稳态均衡存在的情况下，多个稳态的可能性会完全消失。特别是，两个稳态均衡中低的稳态点将不复存在。如果技术水平充分高，处于低稳态点的国家在多重均衡不再可能存在的时刻，将朝向唯一的稳态点移动，因为稳态点是唯一的，所以将最终经历一个出生率转换和产出高速增长的期间。

6. 女性加入劳动市场的 U 形轨迹

从以上模型得到了人均收入与女性加入劳动市场之间的正相关关系，因而得到人均收入与出生率之间的负相关关系。但这并不符合全球的情况。对美国来说也只是符合近 100 年来出生率移转时期的情况。C. 戈尔丁（C. Goldin，1990）对美国从 1790 年开始的数据检验的结果，发现已婚女性参加劳动市场的 U 形轨迹。J. 杜兰德（J. Durand，1975）和 C. 戈尔丁（1994）也得出了类似的结论。以下，对前面的模型做以下两个修改，使模型的结果与 U 形轨迹相一致。

（1）供给限制：低出生率与高婴儿死亡率。把上述在高收入水平上出生率下降部分与在低收入水平上出生率上升的模型相结合，就得到一个与观察到的女性加入社会劳动的 U 形方式相一致的理论。

当收入较低时，夫妇面对供给的限制，无法生育想要生育的孩子数量。当收入增加时，生育的孩子数量增加，接近于能够保证希望存活的数量。因而，增加了女性养育孩子的时间，减少了女性参加社会劳动的时间。在高收入水平下，孩子的数量不再受到收入的限制，事实上孩子的数量等于想要的孩子数量。

假设孩子的数量受收入限制情况的最高人均资本水平为 $\tilde{k}$，且 $\tilde{k} < k^*$，到达 $\tilde{k}$ 的时间是 $\tilde{t}$。因而，有以下三种情况：当资本小于 $\tilde{k}$ 即 $t \leqslant \tilde{t}$ 时，资本的积累将带动事实上的出生率接近于想要的水平；在 $\tilde{k}$ 与 k^* 之间即 $\tilde{t} \leqslant t \leqslant t^*$ 时，实际的出生率将等于希望的出生率，而且是常数；当资本增长超过 k^* 即 $t^* \leqslant t$ 时，女性相对工资的提高将导致出生率的下降。因而形成了女性加入劳动市场的 U 形轨迹。

（2）非现代生产部门。与女性加入劳动市场的 U 形轨迹一致的基本模型的第二个修改是在模型中加入第二个部门，女性在这一部门工作同时也可以养育孩子。C. 戈尔丁（1990）讨论了女性在 19 世纪参加社会劳动减少的情况。① 早期的工业化和城市的扩张快速地导致了家庭里的特化，高出生率的已婚女性只有在工作可以在家中做时，才能参加生产。而工作与家庭的分离使得这些女性工作的可能性减小。假设存在一个市场商品的生产技术（设在家生产）在生产的同时又可以照看孩子。在家里的生产并不需要资本投入，当在现代部门女性的隐性工资随资本而上升时，女性在家庭部门的工资将不被资本积累所影响。随着资本积累，家庭收入通过男性工资而增加，而女性在家庭部门的工资不变，这样，出生率上升（而且女性的劳动力参与度下

① Goldin, C. Understanding the Gender Gap: An Economic History of American Women [M]. New York: Oxford University Press, 1990.

降）。一旦非家庭部门是有充分生产力的（或者由于资本积累，或者由于技术进步），资本积累提高了女性的相对工资，就增加了女性对非家庭部门的劳动力供给。

1.4 孩子量与质的转换模型

几乎所有关于人口移转的研究都集中在收入高的父母转向少生育而培养高质量的孩子，因而导致出生率下降的解释上。实际上这是技术进步的结果，技术变化提高了人力资本的收益率，导致了孩子从数量到质量的转换。

T. 舒尔茨（T. Schulz，1964）明确地说明了技术进步提高人力资本的收益。当技术的生产力在某一时期一定时，孩子们从观察父母就可以学习如何务农，正式的学校不产生什么经济效益。但是当技术迅速变化时，只是看上一代如何耕种就没有什么价值了，有必要学习新的知识来提高生产力，这样就提高了教育的收益，提高了人力资本的收益。[①]

M. 德普克（M. Doepke，2004）研究了在各发达国家中，从产业化前的经济停滞状态向现代经济增长阶段所进行的经济移转会伴随人口从高到低的变化。[②] 这一文献开发了伴随人口减少的经济停滞状态转向经济增长阶段的出生率与经济增长的统一模型。在政策方面，在童工的使用严格禁止的时期，教育方面的补助对出生率会产生较小的效果。

---

① Schultz，T. W. Transforming Traditional Agriculture [M]. New Haven：Yale University Press，1964.

② Doepke，M. Accounting for Fertility Decline during the Transition to Growth [J]. Journal of Economic Growth，2004，9：347－383.

同样是人口减少，不同国家的人口减少率有很大差别。例如，韩国与巴西达到经济发展阶段的时期差不多，那时的出生率也大致相同，但韩国的人口减少严重得多。该文献试图说明教育与童工的政策不同会造成国家之间人口减少的速度不同。

第一，在差不多所有的经济模型中，出生率的选择是基于数量与质量。若出生率与孩子的教育是共同决定的，则政府有关孩子受教育机会的政策会对出生率产生重要的影响。

第二，观察到经济增长期间各个国家关于孩子受教育与劳动政策的差异很大。差不多所有的国家在发展的某个时期导入教育与劳动制度，但是制度的程度与时间点却大有差异。韩国从20世纪50年代开始致力于加强基础教育，从60年代起完全禁止使用童工，由于教育的发展，其经济开始快速发展。而巴西基本上没有重视基础教育，在90年代仍允许童工存在，在教育上相对比别的国家落后。[①]

这篇文献的理论框架由下面的三个重要要素组成：农业生产函数、工业生产函数与量质出生率模型。从实证分析可以知道这些要素确实对增长的移动产生影响。如果父母必须承担孩子的教育费用，而且孩子的劳动必须受限的话，出生率的移动就变得缓慢。如果针对孩子的劳动限制很严，教育方面的补助金对出生率和人口增长的影响相对较小。

笔者对这一制度实行的时间所产生的影响进行了调查。这一制度开始实行的时期对收入分配会产生很大影响。若制度在人口刚开始移转时实行，则不平等在移转期间保持在较低的水平。若滞后实行这一制度，最初收入的差很大，一旦政策改变则不平等的差减小。

研究得到的结果显示，影响教育机会成本的政策是国家之间人口

① Doepke, M. Accounting for Fertility Decline during the Transition to Growth [J]. Journal of Economic Growth, 2004, 9: 347 -383.

移转差异的原因。因为影响出生率的政策在经济移转期间也会很大地影响收入分配，掌握技术的父母和没有经过训练的父母之间出生率的差别是带来分配效应的主要因素。通过这一差异，教育政策长期地影响经过训练和没有经过训练的人的相对数量。

O. 加勒和 D. 韦尔（2000）、T. 考格尔（T. Kogel）和 A. 普思科尔茨（A. Prskawetz，2001）、C. 琼斯（C. Jones，2001）、G. 汉森（G. Hansen）和 E. 普雷斯科特（E. Prescott，2002）以及 R. 田村（R. Tamura，2002）等，开发了伴随人口移转的从工业革命时期到现代增长时期的移转模型。[①] 这些模型的特征在于人力资本收益率的上升降低了出生率。现有的文献并没有集中于国家之间出生率下降的差异的讨论，而为数不多讨论这一差异的论文又有不同的解释。例如，国家之间关于子女质量偏好的差异、养育孩子成本的差异、生产的技术集约性的差异或者移转过程中人力资本的生产函数对出生率的影响等。O. 加勒（O. Galor）和茂屋（O. Moav，2002）讨论了对于儿童质量偏好的问题。O. 加勒和 A. 蒙特福德（A. Moutford，2003）集中讨论国际贸易的作用、对经过训练的劳动的需要和人口增长。[②]

1.5 内生死亡率模型

S. 查克拉波提（S. Chakraborty，2004）在两个期间的世代交叠模型中导入内生死亡率。[③] 从第一期到第二期的生存概率依赖于因公共投资而增加的健康资本。生存的短暂性使得人们更重视现时的消费，

①② Doepke，M. Accounting for Fertility Decline during the Transition to Growth [J]. Journal of Economic Growth，2004，9：347 - 383.

③ Chakraborty，S. Endogenous Lifetime and Economic Growth [J]. Journal of Economic Theory，2004，116：119 - 137.

而不重视对将来的投资，因而在死亡率高的社会，经济不能够快速增长。健康扮演着与其他人力资本完全不同的角色：由于寿命的增加，个人更加具有耐性，并且更加积极地投资。死亡风险的减少使得投资的收益提高。

在贫困社会中，生存期望很低，个人的贴现率很高，不倾向于储蓄和投资。由于贫困很普遍，他们不可能在公共健康上投资，因而低收入和高死亡率并存。在发展的最初阶段，高死亡率的社会比标准的一个部门模型增长缓慢。当投资的动机对健康积累很敏感时，会产生贫困的陷阱。重要的是，内生死亡率通过储蓄率而产生多重影响：国家与国家之间生产力的差别放大了资本—产出比率的持久性差异、单位劳动力平均产出的差异及寿命的差异。

死亡率也通过收益率而影响投资。例如，与教育相结合的风险不能完全地分散，高死亡率减少了投资教育的收益。在增长理论中，由教育得到的人力资本是长期经济增长的动力。当死亡率对有关教育的决定有相当大的影响时，因健康资本而不同的国家并不收敛于相似的生活标准。

S. 查克拉波提（2004）考虑了内生死亡率，分析了寿命的改善对增长和人力资本投资上的影响及儿童死亡率的下降如何改变了生育意愿并导致了人口移转。①

1. 生命的长短和资本积累

t 时期出生的人的生存概率 φ_t 是健康资本 h_t 的递增凹函数，有以下性质：

$$\varphi_t = \varphi(h_t) \tag{1-84}$$

满足以下条件：

---

① Chakraborty, S. Endogenous Lifetime and Economic Growth [J]. Journal of Economic Theory, 2004, 116: 119-137.

$$\varphi(0)=0$$

$$\lim_{h\to\infty}\varphi(h)=\beta<1$$

$$\lim_{h\to 0}\varphi(h)=\gamma<\infty$$

期间 t 的公共健康支出由劳动收入的比例税 $\tau_t\in(0,\ 1)$ 来筹集。这样的话，每个年轻人的健康投资为 $\tau_t w_t$。这一投资通过收益为常数的技术提高个人的健康资本：

$$h_t=g(\tau_t w_t)=\tau_t w_t \tag{1-85}$$

设 t 世代在 t 期末出生，从 $t+1$ 期开始经济活动，他们不继承其父母的健康资本。

为了把寿命长短的不确定性风险抽象化，使用 O. 布兰查德（O. Blanchard）和 M. 雅瑞（M. Yaari）的假设：在一个假设的完全的年金市场上，所有的储蓄通过投资信托而变为年金。每个人把他们的储蓄以投资信托的方式储蓄。① 这一投资信托把他们的储蓄进行资本投资，并且保证生存的老年人有 $\hat{R}_{t+1}$ 的总收益。在完全竞争均衡下，可以保证得到总收益 $\hat{R}_{t+1}=\dfrac{R_{t+1}}{\varphi_t}$。

t 期出生的人其期望效用最大化为：

$$U_t=\ln c_t^t+\varphi_t\ln c_{t+1}^t \tag{1-86}$$

$$\text{s. t. }\ c_t^t\leqslant(1-\tau_t)w_t-z_t$$

$$c_{t+1}^t\leqslant\hat{R}_{t+1}z_t$$

假设（w_t，$\hat{R}_{t+1}$）是给定的。在这里，z 记为年轻时的储蓄。由最大化效用 $\ln[(1-\tau_t)w_t-z_t]+\varphi_t\ln(\hat{R}_{t+1}z_t)$ 得到一阶条件：

$$\frac{-1}{(1-\tau_t)w_t-z_t}+\varphi_t\frac{\hat{R}_{t+1}}{\hat{R}_{t+1}z_t}=0$$

---

① Blanchard, O. J. Debt, Deficits, and Finite Horizons [J]. Journal of Political Economy, 1985, 93 (2): 223-247.

即：

$$-z_t+\varphi_t(1-\tau_t)w_t-\varphi_t z_t=0$$

进一步得到：

$$z_t=\frac{\varphi_t(1-\tau_t)w_t}{1+\varphi_t}=(1-\tau_t)\sigma_t w_t \tag{1-87}$$

其中，$\sigma_t=\frac{\varphi_t}{1+\varphi_t}$。

最终商品是由技术 $F(K, L)$ 来生产的。

$$F(K, L)=AK^{\alpha}L^{1-\alpha},\ \alpha\in(0, 1),\ A>0$$

由于生产函数为一次齐次函数，所以可以写为：

$$f(k)=Ak^{\alpha} \tag{1-88}$$

其中，$k=\frac{K}{L}$。这样，可以得到工资率与资本收益率：

$$w_t=f(k_t)-k_t f'(k_t)=(1-\alpha)Ak_t^{\alpha} \tag{1-89}$$

$$R_t=1-\delta+\alpha Ak_t^{\alpha-1} \tag{1-90}$$

其中 δ 为物力资本的损耗率。

2. 一般均衡

考虑一个外生给定的常数健康税 $\tau_t=\tau$，对任意 t 成立。从 k_0 出发的竞争均衡 $\{(k_t, h_t)\}$ 满足式（1-84）、式（1-85）、式（1-89）和式（1-90）及式（1-91）和式（1-92）：

$$k_{t+1}=(1-\tau)\sigma(\varphi_t)w_t \tag{1-91}$$

$$\hat{R}_{t+1}=\frac{R_{t+1}}{\varphi_t} \tag{1-92}$$

把均衡价格和健康投资代入式（1-91），得到：

$$k_{t+1}=(1-\tau)(1-\alpha)\sigma(k_t)Ak_t^{\alpha} \tag{1-93}$$

其中：

$$\sigma(k)\equiv\frac{\varphi(\tau(1-\alpha)Ak^{\alpha})}{1+\varphi(\tau(1-\alpha)Ak^{\alpha})} \tag{1-94}$$

对验证生存期望如何影响各个时期和各个国家的单位劳动力平均产出而感兴趣。从一个较低的资本起始点出发的经济，收入较低，所以不能适当地在人口健康上投资，而高死亡率又导致个人对将来的重视度很低，因而投资更少。这样，将来的资本存量低，限制了将来的健康和经济的发展。高死亡率和低收入互相作用、互相强化。

初始收入与死亡率的差异可持续与否依赖于式（1－93）中正的稳态点是否是唯一的。如果存在唯一的稳态点，则稳态点为渐进地稳定。在人均资本初始值 k_0 上的差异对于长期的情况并没有影响，因为所有的经济都朝向唯一的稳态点 $\bar{k}$ 而增长。经济关于健康资本的差异也得到相似的结果。特别是，假设两个国家的经济从相似的收入水平出发，但由于历史与气候的原因，其中一个国家的个人享受高的生存概率 β。在长期，高死亡率与低死亡率的国家会达到长期相似的收入水平，但是，低死亡率的国家会更快速地收敛。

非时间与空间一致的经济增长路径存在两个正的稳态。高死亡率的社会只要不从足够高的资本存量出发，就不能从贫困与疾病的恶性循环中挣脱出来。产出的资本弹性超过 $\frac{1}{2}$ 时，存在着这样的陷阱。当 $\alpha > \frac{1}{2}$ 时，资本的蓄积允许工资以较大幅度增加，这使得死亡率可以较大幅度地下降。这样的话，资本存量的微小变化就会导致大的生存期望，反过来会提供对资本积累的刺激。

R. 霍尔（R. Hall）和 C. 琼斯（C. Jones，1999）与 P. 克莱诺（P. Klenow）和罗德里格兹－克莱尔（Rodriguez－Clare，1997）指出，在观察到的国家之间收入的不平等上，技术的不同与要素集约性同等重要。他们估测出国家的单位劳动力平均产出从 25%～67% 的差异归因于技术的参数 A 的差异。①

现在，假设国家之间收入的差异在于 A。A 的差异导致了单位劳动力平均产出稳态的差异，而 $\alpha < \frac{1}{2}$ 的收敛动态并不意味着生活标准的收敛。可是，这一模型说明了更多问题。在标准的新古典派模型（或者死亡率为定数的模型），A 的变动对稳态的资本—产出率没有影响。新古典派的增长理论是通过 A 来说明单位劳动力平均产出的国际差异的，因而这一理论不能解释数据上所显示的单位劳动力平均收入与国家间的资本—产出率之间的正相关关系。

上面的模型提供了不适当的社会基础与减少 A 的政策会降低资本—产出率的一个合理化解释。稳态点的资本—产出率由式（1－88）和式（1－93）可以得到：

$$\frac{\bar{k}}{\bar{y}} = (1-\tau)(1-\alpha)\sigma[\tau(1-\alpha)A\bar{k}^{\alpha}]$$

这里的关键是有效的贴现率 φ 对健康的依赖。技术的差异导致了资本—产出率的稳态点的差异。第一个原因是对于给出的资本存量，低的 A，通过低水平的收入与健康投资，缩短了寿命。第二个原因是稳态资本存量很低。因此，内生死亡率导致了多重效果—A 的差异通过健康投资放大了资本—产出率的持续差异，还直接降低收入水平。由式（1－88），得到：

$$\bar{y} = A\bar{k}^{\alpha}$$

两边同除以 $\bar{y}^{\alpha}$，得到：

$$\bar{y}^{1-\alpha} = A\frac{\bar{k}^{\alpha}}{\bar{y}^{\alpha}}$$

得到稳态平均产出为：

---

① Chakraborty, S. Endogenous Lifetime and Economic Growth [J]. Journal of Economic Theory, 2004, 116: 119－137.

$$\bar{y}=A^{\frac{1}{1-\alpha}}\left(\frac{\bar{k}}{\bar{y}}\right)^{\frac{\alpha}{1-\alpha}}$$

可以注意到 $\bar{y}$ 关于 A 的弹性没有直接对生产力产生影响，而是通过 $\frac{\bar{k}}{\bar{y}}$ 来影响稳态平均产出。从直接的意义来说，即使在 $\alpha<\frac{1}{2}$ 的情况下，技术很小的差异也会导致单位劳动力平均产出和死亡率相对很大的差异。

现在举一个具体数值的例子来说明。设 $\alpha=\frac{1}{3}$，$\varphi(h)=\frac{h}{1+h}$，$\tau=0.05$。国家 i 与 j 的 A 不同。设 $A_i=50$，$A_j=25$。把这些数值代入式（1-84）、式（1-85）和式（1-93）中得到 $\bar{k}$ 的值，再代入式（1-88）得到 $\bar{y}$。得到以下结果：2 倍的生产力差异通过死亡率差异的传递，导致了 3 倍的产出差异。如果生产力差异是 3 倍的话（$A_i=75$），稳态收入有 5.6 倍的差异。这意味着生存期望起了放大差异的效果。

命题 1.2 （1）由式（1-93）描述的动态系统具有两个稳态点 $\{0,\bar{k}\}$，当 $\alpha<\frac{1}{2}$ 时，只有正的稳态点是渐进稳定的。而当 $\alpha>\frac{1}{2}$ 时，存在 3 个稳态点 $\{0,\bar{k}_1,\bar{k}_2\}$，$\bar{k}_2>\bar{k}_1$。两端的稳态点渐进稳定，而中间的稳态点不稳定。

（2）内生死亡率通过储蓄率起到放大技术参数 A 的差异的多重效果，造成了持久的资本—产出率稳态的差异，以及死亡率、单位劳动力平均产出的相对大的差异。

非洲撒哈拉地区持续的贫穷与坏的健康是贫穷的陷阱的结果，而发展中国家在20 世纪后半叶没有落入这一陷阱，就是因为医药技术及公共卫生提高了健康水平。

对于贫穷国家，外生的医药行业进步可以解释为 φ 的参数变动，例如，$\varphi(h)=\frac{\beta h}{1+h}$。从式（1－93）和三个稳态点之间的关系得到，要想摆脱贫困的陷阱，就要使中间的稳态 $\bar{k}_1$ 降低。因为它是不稳定的，只要初始资本存量超过它，经济就可以走向高的稳态点。从式（1－93）可以看到，上面关于函数 φ 的变动确实降低了 $\bar{k}_1$。降低 $\bar{k}_1$ 的一个可能解释是 β 依赖于医药行业的发展也依赖于医药的供应。贫穷的国家缺少医药供应。确实，世界银行经常提供公共健康服务在贫穷国家效率低下的证据。因为，它避开了最应该从这些健康服务中获利的农村和都市的贫穷人口。①

这篇论文中假定健康税是一个定数，而处于低收入和高死亡率环境里的人当然希望税率低。当死亡率已经很高时，高的健康税的负面影响要大于正面影响。因此，贫穷经济下健康投资水平也会低。

可以把论文的结果扩展到一般的同位偏好情况。储蓄倾向 σ_t 通过健康投资依赖于 k_t，并通过 $\hat{R}_{t+1}$ 依赖于 k_{t+1}。年轻与老年时的消费只要是替代的，σ_t 就是 $\hat{R}_{t+1}$ 的递增函数，或是 k_{t+1} 的递减函数。现在资本 k_t 的增加允许了大的健康投资，却对 σ_t 产生了相反的效果。较高的 k_t 增加了健康支出，这一支出又提高了 φ_t。同时，因为减少了储蓄的均衡收益 $\hat{R}_{t+1}=\frac{R_{t+1}}{\varphi_t}$，从而降低了 σ_t。如果寿命效应占优势的话，σ_t 是 k_t 的递增函数。假设这是正确的话，一般均衡在 (k_t, k_{t+1}) 空间有单调递增的特征，论文以上的结果是正确的。

3. 死亡风险和教育投资

即使存在完全的年金市场，在某些种类的投资上的死亡风险也不能分散。特别是在教育这样不能转让的人力资本上的投资上面。

① World Bank. World Development Report: Investing in Health [M]. Oxford: Oxford University Press, New York, 1993.

D. 梅尔泽（D. Meltzer，1992）证明了死亡率的下降对学校的注册学生数量有相当大的影响。[①] 当人力资本为增长的动力时，死亡率扩大了由国家间初始收入和健康的差异而导致的生活水平的持续差异。

要说明这一点需要在前面的模型设定上做以下改动：两个生命期间的每一个期间，个人拥有1单位的劳动时间。把在 t 时刻包括年轻和老年的劳动力的平均技术存量定义为 x_t。在 x 上的增量以劳动提高型技术改善的形式呈现，一旦投资就不会损耗。x_t 代表 $t-1$ 世代人取得、t 世代的年轻人可以从双亲那里继承的技术。

t 时刻出生的个人年轻时，将部分时间 s_t 用于上学，此举改善了 x_t。相对于这一投资，将来的生产力为：

$$x_{t+1}=x_t\mu(s_t) \tag{1-95}$$

其中，μ 为递增的凹函数，满足 $\mu(0)=1$。为使一生收入最大化而选择去学校接受教育，一生的收入为：

$$(1-\tau)(1-s_t)w_tx_t+\frac{w_{t+1}x_{t+1}}{\hat{R}_{t+1}}$$

τ 为年轻时工资收入的健康税。一阶条件：

$$-(1-\tau)w_tx_t+\frac{w_{t+1}x_t\mu'(s_t)}{\hat{R}_{t+1}}=0$$

即：

$$\frac{(1-\tau)w_t\hat{R}_{t+1}}{w_{t+1}}=\mu'(s_t) \tag{1-96}$$

设 $\mu''(s_t)<0$，由 $\mu'(s_t)$ 是单调的，因而存在反函数，得到：

$$s_t=(\mu')^{-1}\left[\frac{(1-\tau)w_tR_{t+1}}{\varphi_tw_{t+1}}\right]$$

① Meltzer, D. Mortality Decline, the Demographic Transition and Economic Growth [D]. Chicago: University of Chicago, Ph. D. Thesis, 1992.

令：

$$s_t^* = s\left(\frac{\varphi_t w_{t+1}}{w_t R_{t+1}}\right) = (\mu')^{-1}\left[\frac{(1-\tau)w_t R_{t+1}}{\varphi_t w_{t+1}}\right] \tag{1-97}$$

这里 s 是递增函数。式（1－97）抓住了收益率的实质。通过完全年金市场，个人物力资本投资的死亡风险可以被完全保险，但是教育投资上的死亡风险不能分散。因此，死亡率的下降，提升了人力资本的相对魅力。另外，死亡率的降低通过长命效应，促进了资本蓄积，提高了将来工资，从而提高了教育的回报。

内生死亡率模型可以导入由 C. 阿扎利亚迪斯（C. Azariadis）和 A. 德拉赞（A. Drazen，1990）所解明的门槛（threshold）效应。在他们的论文中，教育的私人收益通过外部性依赖于人力资本的社会存量。[①] 虽然，式（1－95）所定义的人力资本技术并没有明显的嵌入外部性，但当死亡率是内生地决定时，公共健康的投资改变了教育的收益，这相当于在人力资本技术中注入了外部性。

命题 1.3 在内生死亡率下，由门槛效应可以得到人力资本技术式（1－95）的结果。随着技术存量的增加，对应于人力资本蓄积的增长率可以使大量的健康投资成为可能，并降低死亡率。对于具有较弱的凹性质的 μ，人力资本较小的变化就会使增长率大幅度提升。

考虑小国开放经济的情况，世界利率为定数 $\bar{R}$，$\mu(s)=1+s^{\theta}$，$\theta\in(0,1)$ 时，单位劳动力平均收入的增长是人力资本存量的递增函数，把 μ' 代入式（1－96），得到：

$$\theta s_t^{\theta-1} = \frac{(1-\tau)w_t \hat{R}_{t+1}}{w_{t+1}} = \frac{(1-\tau)w_t \bar{R}}{w_{t+1}\varphi_t} \tag{1-98}$$

① Azariadis, C. & A. Drazen. Threshold Externalities in Economic Development [J]. Quarterly Journal of Economics, 1990, 105: 501－526.

解出 s_t 得到：

$$s_t = \left[\frac{(1-\tau)w_t\bar{R}}{\theta w_{t+1}\varphi_t}\right]^{\frac{1}{\theta-1}} \tag{1-99}$$

或者如下表示：

$$s_t = \left[\frac{\theta w_{t+1}\varphi_t}{(1-\tau)w_t\bar{R}}\right]^{\frac{1}{1-\theta}} \tag{1-100}$$

下面考虑 φ_t 的具体函数形式。由式（1－84），生存概率 $\varphi_t = \varphi(h_t)$，而健康资本 $h_t = \tau_t w_t$。由于现在考虑了技术，工资就变为 $w_t x_t$，因而，$h_t = \tau_t w_t x_t$，即 $\varphi_t = \varphi(\tau_t w_t x_t)$。因为这里假设税率不变，所以有：

$$s_t = \left[\frac{\theta w_{t+1}\varphi(\tau w_t x_t)}{(1-\tau)w_t\bar{R}}\right]^{\frac{1}{1-\theta}} \tag{1-101}$$

这里假设了小国开放经济的情况，所以 $w_t = w_{t+1} = \bar{w}$。代入式（1－101），得到：

$$s_t^* = \left[\frac{\theta\varphi(\tau\bar{w}x_t)}{(1-\tau)\bar{R}}\right]^{\frac{1}{1-\theta}} \tag{1-102}$$

令 $\delta \equiv \frac{\theta}{(1-\tau)\bar{R}}$，式（1－102）变为：

$$s_t^* = [\delta\varphi(\tau\bar{w}x_t)]^{\frac{1}{1-\theta}} \tag{1-103}$$

由 $\mu(s_t) = 1 + s_t^\theta$ 和式（1－103），得到：

$$\mu(s_t^*) - 1 = [\delta\varphi(\tau\bar{w}x_t)]^{\frac{\theta}{1-\theta}} \tag{1-104}$$

又由式（1－95）得到：

$$\frac{x_{t+1}}{x_t} - 1 = (s_t^*)^\theta = [\delta\varphi(\tau\bar{w}x_t)]^{\frac{\theta}{1-\theta}} \tag{1-105}$$

由式（1－105）和式（1－104）得到，人力资本的增长率为 $\mu(s_t^*) - 1 = [\delta\varphi(\tau\bar{w}x_t)]^{\frac{\theta}{1-\theta}}$。单位劳动力平均收入的增长率与人力资本的增长率相同。

可以看到 $\varphi^{\frac{\theta}{1-\theta}}$可能并非凹函数。因为：

$$\frac{d}{\mathrm{d}x}[\varphi(x)]^{\frac{\theta}{1-\theta}}=\frac{\theta}{1-\theta}[\varphi(x)]^{\frac{\theta}{1-\theta}-1}\varphi'(x)$$

$$\frac{d^2}{\mathrm{d}x^2}[\varphi(x)]^{\frac{\theta}{1-\theta}}=\frac{\theta(2\theta-1)}{(1-\theta)^2}[\varphi(x)]^{\frac{2\theta-1}{1-\theta}-1}\varphi'^2(x)+\frac{\theta}{1-\theta}[\varphi(x)]^{\frac{2\theta-1}{1-\theta}}\varphi''(x) \qquad (1-106)$$

当 $2\theta-1\leqslant 0$ 时，由式（1－106）可以看到，$\varphi^{\frac{\theta}{1-\theta}}$是凹函数，但当 $2\theta-1>0$ 时，$\varphi^{\frac{\theta}{1-\theta}}$就可能不是凹函数。在式（1－106）等于零的点 $\hat{x}$ 是临界点，即拐点。如果在拐点的左侧，式（1－106）第二项的绝对值大于第一项的绝对值的话，$\varphi^{\frac{\theta}{1-\theta}}$是凹的，在拐点的右侧 $\varphi^{\frac{\theta}{1-\theta}}$是凸的。

这种情况下，单位劳动力平均收入的增长最初比较缓慢，一旦人力资本达到临界点 $\hat{x}$，则会加速。在长期均衡，经济收敛于唯一存在的增长率的稳态点 $(\delta\beta)^{\frac{\theta}{1-\theta}}$，其中，$\beta=\varphi(\tau\bar{w}\bar{x})$。

如果承认线性技术的话，多重的均齐增长路径是可能的。把有效劳动加入生产函数中：

$$Y_t=AK_t^{\alpha}N_t^{1-\alpha} \qquad (1-107)$$

N_t 为有效劳动供给，在上式两边同除以 N_t，得到：

$$y_t=Ak_t^{\alpha} \qquad (1-108)$$

其中，$k_t=\frac{K_t}{N_t}$。

假设技术蓄积为：

$$\mu(s)=1+\theta s,\ \theta>0 \qquad (1-109)$$

效用函数为对数形式：

$$\ln[(1-\tau)(1-s_t)w_tx_t-z_t]+\varphi_t\ln(\hat{R}_{t+1}z_t+w_{t+1}x_{t+1}) \qquad (1-110)$$

一阶条件为：

$$\frac{-1}{(1-\tau)(1-s_t)w_t x_t - z_t} + \frac{\varphi_t \hat{R}_{t+1}}{\hat{R}_{t+1} z_t + w_{t+1} x_{t+1}} = 0 \qquad (1-111)$$

通分得到：

$$\hat{R}_{t+1} z_t + w_{t+1} x_{t+1} = \varphi_t \hat{R}_{t+1} [(1-\tau)(1-s_t) w_t x_t - z_t] \qquad (1-112)$$

整理得到：

$$(1+\varphi_t)\hat{R}_{t+1} z_t = \varphi_t \hat{R}_{t+1} \left[(1-\tau)(1-s_t) w_t x_t - \frac{w_{t+1} x_{t+1}}{\hat{R}_{t+1} \varphi_t}\right] \qquad (1-113)$$

解出最佳储蓄 z_t，得到：

$$\begin{aligned} z_t &= \frac{\varphi_t}{1+\varphi_t}\left[(1-\tau)(1-s_t) w_t x_t - \frac{w_{t+1} x_{t+1}}{R_{t+1}}\right] \\ &= \sigma_t \left[(1-\tau)(1-s_t) w_t x_t - \frac{w_{t+1} x_{t+1}}{R_{t+1}}\right] \end{aligned} \qquad (1-114)$$

σ 和以前一样，定义为储蓄倾向。

依赖于人力资本的初始存量 x_0，经济展示了两种形式的动态：其一，不进行教育投资，其二，进行教育投资。当下式成立时，个人不进行教育投资，因为教育投资的收益并不大于物力资本投资的收益：

$$\theta \leqslant (1-\tau)\frac{w_t \hat{R}_{t+1}}{\varphi_t w_{t+1}} \qquad (1-115)$$

在这种情况下，人力资本的社会存量 x_0 保持为定数。有效的劳动供给为 $N_t = (1+\varphi_{t-1})\ x_0$。市场出清要求为：

$$N_{t+1} k_{t+1} = z_t \qquad (1-116)$$

把式（1－114）代入式（1－116），由 $N_t = (1+\varphi_{t-1}) x_0$，可得：

$$(1+\varphi_t) x_0 k_{t+1} = \sigma_t \left[(1-\tau)(1-s_t) w_t x_0 - \frac{w_{t+1} x_0}{R_{t+1}}\right] \qquad (1-117)$$

因为 $s_t = 0$，所以，得到：

$$(1+\varphi_t) x_0 k_{t+1} = \sigma_t \left[(1-\tau) w_t x_0 - \frac{w_{t+1} x_0}{R_{t+1}}\right] \qquad (1-118)$$

由式（1－108）得到：

$$w_t = (1-\alpha)Ak_t^{\alpha} \tag{1-119}$$

$$R_{t+1} = \alpha Ak_{t+1}^{\alpha-1} \tag{1-120}$$

把式（1－119）和式（1－120）代入式（1－118），得到：

$$(1+\varphi_t)x_0k_{t+1} = \sigma_t\left[(1-\tau)(1-\alpha)Ak_t^{\alpha}x_0 - \left(\frac{1-\alpha}{\alpha}\right)x_0k_{t+1}\right] \tag{1-121}$$

即：

$$x_0\left[(1+\varphi_t) + \sigma_t\frac{(1-\alpha)}{\alpha}\right]k_{t+1} = \sigma_t(1-\tau)(1-\alpha)Ak_t^{\alpha}x_0 \tag{1-122}$$

解出 k_{t+1}：

$$\begin{aligned} k_{t+1} &= \frac{\sigma_t(1-\tau)(1-\alpha)Ak_t^{\alpha}}{(1+\varphi_t)+\dfrac{(1-\alpha)}{\alpha}\sigma_t} \\ &= \frac{(1-\tau)(1-\alpha)}{\dfrac{(1+\varphi_t)}{\sigma_t}+\dfrac{(1-\alpha)}{\alpha}}Ak_t^{\alpha} \end{aligned} \tag{1-123}$$

由 $\sigma_t = \dfrac{\varphi_t}{1+\varphi_t}$，$1-\sigma_t = 1-\dfrac{\varphi_t}{1+\varphi_t} = \dfrac{1}{1+\varphi_t}$，得出：

$$\varphi_t = \frac{\sigma_t}{1-\sigma_t}$$

这样，上式分母中的第一项$\dfrac{(1+\varphi_t)}{\sigma_t} = \dfrac{1}{\sigma_t(1-\sigma_t)}$。因而：

$$k_{t+1} = (1-\tau)(1-\alpha)\left\{\frac{1}{\dfrac{1}{\sigma(k_t)[1-\sigma(k_t)]}+\dfrac{1-\alpha}{\alpha}}\right\}Ak_t^{\alpha} \tag{1-124}$$

在这里，$\sigma(k_t) = \dfrac{\varphi(\tau(1-\alpha)x_0Ak_t)}{1+\varphi(\tau(1-\alpha)x_0Ak_t)}$。与以前相同，只要 $\alpha < \dfrac{1}{2}$，

经济单调地收敛于唯一的单位劳动力平均稳态产出。

当初始条件允许某个内生的教育水平时，把 $\mu'(s)=\theta$，代入式（1－96）：

$$\frac{(1-\tau)w_tR_{t+1}}{w_{t+1}\varphi_t}=\theta \tag{1－125}$$

即：

$$\frac{(1-\tau)\alpha Ak_{t+1}^{\alpha-1}}{(1-\alpha)Ak_{t+1}^{\alpha}\varphi_t}(1-\alpha)Ak_t^{\alpha}=\theta \tag{1－126}$$

得到：

$$k_{t+1}=\frac{\alpha(1-\tau)A}{\theta}\frac{k_t^{\alpha}}{\varphi(k_t)} \tag{1－127}$$

$t+1$ 期的有效劳动为 $N_{t+1}=[(1-s_{t+1})+\varphi_t]x_{t+1}$，因为 $t+1$ 世代要在 $t+1$ 期抽出 s_{t+1}的时间去接受教育，剩余 $1-s_{t+1}$的时间才用于供给劳动。而由 $k_{t+1}=\frac{K_{t+1}}{N_{t+1}}$，得到：

$$N_{t+1}k_{t+1}=K_{t+1}=z_t \tag{1－128}$$

把式（1－114）代入式（1－128），得到：

$$(1-s_{t+1}+\varphi_t)x_{t+1}k_{t+1}=\sigma_t\left[(1-\tau)(1-s_t)w_tx_t-\frac{w_{t+1}x_{t+1}}{R_{t+1}}\right] \tag{1－129}$$

再把 $x_{t+1}=x_t(1+\theta s_t)$ 代入式（1－129），得到：

$$\begin{aligned}&(1-s_{t+1}+\varphi_t)x_t(1+\theta s_t)k_{t+1}\\&=\sigma_t\left[(1-\tau)(1-s_t)w_tx_t-\frac{1-\alpha}{\alpha}x_t(1+\theta s_t)k_{t+1}\right]\end{aligned} \tag{1－130}$$

在式（1－130）两边消去 x_t，并合并同类项，得到：

$$(1+\theta s_t)\left(1-s_{t+1}+\varphi_t+\frac{1-\alpha}{\alpha}\sigma_t\right)k_{t+1}=\sigma_t(1-\tau)(1-s_t)w_t \tag{1－131}$$

在式（1－131）两边除以$1+\theta s_t$，得到：

$$\left(1-s_{t+1}+\varphi_t+\frac{1-\alpha}{\alpha}\sigma_t\right)k_{t+1}=(1-\tau)(1-\alpha)\frac{(1-s_t)}{(1+\theta s_t)}A\sigma(k_t)k_t^{\alpha} \tag{1-132}$$

即：

$$\left[1-s_{t+1}+\varphi_t+\frac{1-\alpha}{\alpha}\sigma(k_t)\right]k_{t+1}=(1-\tau)(1-\alpha)A\frac{(1-s_t)}{(1+\theta s_t)}\sigma(k_t)k_t^{\alpha} \tag{1-133}$$

在均衡时，满足关于（s_t，k_t）的差分方程：

$$k_{t+1}=\frac{\alpha(1-\tau)A}{\theta}\frac{k_t^{\alpha}}{\varphi(k_t)} \tag{1-134}$$

$$\left[1-s_{t+1}+\varphi(k_t)+\frac{1-\alpha}{\alpha}\sigma(k_t)\right]k_{t+1}=(1-\tau)(1-\alpha)A\left(\frac{1-s_t}{1+\theta s_t}\right)\sigma(k_t)k_t^{\alpha} \tag{1-135}$$

因为φ_t渐近地收敛于β，所以存在唯一的正的稳态点（s^*，k^*），而且是鞍点稳定的。把（x_0，k_0）作为给定的，（s_t，k_t）单调地收敛于稳定的增长率θs^*。

两个有不同初始死亡率的国家也可能会收敛于同一均齐增长，死亡率低的社会持续地享受较高的单位劳动力平均产出水平，因为它为了获得更多的技术而投资。对初始的（x_0，k_0），高死亡率的国家不对教育投资，满足式（1－115），产生增长的陷阱。另外，对于同样的初始点（x_0，k_0），具有高生存期望的国家并不满足式（1－115）。

4. 某些经验的证据

上面的模型建立在死亡率大大地影响教育投资的决定的推测上。那么，有多少数据支持这一推测呢？非洲很多国家经济的停滞是否是因为死亡率高的原因？

笔者对此做了实证检验，得到长寿可以说明国家间收入水平变动的大约 81% 的结果。

1.6 经济增长模型中出生率决定的研究

前面介绍的模型都是建立在世代交叠模型的基础上，本节介绍关于出生率与经济增长关系的模型。R. 巴罗和 G. 贝克（1989）首先给出了这一模型，它是建立在离散经济增长模型的基础上，但考虑整个子孙的王朝的总效用最大化的问题。[①] 这相似于世代交叠模型，但不同的是，每个世代热爱自己的后代，后代的效用乘以一个因子加在这一世代的效用上，而这一乘数因子与孩子数量有关，它表示了父母一代对于孩子的热爱程度。这样，对于每个世代都要做这样的选择：决定孩子的数量和留给每个孩子的资本数量。这样，虽然只有一种商品被生产，但决定下期投资的同时也要决定子女的数量，所以与新古典派一个部门的增长模型不同，产生了多重最优解。

G. 贝克和 R. 巴罗（1988）在开放的模型中指出了出生率与世界的长期利息率、父母对于孩子的利他程度之间显示正相关的关系，而与技术进步率和养老保障之间显示负相关的关系。也证明了出生率与世代之间消费的增长、子女养育成本的变化相关，但却并不依赖于利息率或时间偏好。[②]

---

① Barro, R. J. & G. S. Becker. Fertility Choice in a Model of Economic Growth [J]. Econometrica, 1989, 57 (2): 481 – 501.

② Becker, G. S. & R. J. Barro. A Reformulation of the Economic Theory of Fertility [J]. Quarterly Journal of Economics, 1988, CIII (1): 1 – 25.

R. 巴罗和 G. 贝克（1989）在封闭经济模型的框架下构建了父母选择自己的消费、留给子女的遗产和孩子的数量的动态模型。[①] 在这一模型中，在人口增长及资本蓄积的选择决定的同时也决定了利息率与工资率。使用这一模型，可以分析子女的养育成本、税金系统、偏好和技术条件、人口与资本存量的振动所产生的影响。

虽然 R. 巴罗和 G. 贝克（1989）是很有名的论文，得到了很多有用的结果，但因为论文所设的贴现率 $\alpha(n)$ 为幂函数形式，所以不存在动态变革，经济从初始状态一跃而达到稳态，这样就失去了模型的很多魅力。[②]

J. 贝哈鲍比（J. Benhabib）和西村和雄（K. Nishimura，1989）修改了 R. 巴罗和 G. 贝克的模型，假设贴现率是出生率的递增凹函数。改变了资本从初始状态一跃到达均衡状态的局面，在贴现率导数的不同弹性下，资本的最优路径或为单调地、或为振动地趋向于长期均衡。[③] 但他们的分析是在资本的最优路径唯一的假设下得到的，因为他们在证明最优路径的变革时，使用了值函数的可微性，而值函数的可微，必须满足最优路径是唯一的条件。但是，他们的模型的设定恰恰不能保证最优路径的唯一性。

齐玲和金谷贞男（S. Kanaya，2010）改进了 J. 贝哈鲍比和西村和雄的模型，得到了保证最优路径唯一性的条件，并在这些条件下证明了值函数的凹性和可微性、资本最优路径的单调性、非零稳态点的存在性和唯一性及稳定性等。[④] 在本书第 2 章，证明这些结果，并在

①② Barro, R. J. & G. S. Becker. Fertility Choice in a Model of Economic Growth [J]. Econometrica, 1989, 57 (2): 481 -501.

③ Benhabib, J. & K. Nishimura. Endogenous Fluctuations in the Barro - Beker Theory of Fertility [A]. in: Demographic Change and Economic Development [M]. Springer - Verlag Berlin Heideberg, 1989.

④ Qi Ling & Sadao Kanaya. The Concavity of the Value Function of the Extended Barro - Becker Mode [J]. Journal of Economic Dynamics & Control, 2010, 34 (2): 314 -329.

第 3 章和第 4 章，利用经过改善的模型分析我国实行一个家庭可以生育两个孩子的新人口政策之后出生率的变化趋势。

以上都是建立在经济增长模型之上的关于出生率与资本积累及经济增长之间关系的研究结果。

第2章

内生出生率的动态模型

本章考虑内生出生率的动态模型，改进已有的国际上的著名经济模型。考虑R. 巴罗和G. 贝克（1989）提出，由J. 巴哈鲍比和西村和雄（1989）扩展了的内生出生率模型。[①] 由于他们改变了通常贴现率是常数的假设，把贴现率设为是孩子数量的函数，因而导致了最优路径不是唯一的。笔者在以上模型中，第一，改变了关于孩子的养育成本的假设，假设孩子的养育成本是孩子数量的凸函数。第二，给出了比较弱且有经济意义的条件，在这一组条件下，证明了模型中存在唯一的最优路径，而且，值函数是连续可微的凹函数。第三，证明了动态模型中存在唯一的稳态和最优资本积累路径是单调的。第四，证明了稳态点是鞍点稳定的。

---

① Qi Ling & Sadao Kanaya. The Concavity of the Value Function of the Extended Barro – Becker Model [J]. Journal of Economic Dynamics & Control, 2010, 34 (2): 314 – 329.

2.1 引　　言

R. 巴罗和 G. 贝克（1989）建立了一个内生出生率模型，在这一模型中，孩子的数量和世代间的分配都由代表的经济主体来决定，其一生的效用用其自身消费商品得到的效用与其子女效用的贴现值之和来表示。贴现率的大小取决于经济主体对子女的爱的程度和子女的数量。对于经济主体的子女来说，其效用也是由其自身的商品消费而得到的效用与其子女效用的贴现值之和来表示的。因而，这一代表的经济主体的效用就是由其消费商品而得到的效用与其子孙后代的效用组成的。[①]

R. 巴罗和 G. 贝克（1989）给出了稳态出生率的表达式，也分析了影响出生率的经济要素。他们使用封闭经济的模型来分析孩子的养育成本、税金系统、技术进步和利他主义对于出生率的影响。[②] 然而，由于巴罗和贝克的贴现率函数是孩子数量的幂函数，最优路径在一个期间内就一跃而达到稳态，因而无法讨论资本积累的变动过程和在变动过程中出生率的变化。J. 巴哈鲍比和西村和雄（1989）给出了更加详细的关于模型的设定、生产函数等，并把贴现率定义为符合一定条件的关于孩子数量的凹函数。[③] 这一扩展改善了 R. 巴罗和 G. 贝克（1989）的结果，证明了由贴现率导数关于孩子数量的不同弹性，使

①② Barro, R. J. & G. S. Becker. Fertility Choice in a Model of Economic Growth [J]. Econometrica, 1989, 57 (2): 481 -501.

③ Benhabib, J. & K. Nishimura. Endogenous Fluctuations in the Barro - Beker Theory of Fertility [A]. in: Demographic Change and Economic Development [M]. Springer - Verlag Berlin Heideberg, 1989.

出生率的最优路径或单调地收敛于稳态点、或振动地收敛于稳态点。[①]西村和雄和L. 劳特（L. Raut，1999）考虑了一个内生出生率模型，每个经济主体只生存三个阶段的世代交叠模型：童年时期，成年期和老年期。[②]经济主体在成年期选择他的子女数量、自己的消费和储蓄；在童年期，其依赖父母生活；而在老年期则依靠自己的储蓄和父母留下的遗产而生活。西村和雄和L. 劳特（1999）也得到了与J. 巴哈鲍比和西村和雄（1989）类似的结果。[③]在以上诸论文中假设了最优路径的唯一性和值函数的凹性，以保证最优路径的动态分析能够进行。但是，如果没有导出的效用函数关于子女数量和下一代人均资本是凹函数这一条件，就不能保证最优路径唯一和值函数是凹函数这一假设的成立。金谷贞男（S. Kanaya，2001）在原有的模型中用图示说明了，当假设每个孩子的养育费用是常数时，多重最优路径存在的可能性。为了排除这一可能，他提出了把以上诸论文中每个孩子的平均养育费用为常数的假设改为孩子的总养育成本是孩子数量的递增凸函数的建议。[④]这一改进符合现实情况。养育成本的凸性可以表现在衣物、玩具等的共用，还有孩子之间的外部性上。例如，大孩子可以带小孩子一起玩，大的孩子可以教小的孩子一些东西，也有互相影响等。本章在这一设定的基础上，为保证最优路径的唯一性又提出了关于贴现率函数的弹性和资本收益的弹性的一些比较弱的条件。这里证明了在这些条件下，值函数是凹函数而且是连续可微的。更进一步，证明了最优路径是单调的，最优出生率随资本初始值的增加而上升。在动态

①③ Qi Ling & Sadao Kanaya. The Concavity of the Value Function of the Extended Barro – Becker Model [J]. Journal of Economic Dynamics & Control, 2010, 34 (2): 314 – 329.

② Nishimura, K. & L. K. Raut. Endogenous Fertility and Growth Dynamics [A]. in: G. Ranis and L. K. Raut, Trade, Growth, and Development [M]. 1999: 39 – 53.

④ Kanaya, Sadao. Division Work between Male and Female, Human Capital, Demographic Transition [J]. Economy and Economics, 2002, 92 (in Japanese).

分析中，证明了动态模型中存在唯一的稳态点，而且这一稳态点是鞍点稳定的。

以下各小节的主要内容如下：在2.2节中，定义所要分析的问题，证明了可行集合是一个连续对应及所定义的算子是压缩映射。还证明了两个引理，从这两个引理可以直接证明值函数的存在性。在2.3节中，第一，证明了值函数V是凹函数的重要定理；第二，证明了最优路径是唯一的；第三，证明了值函数是连续可微的。第四，证明了值函数是近似二阶可微的。在2.4节中，第一，证明了最优路径的单调性；第二，证明了在动态系统中存在唯一的稳态点，这一稳态由改善的黄金律所刻画；第三，给出了动态分析，证明了稳态点是鞍点稳定的。

2.2 模型的设定

在本节中，设定由R. 巴罗和G. 贝克（1989）建立，并由J. 巴哈鲍比和西村和雄（1989）所具体化的模型。在这一模型中t世代面对以下效用最大化问题：

$$V(k_t) = \max_{c_t, n_t, k_{t+1}} \{u(c_t) + \beta(n_t)V(k_{t+1})\} \tag{2-1}$$

$$\text{s. t. } f(k_t) = c_t + n_t k_{t+1} + B(n_t) \tag{2-2}$$

其中，c_t为t世代的消费；k_t为t期的人均资本；n_t为t世代的孩子的数量；而养育每个孩子的平均成本为：

$$\gamma(n) = \gamma_1(n) + B_0$$

γ_1有以下性质：

$$\gamma_1'(n) > 0，\gamma_1''(n) > 0，B_0 > 0$$

养育n个孩子的总成本为：

$$B(n)=n\gamma(n)$$

而贴现函数 $\beta(n)$ 则衡量父母对于子女的利他程度。假设 $\beta(n)$ 有以下性质：

$$0\leqslant\beta(n)<1;\ \beta(0)=0;\ \beta'(n)>0;\ \beta''(n)<0;$$

及当 $n\to0$ 时，有 $\beta'(n)\to\infty$。

效用函数 $u(c)$ 是二次连续可微函数满足以下条件：

$u(0)=0$；$u'(c)>0$；$u''(c)<0$；及当 $c\to0$ 时，$u'(c)\to\infty$。

也假设生产函数 f 为二次连续可微函数，满足：

$f(k)\geqslant0(f(0)=0)$；$f'(k)>0$；$f''(k)<0$；$\lim\limits_{k\to\infty}f'(k)=0$；及当 $k\to0$ 时，$f'(k)\to\infty$。

现在，把上面的最优化问题定义为问题（Ⅰ）：

$$\max_{n,k_1}\{u[f(k)-nk_1-B(n)]+\beta(n)V(k_1)\}\tag{2-3}$$

$$\text{s. t. } f(k)\geqslant nk_1+B(n)\tag{2-4}$$

下面计算 n 个孩子的养育成本 $B(n)$ 的一阶和二阶导数：

$$B'(n)=n\gamma_1'(n)+\gamma_1(n)+B_0>0$$

$$B''(n)=2\gamma_1'(n)+n\gamma_1''(n)>0$$

可以把最优化问题（Ⅰ）分解为以下两个最优化问题：

对 $0\leqslant g\leqslant f(k)$，第一个问题（问题Ⅱ）为：

$$W(g)\equiv\max_{\underline{n}\leqslant n\leqslant\bar{n},0\leqslant k_1\leqslant\bar{k}}\beta(n)V(k_1)\tag{2-5}$$

$$\text{s. t. } g=nk_1+B(n)\tag{2-6}$$

第二个问题（问题Ⅲ）为：

$$V(k)=\max_{0\leqslant g\leqslant f(k)}\{u[f(k)-g]+W(g)\}\tag{2-7}$$

可以证明原始的最优化问题可以分解为上面两个最优化问题。以下引理证明了这一问题。

引理 2.1　$(n^0,\ k_1^0)$ 是问题（Ⅰ）的解当且仅当当 $g^0=n^0k_1^0+B(n^0)$ 时，g^0 与 n^0 分别为问题（Ⅲ）与问题（Ⅱ）的解。

证明：必要性：令：

$$g^0 = n^0 k_1^0 + B(n^0)$$

要证明 g^0 与 n^0 分别是问题（Ⅲ）与（Ⅱ）的解。

（1）若 g^0 是问题（Ⅲ）的解的话，则 n^0 就一定是问题（Ⅱ）的解。假设不是这样，则存在 n'，使得 n' 是问题（Ⅱ）的解，也就是说满足：

$$\beta(n')V\left(\frac{g^0 - B(n')}{n'}\right) > \beta(n^0)V\left(\frac{g^0 - B(n^0)}{n^0}\right)$$

这样，就有下式成立：

$$u(f(k) - g^0) + \beta(n')V\left(\frac{g^0 - B(n')}{n'}\right) > u(f(k) - g^0)$$

$$+\beta(n^0)V\left(\frac{g^0 - B(n^0)}{n^0}\right)$$

这与（n^0，k_1^0）是问题（Ⅰ）的解矛盾。

（2）若（n^0，k_1^0）是问题（Ⅰ）的解，则 g^0 是问题（Ⅲ）的解。

反之，g^0 不是问题（Ⅲ）的解。假设 $g^1 \neq g^0$ 是问题（Ⅲ）的解。令 n^1 是相关于 g^1 的问题（Ⅱ）的解，令 $k_1^1 \equiv \dfrac{g^1 - B(n^1)}{n^1}$。由问题（Ⅱ）的定义，得到：

$$W(g^1) = \beta(n^1)V(k_1^1)$$

得到：

$$\begin{aligned} u[f(k) - g^1] + W(g^1) &= u[f(k) - n^1 k_1^1 - B(n^1)] + \beta(n^1)V(k_1^1) \\ &> u[f(k) - g^0] + W(g^0) \\ &= u[f(k) - n^0 k_1^0 - B(n^0)] + \beta(n^0)V(k_1^0) \end{aligned} \tag{2-8}$$

由上面关于 k_1^1 和 $W(g^1)$ 的定义，第一个等式成立，而不等式的成立是因为 g^0 不是问题（Ⅲ）的解。式（2-8）的结果与（n^0，k_1^0）是问题（Ⅰ）的解相矛盾。由（1）和（2）得到，若（n^0，k_1^0）是问题（Ⅰ）的解，则 g^0 和 n^0 分别是问题（Ⅲ）和问题（Ⅱ）的解。证明了必要性。

充分性：若 g^0 与 n^0 分别是问题（Ⅲ）与（Ⅱ）的解，则有：

$$u[f(k)-g^0]+W(g^0)>u[f(k)-g]+W(g)$$

对任意满足 $0\leqslant g\leqslant f(k)$，$g\neq g^0$ 成立。

由问题（Ⅱ），关于固定的 g，存在问题（Ⅱ）的解 n^g。也就是说：

$$W(g)=\beta(n^g)V(k_1^g)$$

其中，$k_1^g=\dfrac{g-B(n^g)}{n^g}$。

得到：

$$\begin{aligned}u[f(k)-g^0]+W(g^0)&=u[f(k)-n^0k_1^0-B(n^0)]+\beta(n^0)V(k_1^0)\\&>u[f(k)-g]+W(g)\\&=u[f(k)-n^gk_1^g-B(n^g)]+\beta(n^g)V(k_1^g)\\&\geqslant u[f(k)-nk_1-B(n)]+\beta(n)V(k_1)\end{aligned}\tag{2-9}$$

对任意满足 $nk_1+B(n)=g$ 的（n，k_1）及满足 $g\neq g^0$ 的所有 g 都成立。 Q. E. D.

以下，需要排除 n 任意小，接近于零的情况。因为由问题的设定，如果 n 非常小，会使 k_1 变得很大，而且，n 非常小也并非最优选择，也不符合经济的实际情况，所以需要在模型中排除这种情况。可以考虑人是不能分割的，或者考虑养育孩子的成本中存在固定成本，这样会导致最优的孩子数量会大于某个正数 $\underline{n}$。无论哪种理由，都假设出生率存在一个下界 $\underline{n}$。下一引理保证了在问题（Ⅰ）中存在最优资本的上界。更进一步，资本的有界性决定了出生率存在上界 $\bar{n}$。

引理 2.2　假设存在 $\underline{n}>0$，使得对任意 n，满足 $n\geqslant\underline{n}$。则存在

$\bar{k}>0$ 使得 $0\leqslant k_1\leqslant\bar{k}$ 对任意 k 都成立，其中，k_1 为问题（Ⅰ）中的资本的最优选择。更进一步，存在 $\bar{n}>0$，使得对任意 n 都有 $n\leqslant\bar{n}$。

证明：假设存在 $\underline{n}>0$，使得 $n>\underline{n}$。稻田条件保证了可持续生产水平的存在。也就是，存在 $\tilde{k}$ 满足下式：

$$f(\tilde{k})=\tilde{k}$$

对 $k<\tilde{k}$，有 $f(k)>k$；对 $k>\tilde{k}$，有 $f(k)<k$ 成立。

由稻田条件，$\lim\limits_{k\to\infty}f'(k)=0$，当 k 充分大时，应有：

$$f'(k)<\underline{n}$$

选择 $\hat{k}>\tilde{k}$，使 $f'(\hat{k})<\underline{n}$。把 $\dfrac{f'(\hat{k})}{\underline{n}}$ 定义为 A，有：

$$A\equiv\frac{f'(\hat{k})}{\underline{n}}<1 \tag{2-10}$$

由资源限制条件式（2-2），得到：

$$k_{t+1}\leqslant\frac{f(k_t)-B(n_t)}{n_t}\leqslant\frac{f(k_t)-B(\underline{n})}{\underline{n}}。$$

由 f 的凹性，有以下不等式成立：

$$f(k)\leqslant f(\hat{k})+f'(\hat{k})(k-\hat{k})$$

因而，得到：

$$\begin{aligned}
k_{t+1}&\leqslant\frac{f(k_t)-B(\underline{n})}{\underline{n}}\\
&<\frac{1}{\underline{n}}[f(\hat{k})+f'(\hat{k})(k_t-\hat{k})]-\frac{B(\underline{n})}{\underline{n}}\\
&=\frac{f'(\hat{k})k_t}{\underline{n}}+\frac{1}{\underline{n}}[f(\hat{k})-f'(\hat{k})\hat{k}-B(\underline{n})]\\
&=Ak_t+C\\
&\leqslant A^2k_{t-1}+AC+C\\
&\leqslant\cdots\\
&\leqslant A^{t+1}k_0+C\frac{1-A^{t+1}}{1-A}
\end{aligned} \tag{2-11}$$

其中，$C \equiv \frac{1}{\underline{n}}[f(\hat{k})-f'(\hat{k})(k_t-\hat{k})-B(\underline{n})]$。由于：

$$\lim_{t\to\infty}\left(A^{t+1}k_0+C\frac{1-A^{t+1}}{1-A}\right)=\frac{C}{1-A}<\infty$$

所以，序列$\left\{A^{t+1}k_0+C\frac{1-A^{t+1}}{1-A}\right\}_{t=1}^{\infty}$是有界的。令：

$$\bar{k}\equiv\max_t\left\{A^{t+1}k_0+C\frac{1-A^{t+1}}{1-A}\right\}$$

则有：

$$k_{t+1}\leqslant\bar{k}$$

由资源约束条件，下式成立：

$$nk_{t+1}+B(n)\leqslant f(k_t)\leqslant f(\bar{k})$$

这意味着出生率 n 存在上界。　Q. E. D.

引理 2.3　意味着孩子数量 n 的相关定义域为 $[\underline{n}, \bar{n}]$，而资本 k 的定义域为 $[0, \bar{k}]$。当 k 充分小时，会有 $f(k)<B(n)$，即对于充分小的资本，它的生产会负担不起孩子的养育费用，所以资本应该有下限。不失一般性，只考虑 k 的定义域为 $[\underline{k}, \bar{k}]$ 的情况，而 $\underline{k}$ 满足：

$$f(\underline{k})=\underline{nk}+B(\underline{n})$$

如下定义可行集合 $\Gamma(k)$：

$$\Gamma(k)\equiv\{(k_1, n): nk_1+B(n)\leqslant f(k);\ \underline{n}\leqslant n\leqslant\bar{n};\ \underline{k}\leqslant k_1\leqslant\bar{k}\}。\tag{2-12}$$

引理 2.4　对应 Γ：$[\underline{k}, \bar{k}]\to[\underline{k}, \bar{k}]\times[\underline{n}, \bar{n}]$ 是连续对应，对任意 k，可行集合 $\Gamma(k)$ 是紧集。

证明：（1）对每个 k 来说，由可行集合 $\Gamma(k)$ 的定义，可知集合 $\Gamma(k)$ 是有界集合。下面证明 $\Gamma(k)$ 是闭集。对任意序列 $\{(k_1^v, n^v)\}\subset\Gamma(k)$，且 $\lim_{v\to\infty}k_1^v=k_1^0$，$\lim_{v\to\infty}n^v=n^0$，想要证明 $(k_1^0, n^0)\in\Gamma(k)$。很明显，由 $\underline{n}\leqslant n^v\leqslant\bar{n}$，及 $\underline{k}\leqslant k_1^v\leqslant\bar{k}$，得到 $\underline{n}\leqslant n^0\leqslant\bar{n}$，及 $\underline{k}\leqslant k_1^0\leqslant\bar{k}$。又

由 $n^{v}k_1^{v}+B(n^{v})\leqslant f(k)$，可以得到：

$$n^{0}k_1^{0}+B(n^{0})\leqslant f(k)$$

因而，$(k_1^0,\ n^0)\in\Gamma(k)$。由 $\Gamma(k)$ 的定义，可以得到 $\Gamma(k)$ 是闭集，因而，$\Gamma(k)$ 是紧集。所以，对应 Γ 的每个值集合是紧集。

下面证明对任意一个序列 $\{k^{v}\}$，$k^{v}\to k$，和任意一个序列 $\{(k_1^{v},\ n^{v})\}$，$(k_1^{v},\ n^{v})\in\Gamma(k^{v})$，都存在一个子序列收敛于 $\Gamma(k)$ 中某一点。

考虑一个序列 $\{k^{v}\}$，使得 $k^{v}\to k$，$k\in[\underline{k},\ \bar{k}]$。对每个序列 $\{(k_1^{v},\ n^{v})\}$，其中 $(k_1^{v},\ n^{v})\in\Gamma(k^{v})$，由于 $\{k_1^{v}\}$，$\{n^{v}\}$ 是有界的，所以有子序列 $\{(k_1^{v_l},\ n^{v_l})\}$ 使得 $(k_1^{v_l},\ n^{v_l})\to(k_1,\ n)$。下面证明 $(k_1,\ n)\in\Gamma(k)$。从 $(k_1^{v_l},\ n^{v_l})\in\Gamma(k^{v_l})$，可以得到：

$$\underline{k}\leqslant k_1^{v_l}\leqslant\bar{k} \tag{2-13}$$

$$\underline{n}\leqslant n^{v_l}\leqslant\bar{n} \tag{2-14}$$

$$n^{v_l}k_1^{v_l}+B(n^{v_l})\leqslant f(k^{v_l}) \tag{2-15}$$

在式（2-13）~式（2-15）两边关于 $v_l\to\infty$ 取极限，得到：

$$\underline{k}\leqslant k_1\leqslant\bar{k}$$

$$\underline{n}\leqslant n\leqslant\bar{n}$$

$$nk_1+B(n)\leqslant f(k)$$

因此，$(k_1,\ n)\in\Gamma(k)$。由对应的上半连续的定义，Γ 是上半连续的。

（2）证明 Γ 是下半连续的。考虑 $\underline{k}\leqslant k\leqslant\bar{k}$，$(k_1,\ n)\in\Gamma(k)$，及序列 $\{k^{v}\}$ 使得 $k^{v}\to k$，要证明存在一个序列 $\{(k_1^{v},\ n^{v})\}_L^{\infty}$，$(k_1^{v},\ n^{v})\in\Gamma(k^{v})$ 且 $(k_1^{v},\ n^{v})\to(k_1,\ n)$。

先考虑 $nk_1+B(n)<f(k)$ 的情况。由 f 的连续性，存在 $L>0$，使得对任意 $v\geqslant L$ 都有：

$$nk_1+B(n)\leqslant f(k^{v}) \tag{2-16}$$

再由 $(k_1,\ n)\in\Gamma(k)$，由 $\Gamma(k)$ 的定义，可知 $\underline{k}\leqslant k_1\leqslant\bar{k}$，$\underline{n}\leqslant n\leqslant\bar{n}$。因而，得到：

$$\underline{k} \leqslant k_1 \leqslant \bar{k}$$

$$\underline{n} \leqslant n \leqslant \bar{n}$$

$$nk_1 + B(n) \leqslant f(k^v), \quad v > L$$

由 $\Gamma(k^v)$ 的定义，$(k_1, n) \in \Gamma(k^v)$，当 $v \geqslant L$ 时成立。这样，定义 $\{(k_1^v, n^v)\}_L^\infty \equiv \{(k_1, n)\}_L^\infty$，可以得到一个序列 $\{(k_1^v, n^v)\}_L^\infty$，使得 $(k_1^v, n^v) \in \Gamma(k^v)$，且 $(k_1^v, n^v) \to (k_1, n)$。由下半连续的定义可知，在这种情况下 Γ 是下半连续的。

下面考虑 $nk_1 + B(n) = f(k)$ 的情况。设 $\underline{k} < k_1 < \bar{k}$。由 $k^v \to k$ 和 f 的连续性，存在 $L > 0$，使得对任意 $v \geqslant L$，$|f(k^v) - f(k)| < \varepsilon$。令 $k_1^v = \dfrac{f(k^v) - B(n)}{n}$。当 ε 充分小，由 $\underline{k} < k_1 = \dfrac{f(k) - B(n)}{n} < \bar{k}$，可知：

$$\underline{k} \leqslant k_1^v = \frac{f(k^v) - B(n)}{n} \leqslant \bar{k} \tag{2-17}$$

由式（2－17）得到：

$$f(k^v) = nk_1^v + B(n)$$

$$\underline{k} \leqslant k_1^v \leqslant \bar{k}$$

又由 $(k_1, n) \in \Gamma(k)$，可知，$\underline{n} \leqslant n \leqslant \bar{n}$，由 $\Gamma(k^v)$ 的定义，$(k_1, n) \in \Gamma(k^v)$。令 $\{(k_1^v, n^v)\}_L^\infty = \{(k_1^v, n)\}_L^\infty$，得到一个序列 $\{(k_1^v, n^v)\}_L^\infty$，使得当 $v > L$，$(k_1^v, n^v) \in \Gamma(k^v)$，且 $(k_1^v, n^v) \to (k_1, n)$。

若 $nk_1 + B(n) = f(k)$，$k_1 = \underline{k}$ 且 $n > \underline{n}$，则存在 $L' > 0$ 使得对任意 $v \geqslant L'$，有 $n - \dfrac{1}{v} \geqslant \underline{n}$，且：

$$\underline{k} < k_1^v = \frac{f(k^v) - B\left(n - \dfrac{1}{v}\right)}{n - \dfrac{1}{v}} \leqslant \bar{k} \tag{2-18}$$

由式（2－18），得到：

$$\underline{k} < k_1^v \leqslant \bar{k}$$

$$f(k^v)=\left(n-\frac{1}{v}\right)k_1^v+B\left(n-\frac{1}{v}\right)$$

又由 $(k_1,\ n)\in\Gamma(k)$，$\underline{n}\leqslant n\leqslant\bar{n}$，因而，$\underline{n}\leqslant n-\frac{1}{v}<\bar{n}$ 成立。由 $\Gamma(k^v)$ 的定义，$\left(k_1^v,\ n-\frac{1}{v}\right)\in\Gamma(k^v)$，$v\geqslant L'$。令 $\{(k_1^v,\ n^v)\}_{L'}^{\infty}\equiv\left\{\left(k_1^v,\ n-\frac{1}{v}\right)\right\}_{L'}^{\infty}$，因而，得到一个序列 $\{(k_1^v,\ n^v)\}_{L'}^{\infty}$，使得当 $v\geqslant L'$，$(k_1^v,\ n^v)\in\Gamma(k^v)$。由

$$\lim_{v\to\infty}k_1^v=\lim_{v\to\infty}\frac{f(k^v)-B\left(n-\frac{1}{v}\right)}{n-\frac{1}{v}}=\frac{f(k)-B(n)}{n}=k_1$$

$$\lim_{v\to\infty}n^v=\lim_{v\to\infty}\left(n-\frac{1}{v}\right)=n$$

因而，$(k_1^v,\ n^v)\to(k_1,\ n)$。

若 $nk_1+B(n)=f(k)$，$k_1=\bar{k}$ 且 $n<\bar{n}$，令：

$$k_1^v=\frac{f(k^v)-B\left(n+\frac{1}{v}\right)}{n+\frac{1}{v}}$$

如同以上证明，存在一个序列$\left\{\left(k_1^v,\ n+\frac{1}{v}\right)\right\}_{L}^{\infty}$，使得$\left(k_1^v,\ n+\frac{1}{v}\right)\in\Gamma(k^v)$，且$\left(k_1^v,\ n+\frac{1}{v}\right)\to(k_1,\ n)$。同理可证，在任何情况下都存在一个序列 $\{(k_1^v,\ n^v)\}_{v\geqslant L}$ 使得 $(k_1^v,\ n^v)\to(k_1,\ n)$，且 $(k_1^v,\ n^v)\in\Gamma(k^v)$。因此，$\Gamma$ 是下半连续的。由于对应 Γ 既为上半连续，又是下半连续的，由对应的连续的定义，Γ 是一个连续对应。 Q. E. D.

下面定义算子 T 如下：

$$T\xi(k)\equiv\max_{(k_1,n)\in\Gamma(k)}\{u[f(k)-nk_1-B(n)]+\beta(n)\xi(k_1)\}\tag{2-19}$$

把这个最大化问题定义为问题（Ⅳ）。问题（Ⅰ）的目标函数一定是这个算子的不动点。即目标函数 V 满足：

$$TV = V_{\circ}$$

引理 2.5　算子 T 为从 $B(X)$ 到 $B(X)$ 上的压缩映射。

证明：（1）令 $X \equiv [\underline{k}, \bar{k}]$。令 $B(X)$ 为在 X 上的连续函数的度量空间。由引理 2.3，Γ 是连续对应。这样，若函数 ϕ 是连续的，由最大值定理，函数 $T\phi$ 也是连续函数。这样，就证明了算子 T 把 $B(X)$ 映射到 $B(X)$ 上。

（2）为了证明算子 T 为压缩映射，只需证明 Blackwell 条件成立。首先，考虑连续函数度量空间上的两个连续函数 ϕ 与 φ，且有 $\phi \leqslant \varphi$ 成立。由于：

$$\begin{aligned} & u[f(k) - nk_1 - B(n)] + \beta(n)\phi(k_1) \\ \leqslant & u[f(k) - nk_1 - B(n)] + \beta(n)\varphi(k_1) \end{aligned} \tag{2-20}$$

对任意可行的 (k_1, n) 都成立。因而有：

$$T\phi \leqslant T\varphi$$

成立。

其次，证明存在 $0 < \mu < 1$，使得：

$$T(\phi + a) \leqslant T\phi + \mu a$$

其中，a 为一个常数映射。令：

$$\mu = \beta(\bar{n})$$

则有：

$$\begin{aligned} T(\phi + a) &= \max_{(k_1, n) \in \Gamma(k)} \{u[f(k) - nk_1 - B(n)] + \beta(n)[\phi(k_1) + a]\} \\ &\leqslant T\phi + \beta(\bar{n})a \\ &= T\phi + \mu a \end{aligned}$$

由 Bleckwell 定理，T 是压缩映射。　　Q. E. D.

以下定义最优策对应 $G(k)$，最优资本政策对应 $H(k)$ 和最优出

生率政策对应 $N(k)$：

$$G(k) \equiv \underset{(k_1,n)\in\Gamma(k)}{\arg\max}\{u[f(k)-nk_1-B(n)]+\beta(n)V(k_1)\},$$

$$H(k) \equiv \{k_1:(k_1,n)\in G(k)\},$$

$$N(k) \equiv \{n:(k_1,n)\in G(k)\}。$$

应用最大值定理证明以下定理。

定理 2.1 存在唯一的函数 V 满足 $V=TV$。对应 $G(k)$，$H(k)$ 和 $N(k)$ 都为上半连续对应。

证明：由引理 2.2，可行集 $\Gamma(k)$ 是紧集，而且 Γ 关于 k 是连续对应。由最大值定理，对任意连续函数 φ，$T\varphi$ 也是连续函数。因而 T 是从连续函数的集合映射到连续函数集合的一个映射。设 φ 是一个有界函数，考虑：

$$T\varphi(k)=\max_{(k_1,n)\in\Gamma(k)}u[f(k)-nk_1-B(n)]+\beta(n)\varphi(k_1)$$

由 f 关于稻田条件的假设，得到 $\tilde{k}$，满足 $f(\tilde{k})=\tilde{k}$，且当 $k>\tilde{k}$ 时，有 $f(k)<k$。从经济学的角度来看，产出小于投入，这样的生产就是低效率的。即使一旦资本的水平超过 $\tilde{k}$，产出也会小于投入的人均资本 k，这样一直下降到 $\tilde{k}$。因而，由效率最大化，就不会选择大于 $\tilde{k}$ 的投入。所以，生产函数可以看作是有界函数。这样，$u[f(k)-nk_1-B(n)]$ 是有界的，存在 $M_1>0$ 使得：

$$u[f(k)-nk_1-B(n)]\leqslant M_1$$

成立。而由 φ 是有界函数，则存在 M_2 使得：

$$\sup_x \varphi(x)\leqslant M_2$$

因而：

$$\sup_k T\varphi(k)\leqslant M_1+M_2$$

所以，T 把连续有界函数映射到连续有界函数。由于连续有界函数的集合 $B(X)$ 是完备空间，又由引理 2.3，算子 T 是一个压缩映射，由不动点定理，存在 $V\in B(X)$，使得：

$$TV = V$$

即：

$$V(k) = \max_{(k_1,n) \in \Gamma(k)} u[f(k) - nk_1 - B(n)] + \beta(n)V(k_1)$$

由最大值定理，最优政策对应 $G(k)$ 是上半连续的，又由 $H(k)$ 与 $N(k)$ 的定义，$H(k)$ 和 $N(k)$ 也都为上半连续对应。　　Q. E. D.

2.3　最优路径的唯一性

在 R. 巴罗和 G. 贝克（1989）、J. 巴哈鲍比和西村和雄（1989）的模型中，由于出生率（家庭的子女数）与投资于生产的人均资本量的同时决定，导致了模型的最优路径并不唯一的结果。最优路径的多重性就使得值函数的凹性不能成立，因而值函数的可微性也不能成立。① 而对于最优路径的分析和稳态的稳定性的确定都需要值函数可微的性质。在一些论文中，为了分析这些问题，假设了值函数的凹性和可微性，但这些假设恰恰是不对的，因为，模型的设定使这些假设不能成立。因而，所作的分析都是建立在不能实现的假想上的，就失去了它们存在的意义。

在本节，给出一些具有经济意义、较弱的条件，并证明在这些条件下，问题（Ⅰ）的最优路径是唯一的。因为还没有证明值函数的可微性，所以，还不能使用微分方程来刻画最优路径，也就是在证明中不能使用一阶条件。为了解决这一难题，首先考虑有限期间的最优化的问题（问题Ⅳ）从而设定一系列有限期间最优化问题的值函数 $\{v_m(k)\}$，每个 $v_m(k)$ 意味着从初始值 k 出发，只有 m 个剩

① Qi Ling & Sadao Kanaya. The Concavity of the Value Function of the Extended Barro - Becker Model [J]. Journal of Economic Dynamics & Control, 2010, 34 (2): 314 - 329.

余消费期间的情况下的最大效用。根据关于 $v_m(k)$ 的凹性的分析结果，在定理 2.2 中证明无限期间的消费遗留情况下的值函数 $V(k)$ 的凹性。下一步，利用定理 2.2 的结果，在定理 2.3 中利用微分拓扑的方法证明问题（Ⅰ）的解的唯一性，也就是最优路径的唯一性。最后，在定理 2.4 中证明了值函数的可微性，使得可以在稳态的稳定性分析中使用微分的方法。另外，在定理 2.5 中，进一步证明了值函数的近似二次可微的性质。

在证明定理 2.2 之前，要证明下列引理。

引理 2.6 假设函数 $\xi(k)$ 二次连续可微，且 $\xi''(k)<0$，$\xi(0)=0$。在关于 $\beta'(n)$ 和 $\xi'(k)$ 弹性的假设：

$$-\frac{n\beta''(n)}{\beta'(n)}\geqslant 1-\theta$$

$$-\frac{k_1\xi''(k_1)}{\xi'(k_1)}>1-\theta$$

对满足 $(k_1, n)\in\Gamma(k)$ 的任意 k_1 和 n 都成立，其中，$\theta\equiv\frac{n\beta'(n)}{\beta(n)}$，则有以下结果。

（1）存在以下最大化问题的唯一解：

$$\max_n\{\beta(n)\xi(k_1)\}$$

$$\text{s. t.}\quad g=nk_1+B(n)$$

令：

$$W_\xi(g)\equiv\max_n\{\beta(n)\xi(k_1)\}$$

则 $W_\xi(g)$ 是二次可微的，且有 $W''_\xi(g)<0$ 成立。

（2）最大化问题：

$$\max_{(k_1,n)\in\Gamma(k)}\{u[f(k)-nk_1-B(n)]+\beta(n)\xi(k_1)\}$$

中存在唯一解。令：

$$Z_\xi(k)\equiv\max_{(k_1,n)\in\Gamma(k)}\{u[f(k)-nk_1-B(n)]+\beta(n)\xi(k_1)\}$$

则 $Z_{\xi}(k)$ 是二次可微的，且 $Z''_{\xi}(k)<0$ 成立。

证明：证明的思路如下：由隐函数定理证明 $W_{\xi}(g)$ 是二次可微的。由假设条件可以证明 $W''_{\xi}(g)<0$。相似地，也可以证明 $Z''_{\xi}(g)<0$。下面开始证明：

（1）令：

$$\Delta_{\xi}(n,\ g)\equiv\beta(n)\xi\left[\frac{g-B(n)}{n}\right]$$

把下列问题记为（AI）：

$$W_{\xi}(g)\equiv\max_{\underline{n}\leqslant n\leqslant\bar{n}}\{\Delta_{\xi}(n,\ g)\} \tag{2-21}$$

由于集合 $\{n:\ \underline{n}\leqslant n\leqslant\bar{n}\}$ 是紧集，目标函数 $\Delta_{\xi}(n,\ g)$ 在这一集合上关于 n 是连续的，所以在这一集合中一定存在最大值点，也就是问题（AI）的解存在。

（2）由 $\beta(n)$ 的性质，当 $n\to0$ 时 $\beta'(n)\to\infty$，所以 $n=\underline{n}$ 不是最优解。这是因为，如所设 $\underline{n}$ 很小，因而，$\beta'(\underline{n})$ 很大。取 $\Delta>0$ 很小，有：

$$\begin{aligned}
\Delta_{\xi}(\underline{n}+\Delta,\ g)-\Delta_{\xi}(\underline{n},\ g)&=\beta(\underline{n}+\Delta)\xi\left[\frac{g-B(\underline{n}+\Delta)}{\underline{n}+\Delta}\right]\\
&\quad-\beta(\underline{n})\xi\left[\frac{g-B(\underline{n}+\Delta)}{\underline{n}+\Delta}\right]\\
&\quad+\beta(\underline{n})\xi\left[\frac{g-B(\underline{n}+\Delta)}{\underline{n}+\Delta}\right]\\
&\quad-\beta(\underline{n})\xi\left[\frac{g-B(\underline{n})}{\underline{n}}\right]\\
&\geqslant\beta'(\underline{n}+\theta\Delta)\xi\left[\frac{g-B(\underline{n}+\Delta)}{\underline{n}+\Delta}\right]-\beta(\underline{n})\varepsilon
\end{aligned}$$

其中，$0<\theta<1$。因为函数 ξ 的连续性，存在 $\Delta_1>0$，当 $\Delta<\Delta_1$ 时，有：

$$\xi\left[\frac{g-B(\underline{n}+\Delta)}{\underline{n}+\Delta}\right]-\xi\left[\frac{g-B(\underline{n})}{\underline{n}}\right]>-\varepsilon$$

得到不等号右侧的最后一项；由 ξ 的连续性，存在 $\Delta_2>0$，当 $\Delta<\Delta_2$ 时，有：

$$\xi\left[\frac{g-B(\underline{n}+\Delta)}{\underline{n}+\Delta}\right]>\xi\left[\frac{g-B(\underline{n})}{\underline{n}}\right]-\varepsilon'$$

接着，选择 Δ_3 使：

$$\beta'(\underline{n}+\Delta_3)>\frac{\beta(\underline{n})\varepsilon}{\xi\left[\frac{g-B(\underline{n})}{\underline{n}}\right]-\varepsilon'} \tag{2-22}$$

因为 $\beta'(\underline{n})$ 很大，$\beta(\underline{n})\varepsilon$ 很小，而且 $\xi\left[\frac{g-B(\underline{n})}{\underline{n}}\right]-\varepsilon'>0$ 足够大，所以可以选到适合的 Δ_3 使式（2－22）成立。这里，$\underline{n}+\theta\Delta_3<\underline{n}+\Delta_3$ 且 $\beta'(\underline{n}+\theta\Delta_3)>\beta'(\underline{n}+\Delta_3)$。

令 $\Delta_4=\min\{\Delta_1,\Delta_2,\Delta_3\}$，当 $\Delta<\Delta_4$ 则有：

$$\Delta_\xi(\underline{n}+\Delta,g)>\Delta_\xi(\underline{n},g)$$

因此，在 $n=\underline{n}$，$\Delta_\xi(n,g)$ 不取最大值。

由于问题（AI）只考虑 g 是固定的情况，在这里不妨把 $\bar{n}$ 看作满足$g=B(\bar{n})$。可以得到：

$$\Delta_\xi(\bar{n},g)=\beta(\bar{n})\xi(0)=0$$

由 $\Delta_\xi(n,g)\geqslant 0$，对任意 n 成立，所以在 $n=\bar{n}$，$\Delta_\xi(n,g)$ 也不取最大值。所以，$\Delta_\xi(n,g)$ 必在区间［$\underline{n}$，$\bar{n}$］的内部取得最大值。那么，最大值点一定也是极大值点，因而满足以下一阶条件：

$$\frac{\partial}{\partial n}\Delta_\xi(n,g)=\beta'(n)\xi-\frac{\beta(n)}{n}[B'(n)+k_1]\xi'=0 \tag{2-23}$$

进一步，有：

$$\begin{aligned}&\frac{\partial^2}{\partial n^2}\Delta_\xi(n,g)\\&=\beta''(n)\xi-\frac{2\beta'(n)}{n}[B'(n)+k_1]\xi'+\frac{\beta(n)}{n^2}[B'(n)+k_1]^2\xi''\end{aligned}$$

$$+\frac{\beta(n)}{n}\left\{\frac{2[B'(n)+k_1]}{n}-B''(n)\right\}\xi'$$

$$=\beta''(n)\xi(k_1)+\frac{2\beta(n)(1-\theta)[B'(n)+k_1]}{n^2}\xi'(k_1)$$

$$+\frac{\beta(n)}{n^2}[B'(n)+k_1]^2\xi''(k_1)-\frac{\beta(n)}{n}B''(n)\xi'(k_1)$$

$$<\beta''(n)\xi(k_1)+\frac{2\beta(n)(1-\theta)}{n^2}\xi'(k_1)[B'(n)+k_1]$$

$$+\frac{\beta(n)[B'(n)+k_1]^2\xi''(k_1)}{n^2} \tag{2-24}$$

把式（2－24）的第二项分成两项，先计算第一项与第二项前半部分的和，由式（2－23），得到：

$$\beta''(n)\xi(k_1)+\frac{\beta(n)(1-\theta)}{n^2}[B'(n)+k_1]\xi'(k_1)$$

$$=\frac{\beta(n)\beta''(n)}{n\beta'(n)}\xi'(k_1)[B'(n)+k_1]+\frac{\beta(n)(1-\theta)}{n^2}\xi'(k_1)[B'(n)+k_1]$$

$$=\frac{\beta(n)[B'(n)+k_1]}{n^2}\xi'(k_1)\left[\frac{n\beta''(n)}{\beta'(n)}+(1-\theta)\right] \tag{2-25}$$

再计算式（2－24）第二项的后半部分与第三项的和：

$$\frac{\beta(n)(1-\theta)}{n^2}[B'(n)+k_1]\xi'(k_1)+\frac{\beta(n)}{n^2}[B'(n)+k_1]^2\xi''(k_1)$$

$$=\frac{\beta(n)[B'(n)+k_1]}{n^2}[(1-\theta)\xi'(k_1)+k_1\xi''(k_1)+B'(n)\xi''(k_1)]$$

$$<\frac{\beta(n)[B'(n)+k_1]}{n^2}[(1-\theta)\xi'(k_1)+k_1\xi''(k_1)] \tag{2-26}$$

由引理的第一个假设，可以知道式（2－25）非正，由第二个假设可知式（2－26）是负的。因此：

$$\frac{\partial^2}{\partial n^2}\Delta_\xi(n,\ g)<0 \tag{2-27}$$

由微分拓扑的定理，式（2－23）的所有零点都是孤立点。由隐函数定理，存在唯一的连续可微函数 $n=n(g)$ 满足式（2－23）。注意，由二阶条件，式（2－23）中的所有零点都是最大点。现在，证明式（2－23）中的最大点是唯一的。反之，假设存在 $n'>n$ 使 n' 也是式（2－23）的零点，而且，在 n，n' 两点之间不存在其他的零点。由式（2－27）可知，$\frac{\partial}{\partial n}\Delta_{\xi}(n, g)$ 关于 n 在式（2－23）的零点附近是递减的，由于 n 与 n' 之间没有式（2－23）的零点，因而，对 n，n' 两点之间的任意一点 n'' 都应该有 $\frac{\partial}{\partial n}\Delta_{\xi}(n'', g)<0$。而这又与在 n' 点 $\Delta_{\xi}(n, g)$ 取得最大值矛盾。因为当 $n<n'$，$\Delta_{\xi}(n, g)$ 是递减的话，$\Delta_{\xi}(n, g)$ 是不可能在 n' 点取到最大值的。这样，必有 $n=n'$，即最大值点是唯一的。

与上面的证明同理，可以证明 $\Delta_{\xi}(\bar{n}, g)$ 不是 $\Delta_{\xi}(n, g)$ 的最大值。而从 $\underline{n}$ 的选择，也可以假设 $\frac{\partial}{\partial n}\Delta_{\xi}(\underline{n}, g)>0$。因而在 $\underline{n}$，$\Delta_{\xi}(n, g)$ 也不取得最大值。因此，最大值在内点取到，问题（Ⅱ）的解是唯一的。

进一步，得到：

$$\frac{\mathrm{d}n}{\mathrm{d}g}=-\frac{M_1}{M_2} \tag{2-28}$$

$$M_1=-\frac{\beta(n)(1-\theta)\xi'(k_1)}{n^2}-\frac{\beta(n)[B'(n)+k_1]\xi''(k_1)}{n^2} \tag{2-29}$$

$$M_2=\beta''(n)\xi(k_1)+\frac{2\beta(n)(1-\theta)[B'(n)+k_1]\xi'(k_1)}{n^2}+\frac{\beta(n)[B'(n)+k_1]^2\xi''(k_1)}{n^2}-\frac{\beta(n)B''(n)\xi'(k_1)}{n} \tag{2-30}$$

由式（2－25）和式（2－26），可以知道 $M_2<0$ 和 $M_1>0$。

由 $n(g)$ 的定义，可得：

$$W_{\xi}(g)=\max_{\underline{n}\leqslant n\leqslant\bar{n}}\Delta_{\xi}(n(g),\ g)=\beta[n(g)]\xi\left\{\frac{g-B[n(g)]}{n(g)}\right\}\tag{2-31}$$

由包络定理，得到：

$$W'_{\xi}(g)=\frac{\beta[n(g)]}{n(g)}\xi'\left\{\frac{g-B[n(g)]}{n(g)}\right\}\tag{2-32}$$

由于 $\beta(n)$、$\xi'(k)$、$B(n)$ 和 $n(g)$ 都是可微的，因此，$W'_{\xi}(g)$ 也是可微的。

（3）对 $W'_{\xi}(g)$ 求导，得到：

$$W''_{\xi}(g)=\frac{\beta(n)}{n}\xi''(k_1)\frac{\left[1-B'(n)\frac{\mathrm{d}n}{\mathrm{d}g}\right]n-[g-B(n)]\frac{\mathrm{d}n}{\mathrm{d}g}}{n^2}$$

$$+\frac{\beta'(n)n\frac{\mathrm{d}n}{\mathrm{d}g}-\beta(n)\frac{\mathrm{d}n}{\mathrm{d}g}}{n^2}\xi'(k_1)$$

$$=\frac{\beta(n)}{n^2}\xi''(k_1)-\left\{\frac{\beta(n)\left[1-\frac{n\beta'(n)}{\beta(n)}\right]\xi'(k_1)}{n^2}\right.$$

$$\left.+\frac{\beta(n)\{nB'(n)+[g-B(n)]\}\xi''(k_1)}{n^3}\right\}\frac{\mathrm{d}n}{\mathrm{d}g}$$

$$=\frac{\beta(n)}{n^2}\xi''(k_1)-\left\{\frac{\beta(n)(1-\theta)\xi'(k_1)}{n^2}\right.$$

$$\left.+\frac{\beta(n)[k_1+B'(n)]\xi''(k_1)}{n^2}\right\}\frac{\mathrm{d}n}{\mathrm{d}g}\tag{2-33}$$

最后一个等式是因为 $g=nk_1+B(n)$ 而得到。把 $\frac{\mathrm{d}n}{\mathrm{d}g}$ 的表示式代入式（2-33），得到：

$$W''_{\xi}(g)=\frac{\beta(n)\xi''(k_1)}{n^2}-\frac{M_1^2}{M_2}$$

$$=\frac{1}{M_2}\left\{\frac{\beta(n)}{n^2}\xi''(k_1)M_2-M_1^2\right\}$$

$$=\frac{\beta(n)}{n^2M_2}\left\{\beta''(n)\xi(k_1)\xi''(k_1)-\frac{\beta(n)}{n}\xi'(k_1)\xi''(k_1)B''(n)\right.$$

$$\left.-\frac{\beta(n)}{n^2}(1-\theta)^2\xi'^2(k_1)\right\} \tag{2-34}$$

现在考虑式（2－34）中，大括号内的第一和第三项，由式（2－23）得到：

$$\beta''(n)\xi(k_1)\xi''(k_1)-\frac{\beta(n)}{n^2}(1-\theta)^2\xi'^2(k_1)$$

$$=\frac{\beta(n)}{n^2}\xi'^2(k_1)\left\{\frac{n\beta''(n)[B'(n)+k_1]}{\beta'(n)}\frac{\xi''(k_1)}{\xi'(k_1)}-(1-\theta)^2\right\} \tag{2-35}$$

由本引理的假设，$-\frac{n\beta''(n)}{\beta'(n)}\geqslant 1-\theta$ 和 $-\frac{k_1\xi''(k_1)}{\xi'(k_1)}>1-\theta$，得到：

$$\frac{n\beta''(n)}{\beta'(n)}\frac{k_1\xi''(k_1)}{\xi'(k_1)}-(1-\theta)^2\geqslant(1-\theta)\left[-\frac{k_1\xi''(k_1)}{\xi'(k_1)}-(1-\theta)\right]>0 \tag{2-36}$$

式（2－36）中，第一个不等号来自本引理的第一个假设，第二个不等号来自本引理的第二个假设。由于 $B'(n)>0$，因而，式（2－35）等号右侧大括号内第一项中：

$$\frac{n\beta''(n)}{\beta'(n)}\frac{\xi''(k_1)}{\xi'(k_1)}B'(n)>0$$

因此，式（2－35）等号右侧大括号内的各项和为正，也就是说，式（2－34）大括号内的第一和第三项的和是正的，由于第二项也是正的，因而，大括号内的各项和为正。又因为 $M_2<0$，因而得到 $W''_{\xi}(g)<0$。

（4）考虑问题（AⅡ）：

$$Z_{\xi}(k)\equiv\max_{(k_1,n)\in\Gamma(k)}\{u[f(k)-nk_1-B(n)]+\beta(n)\xi(k_1)\}$$

$$= \max_{0 \leqslant g \leqslant f(k),\, \underline{n} \leqslant n \leqslant \bar{n}} \left\{ u[f(k) - g] + \beta(n)\xi\left(\frac{g - B(n)}{n}\right) \right\}$$

$$= \max_{0 \leqslant g \leqslant f(k)} \{ u[f(k) - g] + W_{\xi}(g) \} \tag{2-37}$$

令 g 为问题（AⅡ）中的一个解。由关于 u 和 f 的稻田条件，可以知道 g 是一个内点，即，$0 < g < f(\bar{k})$。由前面所证，$u[f(k) - g] + W_{\xi}(g)$ 关于 g 是严格凹的，关于问题（AⅡ）就存在一个唯一的解，这里记为 $g = g(k)$。

对问题（AⅠ）求解，得到这一问题的唯一解 $n = n[g(k)]$。由与引理 2.1 类似的分析，$\left(\frac{g(k) - B[n(g(k))]}{n(g(k))},\ n[g(k)]\right)$是以下问题的解：

$$T\xi(k) = \max_{(k_1, n) \in \Gamma(k)} \{ u[f(k) - nk_1 - B(n)] + \beta(n)\xi(k_1) \} \tag{2-38}$$

现在，只剩下证明 $Z_{\xi}''(k) < 0$。从一阶条件，得到：

$$-u'[f(k) - g(k)] + W_{\xi}'(g(k)) = 0 \tag{2-39}$$

对式（2-39）两边关于 k 求导：

$$-u''[f'(k) - g'(k)] + W_{\xi}''[g(k)]g'(k) = 0$$

整理得到：

$$g'(k) = \frac{u''f'}{W_{\xi}'' + u''} \tag{2-40}$$

由 $Z_{\xi}(k)$ 的定义：

$$Z_{\xi}(k) = u[f(k) - g(k)] + W_{\xi}[g(k)] \tag{2-41}$$

由包络定理，得到：

$$Z_{\xi}'(k) = u'[f(k) - g(k)]f'(k) \tag{2-42}$$

由此，得到：

$$Z_{\xi}''(k) = u''[f(k) - g(k)]f'(k)[f'(k) - g'(k)] + u'[f(k) - g(k)]f''(k) \tag{2-43}$$

把式（2－40）代入式（2－43），由 $W_\xi''(g)<0$，得到：

$$f'(k)-g'(k)=f'(k)-\frac{u''(c)f'(k)}{u''(c)+W_\xi''(g)}$$

$$=\frac{f'(k)W_\xi''(g)}{u''(c)+W_\xi''(g)}>0 \qquad (2-44)$$

因此，得到：

$$Z_\xi''(k)=u''(c)f'(k)[f'(k)-g'(k)]+u'(c)f''(k)<0 \qquad (2-45)$$

Q. E. D.

注意，在引理 2.5 中，θ 是不大于 1 的。这一结果可以由 $\beta(n)$ 是凹函数和 $\beta(0)=0$ 来证明。因为由 $\beta(n)$ 是凹函数的定义，对 $n>0$，有：

$$\beta(n)-\beta(0)\geqslant\beta'(0)n\geqslant\beta'(n)n,$$

由 $\beta(0)=0$，可以得到：

$$n\beta'(n)\leqslant\beta(n)$$

即，$\theta=\frac{n\beta'(n)}{\beta(n)}\leqslant1$。

注意引理 2.5 没有涉及值函数 V，因为 $Z_\xi(k)$ 并不一定等于 $\xi(k)$。在下面的定理 2.2 中，构造了有限期间问题的值函数列 v_m。使用引理 2.5 和数学归纳法证明了 v_m 是凹函数，进而证明了值函数列 $\{v_m\}$ 的极限函数 V 是凹函数。

假设 2.1 假设：

（1）$-\frac{n\beta''(n)}{\beta'(n)}\geqslant1-\theta$

（2）$-\frac{kf''(k)}{f'(k)}>1-\theta$

其中，$\theta=\frac{n\beta'(n)}{\beta(n)}<1$。

这一假设中的 θ 为贴现率 $\beta(n)$ 关于出生率 n 的弹性，这一弹性是小于 1 的。而假设 2.1（1）表明，贴现率的导数关于 n 的弹性 $-\frac{n\beta''(n)}{\beta'(n)}$ 有可能小于 1，但不小于 1 减去 $\beta(n)$ 的弹性。第 2 个假设是人均资本的边际产品的弹性有可能小于 1，但却大于 1 减去 $\beta(n)$ 的弹性。

若 $\beta(n)=n^{1-\alpha}$，$0<\alpha<1$，则假设 2.1 中的（1）满足。当 $\beta(n)=\frac{n}{1+n}$，这一假设也被满足。若 $f(k)=k^{\delta}$，假设 2.1（2）意味着 $\delta<\theta$。当 $\beta(n)=n^{1-\alpha}$，当 $\delta<1-\alpha$ 时，$f(k)=k^{\delta}$ 就可以满足假设 2.1（2）。

注意假设 2.1（1）可以被改写为：

$$\frac{\mathrm{d}}{\mathrm{d}n}\left(\frac{n\beta'(n)}{\beta(n)}\right)\leqslant 0 \qquad (2-46)$$

这是因为：

$$\begin{aligned}\frac{\mathrm{d}}{\mathrm{d}n}\left(\frac{n\beta'(n)}{\beta(n)}\right)&=\frac{n\beta''(n)\beta(n)+\beta'(n)\beta(n)-n\beta'^2(n)}{\beta^2(n)}\\&=\frac{n\beta''(n)}{\beta(n)}+\frac{\beta'(n)}{\beta(n)}-\frac{n\beta'^2(n)}{\beta^2(n)}\\&=\frac{\beta'(n)}{\beta(n)}\left[\frac{n\beta''(n)}{\beta'(n)}+1-\frac{n\beta'(n)}{\beta(n)}\right]\\&=\frac{\beta'(n)}{\beta(n)}\left[\frac{n\beta''(n)}{\beta'(n)}+1-\theta\right]\end{aligned}$$

由于 $\beta(n)>0$，$\beta'(n)>0$，$\frac{\mathrm{d}}{\mathrm{d}n}\left(\frac{n\beta'(n)}{\beta(n)}\right)\leqslant 0$ 就意味着 $\frac{n\beta''(n)}{\beta'(n)}+1-\theta\leqslant 0$，即：$-\frac{n\beta''(n)}{\beta'(n)}\geqslant 1-\theta$。反之，若 $-\frac{n\beta''(n)}{\beta'(n)}\geqslant 1-\theta$，就意味着 $\frac{\mathrm{d}}{\mathrm{d}n}\left(\frac{n\beta'(n)}{\beta(n)}\right)\leqslant 0$。因此，两个条件是等价的。

不等式（2-46）意味着 $\beta(n)$ 的弹性关于 n 是递减的。这一条

件也与 $e\left(\frac{\beta(n)}{\beta'(n)}\right) \geqslant 1$ 是等价的。即$\frac{\beta(n)}{\beta'(n)}$关于 n 的弹性大于等于1。现在证明这两个条件的等价性：

$$e\left(\frac{\beta(n)}{\beta'(n)}\right) = \left[\frac{\beta'^2(n) - \beta''(n)\beta(n)}{\beta'^2(n)}\right]\frac{n\beta'(n)}{\beta(n)}$$

$$= \frac{n\beta'(n)}{\beta(n)} - \frac{n\beta''(n)}{\beta'(n)} \tag{2-47}$$

由 $e\left(\frac{\beta(n)}{\beta'(n)}\right) \geqslant 1$ 得到：

$$\frac{n\beta'(n)}{\beta(n)} - \frac{n\beta''(n)}{\beta'(n)} \geqslant 1$$

即：

$$-\frac{n\beta''(n)}{\beta'(n)} \geqslant 1 - \theta$$

反过来，由假设2.1（2）得到：

$$-\frac{n\beta''(n)}{\beta'(n)} \geqslant 1 - \theta$$

即：

$$\frac{n\beta'(n)}{\beta(n)} - \frac{n\beta''(n)}{\beta'(n)} \geqslant 1$$

由式（2-47）得到：

$$e\left(\frac{\beta(n)}{\beta'(n)}\right) \geqslant 1$$

这一关于$\frac{\beta(n)}{\beta'(n)}$的弹性条件保证了值函数 V 的凹性与问题（Ⅱ）的解的唯一性。这一弹性条件也出现在J. 巴哈鲍比和西村和雄（1989）中，它保证了最优路径的单调性。

假设2.1（2）意味着资本收益的弹性与贴限值的弹性之和大于1。这些限制条件限制了孩子的数量的选择，因为当资本的收益弹性近似于某一常数时，不能选择太多的孩子数量。这是因为 $\beta(n)$ 的弹性是递减的，当选择足够大的 n 时，两个弹性的和会小于 1。

也可以把假设 2.1（2）的经济意义解释如下：资本收益的弹性大于孩子平均的贴现率 $\frac{\beta(n)}{n}$ 的弹性。计算 $\frac{\beta(n)}{n}$ 的弹性：

$$e\left(\frac{\beta(n)}{n}\right)=\left|\left[\frac{n\beta'(n)-\beta(n)}{n^2}\right]\frac{n^2}{\beta(n)}\right|$$

$$=1-\frac{n\beta'(n)}{\beta(n)}$$

$$=1-\theta$$

这一条件也保证了稳态的唯一性和出生率 n 关于 g 的递增性。

定理 2.2　在假设 2.1 下，值函数 V 是凹函数。

证明：以如下方法证明这一定理。

（1）构造有限期间的效用最大化问题的值函数 v_m 的叙列，每个 v_m 是后面剩余的 m 个期间的最优化问题的值函数。首先，值函数 v_1 满足引理 2.5 中函数 ξ 所要求的条件，接着，证明若 v_{m-1} 满足 ξ 所要求的条件的话，则 v_m 也满足引理 2.5 中函数 ξ 所要求的条件。其中的一个要求是 $v''_m<0$。这样，由于值函数 V 是叙列 $\{v_m\}$ 的极限，V 就一定是凹函数。现在，开始证明。

（2）如下定义 v_1 和 v_m（$m=2，3，\cdots$）：

$$v_1(k)\equiv u(f(k))$$

$$v_m(k)\equiv Tv_{m-1}(k)$$

$$=\max_{(k_1,n)\in\Gamma(k)}\{u[f(k)-nk_1-B(n)]+\beta(n)v_{m-1}(k_1)\}\tag{2-48}$$

由引理 2.4，由于变换算子 T 是缩小映射，对于变换 T，存在唯一的不动点。由定理 2.1，V 是 T 唯一的不动点。这样，当 $m\to\infty$ 时，$v_m=T^{m-1}v_1\to V$。

（3）假设对任意 m，v_m 是二阶可微的，且 $v''_m<0$。由凹函数的性

质，这意味着对 k，k'，$k\neq k'$，和 $0\leqslant\lambda\leqslant1$，有：

$$v_m(\lambda k+(1-\lambda)k')>\lambda v_m(k)+(1-\lambda)v_m(k') \quad (2-49)$$

在式（2-49）两边取极限，令 $m\to\infty$，得到：

$$V(\lambda k+(1-\lambda)k')\geqslant\lambda V(k)+(1-\lambda)V(k') \quad (2-50)$$

对任意 k，k'成立。因此，V 是凹函数。

（4）由步骤（3），只需证明对任意 m，v_m 是二阶可微的，且 $v''_m<0$ 就可以了。分两步来证明。

首先，证明 $v_1(k)$ 满足引理 2.5 中函数 ξ 所需的条件。由 $u(c)$ 与 $f(k)$ 是二次可微的，因而，$v_1(k)=u[f(k)]$ 关于 k 是二次可微的，计算：

$$v'_1(k)=u'[f(k)]f'(k) \quad (2-51)$$

$$v''_1(k)=u''[f(k)]f'^2(k)+u'[f(k)]f''(k)<u'[f(k)]f''(k)<0 \quad (2-52)$$

由式（2-51）和式（2-52）得到：

$$-\frac{k_1v''_1(k_1)}{v'_1(k_1)}>-\frac{k_1u'[f(k_1)]f''(k_1)}{u'[f(k_1)]f'(k_1)}=-\frac{k_1f''(k_1)}{f'(k_1)}>1-\theta \quad (2-53)$$

已经证明了 $v_1(k)$ 满足引理 2.5 中 ξ 所应满足的所有条件。由引理 2.5，最优解（$k_1(g(k))$，$n(g(k))$）是唯一的且连续可微的。更进一步，剩余两个期间的情况下最优化问题的值函数被定义为：

$$v_2(k)\equiv\max_{(k_1,n)\in\Gamma(k)}\{u[f(k)-nk_1-B(n)]+\beta(n)v_1(k_1)\} \quad (2-54)$$

是二次连续可微的，且 $v''_2<0$。更进一步：

$$W_2(g)\equiv\max_n\left\{\beta(n)v_1\left(\frac{g-B(n)}{n}\right)\right\} \quad (2-55)$$

是二次可微的，且 $W''_2(g)<0$。

下一步，假设下列假设成立：

v_{m-1}是二阶可微的，且 $v''_{m-1}<0$，定义：

$$W_{m-1}(g) \equiv \max_{n}\left\{\beta(n)v_{m-1}\left(\frac{g-B(n)}{n}\right)\right\}$$

$W_{m-1}(g)$ 是二次连续可微的，且 $W''_{m-1}<0$。下一步将证明这些关于 v_{m-1}的假设满足引理2.5中关于函数 ξ 的假设。这样，由引理2.5可以得到：

$$v''_m<0$$

$$W_m(g) \equiv \max_{n}\left\{\beta(n)v_m\left(\frac{g-B(n)}{n}\right)\right\}$$

是二阶可微的，而且：

$$W''_m(g)<0$$

这样，由数学归纳法，证明了 $v''_m<0$，对任意 m 都成立。

（5）在这一步，要证明 v_{m-1}满足引理2.5中对于函数 ξ 要求的条件。明显：

$$\begin{aligned} v_m(k) &= Tv_{m-1}(k) \\ &\equiv \max_{(k_1,n)\in\Gamma(k)}\{u[f(k)-nk_1-B(n)]+\beta(n)v_{m-1}(k_1)\} \end{aligned} \quad (2-56)$$

由于 $\Gamma(k)$ 是紧集，而且 $v_{m-1}(k_1)$ 是连续的，在式（2－56）恒等号右侧的最大化问题中存在唯一的解。

令 $g_{m-1}(k)$ 是最优化问题：

$$\max_{0\leqslant g\leqslant f(k)}\{u[f(k)-g]+W_{m-1}(g)\}$$

的解，其中：

$$W_{m-1}(g) \equiv \max_{n}\left\{\beta(n)v_{m-1}\left(\frac{g-B(n)}{n}\right)\right\}$$

由式（2－45）可以得到：

$$\begin{aligned} v''_{m-1}(k) &= u''(c)f'(k)[f'(k)-g'_{m-1}(k)]+u'(c)f''(k) \\ &< u'(c)f''(k)<0 \end{aligned} \quad (2-57)$$

由式（2－57）得到：

$$-\frac{kv''_{m-1}(k)}{v'_{m-1}(k)}>-\frac{ku'(c)f''(k)}{u'(c)f'(k)}=-\frac{kf''(k)}{f'(k)}>1-\theta \quad (2-58)$$

最后一个不等式由假设2.1（2）得到。因此，$v_{m-1}(k)$ 满足引理2.5中函数 ξ 需要满足的所有条件，由引理2.5，$v''_m<0$。由数学归纳法，可以证明对任意 m，都有 $v''_m<0$ 成立。 Q. E. D.

在以下的定理中，把这一最优化问题分成两个子问题：对于一个固定的 g，关于 n 的目标函数的最大化问题，和对于一个固定的 n，关于 g 的目标函数的最大化问题。由证明前一问题的政策函数关于 n 是递增的来证明最优化问题（Ⅰ）的解是唯一的。

定理 2.3 在假设2.1的条件下，最优化问题（Ⅰ）存在唯一解。

证明： 由于定理2.1保证了解的存在性，只需证明解的唯一性。证明方法如下：构造一个连续对应 ζ^0：$[\underline{n},\ n_0]\to[\underline{g},\ f(k)]$，定义：

$$\zeta^0(n)\equiv\arg\left\{\max_g\left\{u[f(k)-g]+\beta(n)V\left(\frac{g-B(n)}{n}\right)\right\}\right\} \quad (2-59)$$

对固定的 k，这里，$\underline{g}=\underline{n}k+B(\underline{n})$，且 n_0 满足 $n_0\underline{k}+B(n_0)=f(k)$。把这一最优化问题记为问题（AⅢ）。

下一步，构造一个连续的对应 ψ^0：$[\underline{g},\ f(k)]\to[\underline{n},\ n_0]$，定义：

$$\psi^0(g)\equiv\arg\left\{\max_n\left\{u[f(k)-g]+\beta(n)V\left(\frac{g-B(n)}{n}\right)\right\}\right\} \quad (2-60)$$

且定义这一最优化问题为问题（AⅣ）。

注意 $\psi^0\zeta^0$ 的不动点是人均资本 k 时的最优出生率。现在，想要证明存在唯一的解。这可以由证明 $\zeta^0(n)$ 是严格递增的来证明。由反证法，先假设存在问题（Ⅰ）的多个解，然后推出矛盾的结果来证明这个假设是错误的。

（1）考虑一个一般的函数 ξ，二次可微，$\xi'>0$，$\xi''<0$ 且 $-\dfrac{k\xi''(k)}{\xi'(k)}>1-\theta$ 成立。

定义映射 ζ^ξ：$[\underline{n},\ n_0]\to[\underline{g},\ f(k)]$ 使得：

$$\zeta^{\xi}(n) = \arg\max_{g}\left\{u[f(k) - g] + \beta(n)\xi\left(\frac{g - B(n)}{n}\right)\right\} \tag{2-61}$$

由于最优解位于［$\underline{g}$，$f(k)$］的内部，满足以下一阶条件：

$$-u'(c) + \frac{\beta(n)}{n}\xi'\left(\frac{g - B(n)}{n}\right) = 0 \tag{2-62}$$

记 $k_1 = \dfrac{g - B(n)}{n}$，计算式（2-62）左侧函数关于 g 的偏导数：

$$\frac{\partial}{\partial g}\left[-u'(c) + \frac{\beta(n)}{n}\xi'(k_1)\right] = u''(c) + \frac{\beta(n)\xi''(k_1)}{n^2} < 0 \tag{2-63}$$

由隐函数定理，存在一个连续可微函数 $g = \zeta^{\xi}(n)$ 满足式（2-62）。由式（2-63）可知，满足式（2-62）的 g 是最大值点。因而，函数 $\zeta^{\xi}(n)$ 就是在式（2-61）中定义的函数。对式（2-62）两边关于 n 求导，得到：

$$u''(c)\frac{d\zeta^{\xi}}{dn} + \frac{\beta(n)}{n^2}\xi''\frac{d\zeta^{\xi}}{dn}$$

$$-\frac{-n\beta'(n)\xi' + \beta(n)\xi''\dfrac{B'(n)n + g - B(n)}{n} + \beta(n)\xi'}{n^2} = 0$$

即：

$$\left[u''(c) + \frac{\beta(n)}{n^2}\xi''\right]\frac{d\zeta^{\xi}}{dn} = \frac{\beta(n)}{n^2}\{\xi'(k_1)(1 - \theta) + \xi''(k_1)[B'(n) + k_1]\}$$

因而，得到：

$$\frac{d\zeta^{\xi}}{dn} = \frac{\dfrac{\beta(n)}{n^2}\{\xi'(k_1)(1 - \theta) + \xi''(k_1)[B'(n) + k_1]\}}{u''(c) + \dfrac{\beta(n)\xi''(k_1)}{n^2}} \tag{2-64}$$

式（2-64）等号右侧分子的大括号中两项和：

$$\xi'(k_1)(1 - \theta) + \xi''(k_1)[B'(n) + k_1] < \xi'(k_1)(1 - \theta) + \xi''(k_1)k_1 < 0$$

第二个不等号成立是因为 $-\dfrac{k\xi''(k)}{\xi'(k)} > 1 - \theta$。式（2-64）等号右侧的

分母为负，因而，$\frac{d\zeta^{\xi}}{dn}>0$。

（2）在式（2-61）中令$\xi=v_m$，从而定义$\zeta^m(n)$。在定理2.2的证明中已经证明了v_m满足ξ所满足的条件，因而关于ξ的结果都适用于v_m，$m=1\cdots$。

（3）找到问题（Ⅰ）的一个解。令$\{(k_1^m, n^m)\}$为有限期间问题的解。由于$\{(k_1^m, n^m)\}$是有界的，因而，存在一个子序列$\{(k_1^v, n^v)\}$和$(k_1^0, n^0)\in\Gamma(k)$使得$(k_1^v, n^v)\to(k_1^0, n^0)$。现在，证明$(k_1^0, n^0)$是问题（Ⅰ）的一个解。由于$\{(k_1^v, n^v)\}$是有限期间问题的解，有：

$$u[f(k)-n^v k_1^v-B(n^v)]+\beta(n^v)v_{v-1}(k_1^v)$$
$$\geqslant u[f(k)-n'' k_1''-B(n'')]+\beta(n'')v_{v-1}(k_1'') \tag{2-65}$$

对任意$(k_1'', n'')\in\Gamma(k)$都成立。在式（2-65）不等式两边取极限$v\to\infty$，得到想要证明的结果，即：

$$u[f(k)-n^0 k_1^0-B(n^0)]+\beta(n^0)V(k_1^0)$$
$$\geqslant u[f(k)-n'' k_1''-B(n'')]+\beta(n'')V(k_1'') \tag{2-66}$$

对任意$(k_1'', n'')\in\Gamma(k)$都成立。因此，(k_1^0, n^0)是最优化问题（Ⅰ）的解。

（4）令$\zeta^0(n^0)=g^0$，这里(k_1^0, n^0)是在（3）中定义的最优问题（Ⅰ）的解。用反证法来证明问题（Ⅰ）的解是唯一的。

反之，设存在问题（Ⅰ）的另一解$(k_1', n')\neq(k_1^0, n^0)$。由问题（Ⅱ）的约束式，$g=n'k_1'+B(n')$，如果$n'=n^0$，对于同一个$g$，必有$k_1'=k_1^0$，与两个解不同相矛盾。因而，$n'\neq n^0$。不妨设$n'>n^0$。下面，证明，对任意$0\leqslant\lambda\leqslant1$，$n_\lambda=\lambda n^0+(1-\lambda)n'$，都有$\zeta^0(n_\lambda)=g^0$。由于$W(g)$关于$g$是凹的，且$u[f(k)-g]$关于$g$是严格凹的，因而，$u[f(k)-g]+W(g)$关于$g$是严格凹的。这样，对任意给定的

k，g^0 是最优化问题（Ⅲ）的唯一解。由于（k'_1，n'）是问题（Ⅰ）的解，由引理 2.1，满足 $g' = n'k'_1 + B(n')$ 的 n' 一定是最优问题（Ⅱ）的解，而 g' 是问题（Ⅲ）的解。而由问题（Ⅲ）的解是唯一的，因而 $g' = g^0$。

另外，由引理 2.5 的证明，$\beta(n)v_m\left[\frac{g^0 - B(n)}{n}\right]$ 关于 n 是凹的。由凹函数的定义，有：

$$\beta(n_\lambda)V\left(\frac{g^0 - B(n_\lambda)}{n_\lambda}\right)$$

$$\geqslant \lambda\beta(n^0)V\left(\frac{g^0 - B(n^0)}{n^0}\right) + (1-\lambda)\beta(n')V\left(\frac{g^0 - B(n')}{n'}\right) = W(g^0)$$

这样，n_λ，$0 \leqslant \lambda \leqslant 1$，都是问题（Ⅱ）的解。由 ζ^0 的定义，有 $\zeta^0(n_\lambda) \equiv g^0$，对 $0 \leqslant \lambda \leqslant 1$ 都成立。

现在，要证明问题（Ⅱ）的解是唯一的。下面，由证明 $\zeta^v(n^v)$ 是递增的（$v = 1$，…），来证明 $\zeta^0(n)$ 是严格递增的。首先，证明，$\zeta^v(n) \to \zeta^0(n)$，对任意 n 成立。令 $\zeta^v(n^v) \equiv g^v$。由于 $u[f(k) - g] + \beta(n)V\left(\frac{g - B(n)}{n}\right)$ 关于 g 是严格凹的，因而，存在问题（AⅢ）的唯一解 $\zeta^0(n)$。由最大值定理，$\zeta^0(n)$ 是 n 的连续函数，则由 N. 斯托基（N. Stokey）等（1989）的结果，由于 $v_v \to V$ 及 $\zeta^0(n)$ 是问题（Ⅲ）的唯一解，这样，$\zeta^v(n) \to \zeta^0(n)$ 对任意 n 成立。由 $n^v \to n^0$，得到：

$$g^v = \zeta^v(n^v) \to \zeta^0(n^0) = g^0 \tag{2-67}$$

（5）证明 $\zeta^0(n_\lambda) \equiv g^0$ 是不可能的。以证明下面的结果来证明这一点：对充分大的 v，存在 $\varepsilon_0 > 0$，使：

$$\zeta^v(n') - \zeta^v(n^0) > \varepsilon_0 \tag{2-68}$$

这里 ε_0 关于 v 是常数。只要找到 ε_0 就可证明 $\zeta^0(n_\lambda) \equiv g^0$ 是不可能

的，这是因为，在式（2.68）两边关于 $v\to\infty$ 取极限，可以得到：

$$\zeta^{0}(n')-\zeta^{0}(n^{0})\geqslant\varepsilon_{0} \tag{2-69}$$

由于 $\varepsilon_0>0$，因此，$\zeta^{0}(n')>\zeta^{0}(n^{0})=g^{0}$，与以上证明的 $\zeta^{0}(n')=g^{0}$ 矛盾。

那么，就要证明存在 $\varepsilon_0>0$，使得式（2-68）成立。先证明存在 $\vartheta>0$，对任意 $0\leqslant\lambda\leqslant1$，$\frac{\mathrm{d}\zeta^{v}}{\mathrm{d}n}(n_\lambda)\geqslant\vartheta$ 成立。由式（2-64）得到：

$$\frac{\mathrm{d}\zeta^{v}}{\mathrm{d}n}(n_\lambda)=\frac{\frac{\beta(n_\lambda)}{n_\lambda^{2}}\{(1-\theta_\lambda)v'_{v-1}(k_{1\lambda}^{v})+v''_{v-1}(k_{1\lambda}^{v})[B'(n_\lambda)+k_{1\lambda}^{v}]\}}{u''(c_\lambda^{v})+\frac{\beta(n_\lambda)}{n_\lambda^{2}}v''_{v-1}(k_{1\lambda}^{v})} \tag{2-70}$$

在式（2-70）中，$c_\lambda^{v}=f(k)-\zeta^{v}(n_\lambda)$；$k_{1\lambda}^{v}=\frac{\zeta^{v}(n_\lambda)-B(n_\lambda)}{n_\lambda}$；和 $\theta_\lambda=\frac{n_\lambda\beta'(n_\lambda)}{\beta(n_\lambda)}$。

考虑在式（2-70）分子的大括号内的各项，有：

$$\begin{aligned}&(1-\theta_\lambda)v'_{v-1}(k_{1\lambda}^{v})+v''_{v-1}(k_{1\lambda}^{v})[B'(n_\lambda)+k_{1\lambda}^{v}]\\&=B'(n_\lambda)v''_{v-1}(k_{1\lambda}^{v})+v'_{v-1}(k_{1\lambda}^{v})\left[(1-\theta_\lambda)+\frac{k_{1\lambda}^{v}v''_{v-1}(k_{1\lambda}^{v})}{v'_{v-1}(k_{1\lambda}^{v})}\right]\\&<B'(n_\lambda)v''_{v-1}(k_{1\lambda}^{v})\end{aligned} \tag{2-71}$$

由式（2-58）得到：

$$\frac{k_{1\lambda}^{v}v''_{v-1}(k_{1\lambda}^{v})}{v'_{v-1}(k_{1\lambda}^{v})}<\frac{k_{1\lambda}^{v}f''(k_{1\lambda}^{v})}{f'(k_{1\lambda}^{v})} \tag{2-72}$$

又由假设2.1（2）得到：

$$\frac{k_{1\lambda}^{v}f''(k_{1\lambda}^{v})}{f'(k_{1\lambda}^{v})}<-(1-\theta_\lambda) \tag{2-73}$$

由式（2-72）和式（2-73），得到式（2-71）的最后的不等式。

因而，得到：

$$\frac{\mathrm{d}\zeta^v}{\mathrm{d}n}(n_\lambda) > \frac{\frac{\beta(n_\lambda)}{n_\lambda^2}B'(n_\lambda)v''_{v-1}(k_{1\lambda}^v)}{u''(c_\lambda^v)+\frac{\beta(n_\lambda)}{n_\lambda^2}v''_{v-1}(k_{1\lambda}^v)}$$

$$=\frac{\frac{\beta(n_\lambda)}{n_\lambda^2}B'(n_\lambda)}{\frac{\beta(n_\lambda)}{n_\lambda^2}+\frac{u''(c_\lambda^v)}{v''_{v-1}(k_{1\lambda}^v)}}$$

$$=\frac{B'(n_\lambda)}{1+\frac{n_\lambda^2u''(c_\lambda^v)}{\beta(n_\lambda)v''_{v-1}(k_{1\lambda}^v)}} \tag{2-74}$$

由于 $B''>0$ 和 $n_\lambda>n^0$，有 $B'(n_\lambda)>B'(n^0)$。现在，仅需证明在式（2－74）中，第二个等号右侧的分母的第二项不能任意大即可。这可如下证明：令 $\delta'\equiv u'(f(\bar{k}))$。得到：

$$v''_{v-1}(k_{1\lambda}^v)<u'(c_\lambda^{v-1})f''(k_{1\lambda}^{v-1})<\delta' f''(k_{1\lambda}^{v-1}) \tag{2-75}$$

由于 $k_{1\lambda}^{v-1}=\frac{\zeta^{v-1}(n_\lambda)-B(n_\lambda)}{n_\lambda}\to\frac{\zeta^0(n_\lambda)-B(n_\lambda)}{n_\lambda}\equiv k_{1\lambda}^0$，对 $\delta=\frac{-f''(k_{1\lambda}^0)}{2}$，存在 $v_1>0$，当 $v>v_1+1$ 时有：

$$f''(k_{1\lambda}^{v-1})<-\delta=\frac{f''(k_{1\lambda}^0)}{2} \tag{2-76}$$

另外，由于 $c_\lambda^{v-1}=f(k)-g_\lambda^{v-1}\to f(k)-g^0=c^0$，则存在 $v_2>0$，当 $v>v_2$ 时有：

$$u''(c_\lambda^{v-1})>u''(c^0)-\varepsilon \tag{2-77}$$

令 $v=\max\{v_1+2,\ v_2\}$，当 $v>v$ 时有：

$$\frac{n_\lambda^2u''(c_\lambda^v)}{\beta(n_\lambda)v''_{v-1}(k_{1\lambda}^{v-1})}\leqslant-\frac{n'^2[u''(c^0)-\varepsilon]}{\beta(n^0)\delta'\delta} \tag{2-78}$$

令 $\omega \equiv -\dfrac{n'^2[u''(c^0)-\varepsilon]}{\beta(n^0)\delta'\delta}$，及 $\vartheta \equiv \dfrac{B'(n^0)}{1+\omega}$。得到：

$$\frac{\mathrm{d}\zeta^{v}(n_{\lambda})}{\mathrm{d}n} > \vartheta \tag{2-79}$$

对任意 $0 \leqslant \lambda \leqslant 1$ 都成立。令 $\varepsilon_0 \equiv \vartheta(n'-n^0)$。对任意 $\upsilon > v$，都有：

$$\begin{aligned}\zeta^{v}(n') &= \zeta^{v}(n^0) + \frac{\mathrm{d}\zeta^{v}}{\mathrm{d}n}(n_{\theta'})(n'-n^0) \\ &> \zeta^{v}(n^0) + \vartheta(n'-n^0) \\ &= \zeta^{v}(n^0) + \varepsilon_0\end{aligned} \tag{2-80}$$

这里 $n_{\theta'} = \theta' n^0 + (1-\theta')n'$，$0 < \theta' < 1$。这与 $\zeta^0(n') = \zeta^0(n^0) = g^0$ 矛盾。这一矛盾是由假设问题（Ⅱ）的解不唯一而来的，因此由反证法得到问题（Ⅱ）的解是唯一的。 Q. E. D.

在下面的定理中，证明值函数 V 关于 k 是可微的。证明基本上与 L. 本维尼斯特（L. Benveniste）和 J. 沙因克曼（J. Scheinkman, 1979）的证明相同。

定理 2.4 在假设 2.1 下，若 $H(k_0)$ 和 $N(k_0)$ 是内部点，则值函数 V 是在 k_0 可微的，且 $V'(k_0) = u'(c(k_0))f'(k_0)$。

证明： 由定理 2.3，$G(k_0)$ 中只有一个点。因此，$H(k_0)$ 和 $N(k_0)$ 是连续函数。令：

$$W(k) \equiv u(f(k) - \{N(k_0)H(k_0) + B[n(k_0)]\}) + \beta[N(k_0)]V[H(k_0)] \tag{2-81}$$

显然：

$$V(k) \geqslant W(k) \tag{2-82}$$

$$V(k_0) = W(k_0) \tag{2-83}$$

由式（2-82）减去式（2-83），得到：

$$V(k) - V(k_0) \geqslant W(k) - W(k_0) \tag{2-84}$$

由于 V 是凹的，因而，存在向量 p 使得：

$$p(k-k_0)\geqslant V(k)-V(k_0)\geqslant W(k)-W(k_0) \qquad (2-85)$$

对任意 k 成立。由于 W 是可微的，因而，存在 W 的唯一子梯度。由于 V 的任意子梯度一定也是 W 的子梯度，所以，V 也只有一个子梯度。由于 $W'(k)=u'[c(k)]f'(k)$，可以得到 $p=u'[c(k)]f'(k)$。由于 V 具有唯一的子梯度，因而 V 是可微的。因此，$V'(k)=p$。

Q. E. D.

由以下定理可以得到关于 V 的二次可微性的某些结果。

定理 2.5　在假设 2.1 的假设下，对于值函数 V 及对每个序列 $\{k_v\}$，$k_v\to k$，都存在一个子序列 $\{k_{v_t}\}$，使得 $\lim\limits_{v_t\to\infty}\dfrac{V'(k_{v_t})-V'(k)}{k_{v_t}-k}$ 存在，其中 $k\geqslant\delta>0$ 是集合 X 的一个内点。

证明：由引理 2.5 与定理 2.2 的证明，在有限期间的问题中：

$$\frac{\mathrm{d}g_m(k)}{\mathrm{d}k}=\frac{u''(c)f'(k)}{u''(c)+v''_{m-1}(g)}\leqslant f'(k)\leqslant f'(\delta) \qquad (2-86)$$

这样，对任意 k'，$k\geqslant\delta$ 都有：

$$|g_m(k)-g_m(k')|=|g'_m(k'')||k-k'|\leqslant f'(\delta)|k-k'| \qquad (2-87)$$

其中，$k''=\theta'k+(1-\theta')k'$，对某个 $0<\theta'<1$。即，k'' 是位于 k 与 k' 之间的点。由式（2-87）得出：

$$|g(k)-g(k')|=\lim_{m\to\infty}|g_m(k)-g_m(k')|\leqslant f'(\delta)|k-k'| \qquad (2-88)$$

因而得到：

$$\left|\frac{g(k)-g(k')}{k-k'}\right|\leqslant f'(\delta) \qquad (2-89)$$

因而，对任意 $k_v \to k$，$\left|\frac{g(k_v)-g(k')}{k_v-k'}\right|$是有界的。因此，存在子序列 $\{k_{v_t}\}$ 使得：

$$\lim_{v_t \to \infty} \frac{g(k_{v_t})-g(k)}{k_{v_t}-k} = a \tag{2-90}$$

这里，a 是一个常数。可以得到：

$$\begin{aligned}\lim_{v_t \to \infty} \frac{V'(k_{v_t})-V'(k)}{k_{v_t}-k} &= u''(c)\left[\lim_{v_t \to \infty} \frac{g(k_{v_t})-g(k)}{k_{v_t}-k}\right] + u'(c)f''(k) \\ &= u''(c)a + u'(c)f''(k)\end{aligned} \tag{2-91}$$

Q. E. D.

2.4 最优路径的刻画

在这一节中，使用最优化的一阶条件和欧拉方程来刻画最优路径。从定理 2.4 可以知道，值函数 V 在集合 X 的内部点上是连续可微的。最优路径满足以下方程：

$$-[k_1 + B'(n)]u'[f(k) - nk_1 - B(n)] + \beta'(n)V(k_1) = 0 \tag{2-92}$$

$$-nu'[f(k) - nk_1 - B(n)] + \beta(n)V'(k_1) = 0 \tag{2-93}$$

最优路径必须满足欧拉方程：

$$-n_t u'(c_t) + \beta(n_t)u'(c_{t+1})f'(k_{t+1}) = 0,\ t = 1,\ 2,\ \cdots \tag{2-94}$$

定理 2.6 在假设 2.1 的假设下，问题（Ⅰ）的最优路径（$H(k)$，$N(k)$）关于 k 是递增的。

证明： 考虑剩余 m 个期间消费的有限期间的最优化问题。令 $n(g^m) \equiv n^m$ 为以下问题的解：

$$\max_{n}\{\beta(n)v_{m-1}(k_1)\} \tag{2-95}$$

$$\text{s. t. } nk_1+B(n)=g^m \tag{2-96}$$

由最优化问题，得到最优化的一阶条件：

$$\beta'(n^m)v_{m-1}(k_1^m)+\beta(n^m)v'_{m-1}(k_1^m)\frac{-B'(n^m)n^m-[g^m-B(n^m)]}{(n^m)^2}=0$$

即：

$$\beta'(n^m)v_{m-1}(k_1^m)-\frac{\beta(n^m)v'_{m-1}(k_1^m)[g^m-B(n^m)+B'(n^m)n^m]}{(n^m)^2}=0 \tag{2-97}$$

由式（2－97）可以得到 $n^m=n(g^m)$ 是 g^m 的连续可微函数。

令：

$$k_1^m=\frac{g^m-B(n(g^m))}{n(g^m)} \tag{2-98}$$

对式（2－98）两边关于 g^m 求导，得到：

$$\frac{dk_1^m}{dg^m}=\frac{1}{n^m}\left\{1-[B'(n^m)+k_1^m]\frac{dn^m}{dg^m}\right\} \tag{2-99}$$

由式（2－28）得到：

$$\frac{dn^m}{dg^m}=-\frac{M_1}{M_2} \tag{2-100}$$

而：

$$M_1=-\frac{\beta(n^m)(1-\theta_m)v'_{m-1}(k_1^m)}{(n^m)^2}-\frac{\beta(n^m)[B'(n^m)+k_1^m]v''_{m-1}(k_1^m)}{(n^m)^2} \tag{2-101}$$

$$M_2=\beta''(n^m)v_{m-1}(k_1^m)+\frac{2\beta(n^m)(1-\theta_m)[B'(n^m)+k_1^m]v'_{m-1}(k_1^m)}{(n^m)^2}$$
$$+\frac{\beta(n^m)[B'(n^m)+k_1^m]^2v''_{m-1}(k_1^m)}{(n^m)^2}-\frac{\beta(n^m)B''(n^m)v'_{m-1}(k_1^m)}{n^m} \tag{2-102}$$

这里，$\theta_m = \dfrac{n^m\beta'(n^m)}{\beta(n^m)}$。由类似引理 2.5 证明中的式（2-26）的证明，可以证明 $M_1 > 0$。由类似式（2-25）和式（2-26）的证明及引理 2.5 的假设，可以证明 $M_2 < 0$。这样，就证明了$\dfrac{\mathrm{d}n^m}{\mathrm{d}g^m} > 0$。把式（2-100）至式（2-102）代入式（2-99），得到：

$$\frac{\mathrm{d}k_1^m}{\mathrm{d}g^m} = \frac{\beta'' v_{m-1} + \dfrac{\beta(1-\theta_m)v'_{m-1}[B'(n^m) + k_1^m]}{(n^m)^2} - \dfrac{\beta B''(n^m)v'_{m-1}}{n^m}}{n^m M_2} \tag{2-103}$$

由式（2-97）得到：

$$v_{m-1}(k_1^m) = \frac{\beta(n^m)v'_{m-1}(k_1^m)}{n^m\beta'(n^m)} \frac{[g^m - B(n^m) + B'(n^m)n^m]}{n^m} \tag{2-104}$$

由式（2-96），式（2-104）可改写为：

$$v_{m-1}(k_1^m) = \frac{\beta(n^m)}{n^m\beta'(n^m)} v'_{m-1}(k_1^m)[k_1^m + B'(n^m)] \tag{2-105}$$

把式（2-105）代入式（2-103），得到：

$$\begin{aligned}\frac{\mathrm{d}k_1^m}{\mathrm{d}g^m} &= \frac{\dfrac{\beta''\beta v'_{m-1}[B'(n^m) + k_1^m]}{n^m\beta'} + \dfrac{\beta(1-\theta_m)v'_{m-1}[B'(n^m) + k_1^m]}{(n^m)^2} - \dfrac{\beta B''(n^m)v'_{m-1}}{n^m}}{n^m M_2} \\ &= \beta v'_{m-1}\frac{\dfrac{[B'(n^m) + k_1^m]}{(n^m)^2}\left[\dfrac{n^m\beta''(n^m)}{\beta'(n^m)} + (1-\theta_m)\right] - \dfrac{B''(n^m)}{n^m}}{n^m M_2}\end{aligned} \tag{2-106}$$

由假设 2.1（1），可以证明在式（2-106）分子的前两项和非正，由分子的第三项是负的，可以得到分子是负的。由于 $M_2 < 0$，得到 $\dfrac{\mathrm{d}k_1^m}{\mathrm{d}g^m} > 0$。

由引理 2.1，g^m 是问题（Ⅲ）的解，由于（k_1^m，n^m）是内部解，

因而 g^m 也是内部解，满足：

$$-u'[f(k)-g^m]+W'_m(g^m)=0 \tag{2-107}$$

在式（2－107）的左侧关于 g 求导，得到：

$$\frac{\partial}{\partial g}\{-u'[f(k)-g^m]+W'_m(g^m)\}=u''[f(k)-g^m]+W''_m(g^m)<0$$

因而，存在连续可微的隐函数 $g^m=g^m(k)$。对式（2－107）的两边关于 k 求导，得到：

$$u''[f(k)-g^m]\frac{\mathrm{d}g^m}{\mathrm{d}k}+W''_m(g^m)\frac{\mathrm{d}g^m}{\mathrm{d}k}=u''[f(k)-g^m]f'(k)$$

得到：

$$\frac{\mathrm{d}g^m}{\mathrm{d}k}=\frac{u''[f(k)-g^m]f'(k)}{u''[f(k)-g^m]+W''_m(g^m)}>0$$

因而，$g^m(k)$ 是 k 的递增函数。又由前面证明，k_1^m，n^m 关于 g^m 是递增的，因此（k_1^m，n^m）对于 k 是递增的（$m=1$，2，…）。把对于 k 的最优路径记为（k_1^m，n^m），而对于 k'的最优路径记为（k'^m_1，n'^m）。若 $k'>k$，则有（k'^m_1，n'^m）$\geqslant$（k_1^m，n^m），$m=1$，…。由于 $\{(k_1^m, n^m)\}$ 是有界的，所以存在一个收敛的子序列，不失一般性，假设 $\{(k_1^m, n^m)\}$ 与 $\{(k'^m_1, n'^m)\}$ 收敛。由于最优路径的唯一性，两个叙列一定收敛于最优问题（Ⅰ）的最优解，即：

$$\lim_{m\to\infty}(k_1^m, n^m)=(H(k), N(k))$$

$$\lim_{m\to\infty}(k'^m_1, n'^m)=(H(k'), N(k'))$$

因此得到：

$$(H(k'), N(k'))=\lim_{m\to\infty}(k'^m_1, n'^m)\geqslant\lim_{m\to\infty}(k_1^m, n^m)=(H(k), N(k))$$

Q. E. D.

在以下定理中，证明在这一动态模型中存在一个唯一的稳态。

定理 2.7　在假设 2.1 的假设下，在最优化问题（Ⅰ）中存在唯

一的稳态 $k=k^*$。且这一稳态满足 $f'(k^*)=\frac{n^*}{\beta(n^*)}$，而 $n^*=N(k^*)$。

证明： 由条件 $u'(0)=\infty$ 和 $f'(0)=\infty$，可以得到 $g\neq 0$。由 $g=nk_1+B(n)$，及 $B(0)=0$，得出 $n\neq 0$。由假设 $f(0)=0$，得到 $V(0)=0$。因而，明显，$k_1\neq 0$。因为，否则会有后一期以后的效用全部为零，与其为最优解矛盾。由定理 2.1 和定理 2.3，$H(k)$ 是上半连续对应，且只有一个点。因此，$H(k)$：$X\to X$ 是连续函数。由不动点定理，存在 $k^*\in X$ 使得 $H(k^*)=k^*$。由定理 2.6，最优路径是单调的，因而，稳态是唯一的。由欧拉方程直接可以得到

$$f'(k^*)=\frac{n^*}{\beta(n^*)} \tag{2-108}$$

Q. E. D.

注意，式（2－108）在最优增长理论中被称为修正的黄金律。

在以下定理中，证明这一稳态是鞍点稳定的。

定理 2.8 假设值函数 V 是二次可微的，则稳态是鞍点稳定的。

证明： 首先，对 g_t 给出下列欧拉方程：

$$-u'(c_t)+\beta'(n_t)V(k_{t+1})\frac{\mathrm{d}n_t}{\mathrm{d}g_t}+\beta(n_t)V'(k_{t+1})\frac{\mathrm{d}k_{t+1}}{\mathrm{d}g_t}=0 \tag{2-109}$$

由 $k_{t+1}=\frac{g_t-B(n(g_t))}{n(g_t)}$ 和 $n_t=n(g_t)$ 是问题（Ⅱ）的解，可以得出：

$$\frac{\mathrm{d}k_{t+1}}{\mathrm{d}g_t}=\frac{1-[B'(n_t)+k_{t+1}]\frac{\mathrm{d}n_t}{\mathrm{d}g_t}}{n_t} \tag{2-110}$$

由于 n_t 是问题（Ⅱ）的解，有：

$$\beta'(n_t)V(k_{t+1})-\frac{\beta(n_t)V'(k_{t+1})[B'(n_t)+k_{t+1}]}{n_t}=0 \tag{2-111}$$

由式（2－110）和式（2－111），式（2－109）变为：

$$-u'(c_t)+\frac{\beta(n_t)V'(k_{t+1})}{n_t}=0 \tag{2-112}$$

由类似定理2.6的证明，k_{t+1}是g_t的函数，令$k_{t+1}=k_1(g_t)$。由定理2.4，式（2－112）变为：

$$-n(g_t)u'[f(k_1(g_{t-1}))-g_t]+\beta(n(g_t))u'[f(k_1(g_t))-g_{t+1}]\times f'(k_1(g_t))=0 \tag{2-113}$$

在稳态，由式（2－108）有：

$$\beta(n^*)f'(k^*)=n^* \tag{2-114}$$

由式（2－113），有如下特征方程：

$$-\beta u''f'\lambda^2+\left\{n^*u''+u'(\beta'f'-1)\frac{\mathrm{d}n}{\mathrm{d}g}+\beta(u'f''+u''f'^2)\frac{\mathrm{d}k_1}{\mathrm{d}g}\right\}\lambda-n^*u''f'\frac{\mathrm{d}k_1}{\mathrm{d}g}=0 \tag{2-115}$$

把式（2－114）代入式（2－115）得到：

$$-\beta u''f'\lambda^2+\left\{n^*u''-u'(1-\theta)\frac{\mathrm{d}n}{\mathrm{d}g}+\beta(u'f''+u''f'^2)\frac{\mathrm{d}k_1}{\mathrm{d}g}\right\}\lambda-n^*u''f'\frac{\mathrm{d}k_1}{\mathrm{d}g}=0 \tag{2-116}$$

这里等号左侧的各函数都取在稳态点的函数值。因而，方程左侧只是λ的函数。把（2－116）左侧的函数设为$G(\lambda)$。

由式（2－110）和定理2.6的证明，得到：

$$\frac{\mathrm{d}k_1}{\mathrm{d}g}=\frac{1}{n^*}\{1-[B'(n^*)+k^*]\}\frac{\mathrm{d}n}{\mathrm{d}g} \tag{2-117}$$

$$\frac{\mathrm{d}n}{\mathrm{d}g}=-\frac{M_1}{M_2} \tag{2-118}$$

$$M_1=-\frac{\beta}{n^{*2}}\{V'(k^*)(1-\theta)+V''(k^*)[B'(n^*)+k^*]\} \tag{2-119}$$

$$M_2=\beta''V+\frac{2\beta(1-\theta)}{n^{*2}}V'[B'(n^*)+k^*]-\frac{\beta V'B''(n^*)}{n^*}$$

$$+\frac{\beta V''[B'(n^*)+k^*]^2}{n^{*2}} \tag{2-120}$$

由类似定理2.6的证明，可以证明$\frac{dk_1}{dg}>0$。由于$G(0)=-n^*u''f'\frac{dk_1}{dg}$，知道$G(0)>0$。

现在考虑：

$$G(1)=u'\left[\beta f''\frac{dk_1}{dg}-(1-\theta)\frac{dn}{dg}\right]$$

由类似定理2.6的证明可得$\frac{dn}{dg}>0$。因此，可得$G(1)<0$。由G是λ的连续函数，由介值定理，存在$\lambda_1\in(0,1)$，使得$G(\lambda_1)=0$。所以，特征方程（2-116）存在一个特征根$0<\lambda_1<1$。

另外，当$\lambda\to\infty$时，有$G(\lambda)\to+\infty$，因而，存在$\lambda_2\in(1,+\infty)$使得$G(\lambda_2)=0$。因此，特征根$\lambda_2>1$。这意味着动态系统在稳态点是鞍点稳定的。Q. E. D.

由于假设2.1只是为了保证最优化问题解的唯一性而没有改变在J. 巴哈鲍比和西村和雄（1989）中的均衡，修正的黄金律与他们论文中的相同。① 在与假设2.1（1）相违背的情况下$\left(e\left(\frac{\beta(n)}{\beta'(n)}\right)<1\right)$，J. 巴哈鲍比和西村和雄得到了振动的动态路径。然而，在这一路径上的某些点，二阶条件将不能被满足，因而存在多重路径，而比较静态分析只能是局部的。这样，在这一模型中很难同时唯一地决定n和k_1。在本章，这里的弹性条件$\left(e\left(\frac{\beta(n)}{\beta'(n)}\right)\geqslant1\right)$有助于在有限期间最优化问题中唯一地确定出生率，因为这些条件保证了在最优化问题（Ⅱ）中的二阶条件。然而，弹性条件仅仅保证了有限期间最优化问

① Qi Ling & Sadao Kanaya. The Concavity of the Value Function of the Extended Barro - Becker Model [J]. Journal of Economic Dynamics & Control, 2010, 34 (2): 314-329.

题的动态路径的唯一性和值函数的凹性，对无限期间的最优化问题的最优路径的唯一性来说，$B(n)$ 的凸性是关键的。这可以解释为在对 n 个孩子的养育上存在外部性。由于孩子养育的成本函数的凸性，会存在成本函数的最小值，这一事实帮助确定了个人的唯一的最优出生率。

2.5　结　　论

在这一章中，给出了两个合理的条件去保证最优路径的唯一性和值函数的凹性。在这些条件下，最优路径是单调的，稳态是唯一的，而且是鞍点稳定的。这里的条件是足够弱的，因为它们既不能保证 $\beta(n)V(k_1)$ 关于（n，k_1）的凹性，也不能保证 $\beta(n)V(k_1)$ 关于（n，k_1）的拟凹性。G. 贝克和 C. 穆利根（C. Mulligan，1997）考虑了一个内生时间偏好模型，在其中，贴现率 $\beta(S)$ 是将来资本 S 的凹函数，为保证最优解是唯一的假设了 $\beta(S)v_1[(1+r_1)(A_0-c_0-S), S]$ 关于（c_0，S）是凹的条件。这一条件比我们的条件要强。

除了定理2.8，并没有假设值函数 V 的二次可微性。由于已经证明了最优化问题（Ⅰ）的解的存在性，所以不需要对满足一阶条件的函数再进一步验证二阶条件是否被满足。仅在比较静态的分析中，才需要值函数 V 的二次可微性。

第3章

"全面二孩政策"后出生率的动态分析与预测

在本书第2章中，完善和分析了国际上著名的出生率与经济增长模型。本章将利用第2章的模型来分析我国的出生率问题。我国出生率的变动主要是因为人口政策的变动，本章主要分析和比较人口政策对我国出生率和人均资本的长期影响：分析和比较我国20世纪50～70年代（实行"独生子女政策"前）、实行"独生子女政策"时期的出生率与人均资本的稳态。分析了"全面二孩政策"的短期及长期影响，而且考虑了如果全面放开生育限制，预期的出生率与人均资本的稳态。重点分析实行全面二孩的新人口政策后，如全面放开生育限制，出生率和人均资本的短期和长期变化。最后，指出"全面二孩政策"后，如果实行不限制生育的人口政策，预期稳态出生率与实行"独生子女政策"前20世纪50～70年代的稳态出生率的差异。本章3.2节重点分析了"全面二孩政策"实行后为什么出生率没有达到预期的问题。

本章的目的在于：（1）说明实行全面二孩的新人口政策后为什么没有所期待的出生率的大幅度提升。（2）通过模型的分析得到以下结论：如果现在就实行不限制生育的人口政策，不会出现20世纪50～70年代的高出生率。

3.1 人口政策对经济的长期与短期影响

我国的出生率已有20余年低于世代更替水平，2016年废止实行了三十多年的“独生子女政策”，实行了每个家庭可以生育两个孩子的新人口政策，以期提高我国持续低下的出生率。在这一新政策宣布时，人们根据实行“独生子女政策”初期，为生育二胎很多家庭不惜缴纳罚款的情况，预期一旦允许每个家庭可以生育两个孩子，一定会出现生育的高峰，从而会出现儿科医生严重缺乏、幼儿园、小学等教育设施严重不足等问题。但是，这些情况并没有出现，2017年的出生率远低于预期，2018年的出生率远低于2017年，预计2019年的出生率更远低于2018年，也就是，出现了出生率逐年降低的现象。这一现象与发达国家很相似，一旦出生率下降到世代更迭水平之下，刺激生育的政府政策都收效甚微。在我国由于“独生子女政策”人为地限制了生育意愿，现在想要提高出生率就会遇到很多阻力。在实行“独生子女政策”初期，人们的生育意愿还是停留在多子女上，而人口政策限制了生育。而现在废除“独生子女政策”之后，出生率依然低下而且逐年降低的原因是人们的生育意愿降低了。生育意愿的低下主要是由于以下原因：（1）独生子女已成常态，一旦习惯了这一常态就很难改变。很多年轻的父母本身就是独生子女很自然地认为自己也应该只生育一个孩子或不生孩子。（2）孩子的养育和教育成本在不断上升，包括养育孩子的时间成本也在上升。（3）住房问题：在独生子女时期，住房基本是按一个孩子配置，这给再生一个孩子带来不便，而高房价又使得人们难以改变居住条件。(4) 对于双方都是独生子女的家庭，养育两个孩子，照顾四个以上老人，使得年轻父母负担过重。

以上是通过表面现象分析为什么出生率没有预期的大幅度提高的问题，为了建立模型来刻画人口政策对经济的影响，把以上原因进一步归纳成影响生育意愿的经济要素：(1) 收入效应：多生育一个孩子会大大地减少家庭的消费。(2) 替代效应：女性受教育年限的增加，提高了女性的人力资本，也提高了女性工资的同时增加了孩子的机会成本。女性会把时间更多地分配到工作上，而减少孩子的数量。(3) 孩子的养育从量到质的转变：由于经济的发展，人力资本的收益大幅度提高，家庭把有限的财力和精力用于培养健康高质量的孩子，而减少孩子的数量。

以上是基于城镇的出生率分析，而在农村，生育意愿的改变主要归因于养育孩子的目的的转变。在过去没有社会养老保障的情况下，老年不能工作时只能依赖儿女生活，而且孩子可以在未成年时就帮助父母做些农活，照顾弟弟妹妹等，再加上土地分配等原因，出生率比较高。但从改革开放之后，农业的经营发生了很大改变，劳动力的城市移动、人口政策等使得大家庭的生活方式逐渐消失。而且，全民养老保障及新农合，使得老年人可以不依赖子女而生活。在农村多生育的刺激逐渐消失，而且由于少子女的现象成了新常态，因此，农村不再维持出生率高的状态，而是注重孩子的质量，用孩子的质量来替代孩子的数量。由于养儿防老的生育动机的变化和孩子从数量到质量的转换使得农村的出生率也在降低。

那么，在现在出生率低下的常态下，人口政策的改变是否会引起出生率陡然升高，继而保持高出生率的局面，以创造新的常态呢？以下就以人口政策的突然改变作为一个冲击，从理论上分析这一冲击对短期和长期动态路径的影响。

设立模型，然后以时间为序说明人口政策对经济稳态的影响。

考虑以下世代交叠模型：

$$U_t = u(c_t) + \beta(n_t) u(c_{t+1}) \tag{3-1}$$

$$c_t = f(k_t) - n_t k_{t+1} - B(n_t) \tag{3-2}$$

其中，n_t 为 t 世代选择的孩子数量；k_{t+1} 为 $t+1$ 世代的人均资本存量；c_t 为 t 世代的消费；$B(n_t)$ 为 t 世代的 n_t 个子女的抚养成本；$\beta(n_t)$ 为把自己的效用与孩子的效用相加时的小于 1 的比例，即贴现率；f 为人均产出的生产函数。

1. 人口政策对经济的短期影响

设 t 世代可以自由选择子女数；$t+1$ 世代实行了“独生子女政策”，$t+2$ 世代又实行了每个家庭可以生育两个孩子的新人口政策。下面分别考虑这三期的效用最大化问题。

由于第 $t+1$ 世代实行“独生子女政策”，即，$n_{t+1}=1$。那么，$t+1$ 世代只选择 k_{t+2}，使

$$\max_{k_{t+2}} \{ u(c_{t+1}) + \beta(1) u(c_{t+2}) \}$$

$$\text{s. t. } \ c_{t+1} = f(k_{t+1}) - k_{t+2} - B(1)$$

得到一阶条件：

$$-u'(c_{t+1}) + \beta(1) u'(c_{t+2}) f'(k_{t+2}) = 0。 \tag{3-3}$$

由 2.2 节 β 的性质，当 $n \to 0$ 时，$\beta'(n) \to \infty$。因而，不生孩子不是最优选择。所以在“独生子女政策”时，只能选择生育 1 个孩子。

由于独生子女是生育限制的结果，应有：

$$-u'(c_{t+1})[k_{t+2} + B'(1)] + \beta'(1) u(c_{t+2}) > 0 \tag{3-4}$$

而对于 $t+2$ 期，实行了 $0 \leqslant n_{t+2} \leqslant 2$ 的人口政策，考虑：

$$\max_{n_{t+2}, k_{t+3}} \{ u(c_{t+2}) + \beta(n_{t+2}) u(c_{t+3}) \}$$

建立如下拉格朗日函数：

$$L = u(c_{t+2}) + \beta(n_{t+2}) u(c_{t+3}) + \lambda[2 - n_{t+2}] \tag{3-5}$$

由在式（3－5）中关于 k_{t+3} 的一阶条件，得到：

$$-u'(c_{t+2})n_{t+2}+\beta(n_{t+2})u'(c_{t+3})f'(k_{t+3})=0 \qquad (3-6)$$

由在式（3－5）中关于 n_{t+2} 的一阶条件，得到：

$$-u'(c_{t+2})[k_{t+3}+B'(n_{t+2})]+\beta'(n_{t+2})u(c_{t+3})-\lambda=0 \qquad (3-7)$$

$$\lambda(2-n_{t+2})=0 \qquad (3-8)$$

$$\lambda\geqslant 0,\ 2-n_{t+2}\geqslant 0 \qquad (3-9)$$

由第 2 章 2.2 关于 β 的性质，$n_{t+2}=0$ 不是最优的，因而 $n_{t+2}>0$ 会成立。

第 t 世代考虑最大化其与下一世代的效用和来决定孩子数量与下一期的人均资本：

$$-u'(c_t)n_t+\beta(n_t)u'(c_{t+1})f'(k_{t+1})=0 \qquad (3-10)$$

$$-u'(c_t)[k_{t+1}+B'(n_t)]+\beta'(n_t)u(c_{t+1})=0 \qquad (3-11)$$

因为 t 世代可以自由决定所要生育的孩子数量，以此来模拟实行独生子女人口政策前的情况。如果没有实行“独生子女政策”的话，这样的选择会一直延续下去，形成稳态。

设稳态（k^*，n^*）存在，而且设效用函数 $u(c)=\ln c$。式（3－10）变为：

$$-\frac{n_t}{c_t}+\frac{\beta(n_t)f'(k_{t+1})}{c_{t+1}}=0 \qquad (3-12)$$

式（3－11）变为：

$$-\frac{[k_{t+1}+B'(n_t)]}{c_t}+\beta'(n_t)\ln c_{t+1}=0 \qquad (3-13)$$

不考虑养不起希望生育的孩子数量的贫穷情况。在贫穷情况下，式（3－13）会不成立，等号会变成大于号，贫穷会限制孩子的数量。

在稳态，由式（3－12）得到：

$$\frac{n^*}{c^*}-\beta(n^*)\frac{f'(k^*)}{c^*}=0 \qquad (3-14)$$

即：

$$f'(k^*) = \frac{n^*}{\beta(n^*)} \tag{3-15}$$

由式（3－13）得到：

$$-k^* - B'(n^*) + \beta'(n^*) c^* \ln c^* = 0 \tag{3-16}$$

消费的稳态满足以下条件：

$$c^* = f(k^*) - n^* k^* - B(n^*) \tag{3-17}$$

2. 人口政策对经济的长期影响

在多子女的稳态时实行“独生子女政策”，会给经济带来什么影响？为了描述人口政策的冲击，在多子女的稳态点突然令 $n = 1$。为了便于说明，把多子女的稳态设为 $t-1$ 期。在 t 期实行了“独生子女政策”，即 $n_t = 1$。由于在 $t-1$ 期并不知道会实行“独生子女政策”，因而 t 期资本的初始存量还是在稳态 k^*。那么，t 期的消费和 $t+1$ 期的人均资本满足：

$$c_t = f(k^*) - k_{t+1} - B(1) \tag{3-18}$$

即：

$$k_{t+1} = f(k^*) - c_t - B(1) \tag{3-19}$$

欧拉方程（3－12）变为：

$$-\frac{1}{c_t} + \beta(1) \frac{f'(k_{t+1})}{c_{t+1}} = 0 \tag{3-20}$$

由式（3－20）得到：

$$\beta(1) f'(k_{t+1}) = \frac{c_{t+1}}{c_t} \tag{3-21}$$

如果在 $t+1$ 世代仍实行“独生子女政策”，即 $n_{t+1} = 1$，则：

$$c_{t+1} = f(k_{t+1}) - k_{t+2} - B(1) \tag{3-22}$$

即：

$$k_{t+2} = f(k_{t+1}) - c_{t+1} - B(1) \tag{3-23}$$

设“独生子女政策”实行后达到稳态（k^{**}，n^{**}），其中 $n^{**}=1$ 为稳态的孩子数量。由式（3－21）可以得到：

$$f'(k^{**})=\frac{1}{\beta(1)} \tag{3-24}$$

由式（3－22）得到：

$$c^{**}=f(k^{**})-k^{**}-B(1) \tag{3-25}$$

由于 $n^{**}=1$ 是人口政策限制的结果，不是家庭的最优选择，因而：

$$\frac{[k^{**}+B'(1)]}{c^{**}}+\beta'(1)\ln c^{**}>0 \tag{3-26}$$

为了比较独生子女稳态与多子女稳态的人均资本，首先计算$\frac{n}{\beta(n)}$关于 n 的导数：

$$\frac{d}{dn}\left(\frac{n}{\beta(n)}\right)=\frac{\beta(n)-n\beta'(n)}{\beta^2(n)}=\frac{1}{\beta(n)}\left[1-\frac{n\beta'(n)}{\beta(n)}\right] \tag{3-27}$$

令 $e=\frac{n\beta'(n)}{\beta(n)}$，当 $e<1$ 时，式（3－27）的右侧大于零，即$\frac{n}{\beta(n)}$关于 n 递增。当 $n^{*}>n^{**}=1$ 时，有：

$$\frac{n^{*}}{\beta(n^{*})}>\frac{1}{\beta(1)} \tag{3-28}$$

因而，由式（3－24）和式（3－28）得到：

$$f'(k^{*})>f'(k^{**}) \tag{3-29}$$

成立。由于 f 是严格凹函数，f' 递减，因而得到：

$$k^{**}>k^{*}。 \tag{3-30}$$

由以上证明得到，当内生贴现率 $\beta(n)$ 的弹性小于 1，即缺乏弹性时，“独生子女政策”下人均资本稳态高于“独生子女政策”前的人均资本稳态；当 $\beta(n)$ 富有弹性，即弹性大于 1 时，“独生子女政策”下的人均资本稳态低于“独生子女政策”前的人均资本稳态。由第二章的假设，$\beta(n)$ 是凹函数，所以假设 $\beta(n)$ 的弹性小于 1 是合理的，因而，“独生子女政策”下的人均资本稳态大于“独生子女政策”前的稳态。由此可知，“独生子女政策”的实施提高了人均资本存量，也就提高了人均产出，使得经济快速发展。

由式（3－19）可以看出在孩子数量是自由选择的稳态下，实行“独生子女政策”的冲击会带来下一期人均资本存量的上升。由于消费的惯性，当冲击来临时，消费还停留在稳态的水平 c^* 上，由于孩子数量的减少，孩子的养育成本下降，这样，会有 $k_{t+1}>k^*$。

3.2 新人口政策下出生率为什么没有达到预期水平

1. 新人口政策下出生率为什么没有大幅升高

本节首先分析在独生子女稳态下实行“全面二孩政策”导致的出生率与人均资本的波动并分析出生率与人均资本的长期变动趋势。

现在考虑全面二孩的人口政策实行以后经济和出生率的变化。为了便于说明，假设在 $t+2$ 期，实行每个家庭可以生育两个孩子的新人口政策。设 $t+1$ 期，经济处于“独生子女政策”实行后的稳态 k^{**}。而在 $t+2$ 期，家庭在 $0<n_{t+2}\leqslant 2$ 的范围内选择孩子的数量，使得 $t+2$ 世代的效用达到最大，得到一阶条件：

$$-u'(c_{t+2})n_{t+2}+\beta(n_{t+2})u'(c_{t+3})f'(k_{t+3})=0 \qquad (3-6')$$

$$-u'(c_{t+2})[k_{t+3}+B'(n_{t+2})]+\beta'(n_{t+2})u(c_{t+3})-\lambda=0 \qquad (3-7')$$

代入 $u(c_t)=\ln c_t$，得到：

$$-\frac{n_{t+2}}{c_{t+2}}+\frac{\beta(n_{t+2})f'(k_{t+3})}{c_{t+3}}=0 \qquad (3-31)$$

$$-\frac{[k_{t+3}+B'(n_{t+2})]}{c_{t+2}}+\beta'(n_{t+2})\ln c_{t+3}-\lambda=0 \qquad (3-32)$$

$$c_{t+2} = f(k_{t+2}) - n_{t+2}k_{t+3} - B(n_{t+2}) \tag{3-33}$$

家庭选择的孩子数为 $n_{t+2} \leqslant 2$，因而有：

$$\lambda(2 - n_{t+2}) = 0 \tag{3-8'}$$

$$\lambda \geqslant 0,\ 2 - n_{t+2} \geqslant 0 \tag{3-9'}$$

如果 k_{t+3} 与“独生子女政策”下的稳态 k^{**} 相同的话，由式（3-31），得到：

$$\frac{c_{t+3}}{c_{t+2}} = \frac{\beta(n_{t+2})}{n_{t+2}} f'(k^{**}) \tag{3-34}$$

当 $n_{t+2} > 1$ 时，会有

$$\frac{\beta(n_{t+2})}{n_{t+2}} < \frac{\beta(1)}{1} = \beta(1) \tag{3-35}$$

比较式（3-21）和式（3-34），由式（3-30），可以假设 $k^{**} = k_{t+3} > k_{t+1}$。显然，这一假设符合我国的实际情况。由 f' 是递减的，有 $f'(k_{t+3}) < f'(k_{t+1})$。由（3-35）可知，实行二孩政策后两个世代的消费比小于“独生子女政策”时的两个世代的消费比。

由式（3-33）可知，两个孩子的家庭如果给予每个孩子独生子女时的人均资本存量，自己家庭的消费就会比独生子女时要小。对于经历了孩子时期家庭的高消费而成长起来的年轻父母来说，对选择多子女而导致自己的生活水平降低会有抵触，因而会不选择生育两个孩子。而最有可能生育两个子女的家庭是在“独生子女政策”实行前出生的世代，他们本身在多子女的家庭出生，习惯多兄弟姐妹的生活，而且是在生活水平相对来说不是很高的家庭长大，因此比较容易选择两个孩子，但对于我国来说，20 世纪 70 年代出生的人处于高龄，因此，难以达到预期的出生率的大幅上升。

如果选择生育两个孩子，且选择 k_{t+3} 小于“独生子女政策”时，就有可能保持自己的消费不变。但如果把资本看作含有人力资本在内的资本，减少给予孩子的资本存量就意味着降低孩子将来的人力资

本，这势必会使孩子在将来与独生子女的激烈竞争中处于劣势。在孩子数量和质量的选择上，很多家庭会选择培养高质量的孩子，而不是多数量的孩子。因而，很多家庭不选择生育两个孩子。

另外，由于我国实行的“独生子女政策”，家庭有能力和财力去培养高学历的子女。这由在“独生子女政策”下的人均资本存量的升高，从而导致人均产出 $f(k)$ 的升高和家庭收入的上升。而由于女性学历的升高，一是造成晚婚晚育，二是随着女性人力资本的上升，孩子的抚养机会成本上升，因为孩子的抚养会占用母亲的很多时间和精力。这样，高学历，高工资的女性会选择少生或不生孩子。

另外，由于经济发展造成的房价的上升，家庭完全可支配收入减少，还有孩子的抚养成本、教育成本的上升都很大地影响了家庭对于子女数量的选择。

2. 人口政策的稳态比较

以上模型的分析解释了为什么独生子女人口政策的改变没有导致我国出生率的大幅上升的结果。下面分析如果长期实行“全面二孩政策”，形成稳态的情况。

设“全面二孩政策”形成新的稳态（k^{*3}，n^{*3}），有：

$$-n^{*3}+\beta(n^{*3})f'(k^{*3})=0, \tag{3-36}$$

$$-\frac{[k^{*3}+B'(n^{*3})]}{c^{*3}}+\beta'(n^{*3})\ln c^{*3}-\lambda=0。 \tag{3-37}$$

$$\lambda(2-n^{*3})=0 \tag{3-38}$$

$$\lambda\geqslant 0,\ 2-n_{t+2}\geqslant 0。 \tag{3-39}$$

由式（3-36）得到：

$$\frac{n^{*3}}{\beta(n^{*3})}=f'(k^{*3}) \tag{3-40}$$

由式（3-38），或者 $\lambda=0$ 或者 $n^{*3}=2$。若 $\lambda>0$，则必有 $n^{*3}=2$。由式（3-37）得到：

$$-\frac{[k^{*3}+B'(2)]}{c^{*3}}+\beta'(2)\ln c^{*3}>0 \tag{3-41}$$

因而，两个孩子的选择并不是对生育不进行限制时的最优孩子数量。在这种情况下，全面放开生育的限制会使得效用更大。也就是说，当k^{*3}足够大，产出$f(k^{*3})$足以支撑很大的消费c^{*3}，使得

$$\ln c^{*3}>\frac{k^{*3}+B'(2)}{c^{*3}\beta'(2)} \tag{3-42}$$

的话，就应该让家庭自由选择生育的孩子数量。

下面比较“全面二孩政策”后的新稳态与“独生子女政策”下的稳态。由于f'关于k递减，如果$k^{*3}\geqslant k^{**}$，则$f'(k^{*3})\leqslant f'(k^{**})$。而式（3－40）左侧的函数$\frac{n}{\beta(n)}$关于$n$递增，那么就有$n^{*3}\leqslant 1$。即在新人口政策下的稳态，出生率并不上升。如果$k^{*3}<k^{*}$，则$f'(k^{*3})>f'(k^{*})$，由左侧函数$\frac{n}{\beta(n)}$关于$n$递增，有$n^{*3}>1$。即，新人口政策下的稳态出生率超过1，但此时会有经济增长的放缓，稳态的人均产出减少。

在前面已指出，“全面二孩政策”下出生率未达预期的原因是很多家庭因为收入的限制不生第二个孩子，而同时也限制了已有两个孩子的家庭生育更多的孩子。那么，在适当的时机应该放开对生育的限制。那么，出生率能否回到实行“独生子女政策”之前的水平？即回到实行“独生子女政策”之前的稳态上去？下面，对此进行论证。

首先，设撤销对生育的限制后的稳态为（k^{*4}，n^{*4}），且稳态满足以下条件：

$$-\frac{n^{*4}}{c^{*4}}+\frac{\beta(n^{*4})f'(k^{*4})}{c^{*4}}=0 \tag{3-43}$$

$$-\frac{[k^{*4}+B'(n^{*4})]}{c^{*4}}+\beta'(n^{*4})\ln c^{*4}=0 \tag{3-44}$$

由式（3－43）得到：

$$f'(k^{*4})=\frac{n^{*4}}{\beta(n^{*4})} \tag{3－45}$$

为了回答这一问题，把式（3－15）与式（3－45）相比较。当 $k^{*4}>k^{*}$ 时，$f'(k^{*4})<f'(k^{*})$，而由前面所证，$\frac{n}{\beta(n)}$ 是关于 n 递增的，应有 $n^{*4}<n^{*}$。由于实行独生子女的人口政策后，我国的人均资本存量有了高速增长，在人均资本继续增长，或不减少的前提下，新稳态的人均资本要远高于实行“独生子女政策”之前，因而，新稳态的出生率会比“独生子女政策”前低。

以上是数学分析的结果。从经济学的角度来看，造成放开生育限制后出生率比“独生子女政策”前要低的因素如下。

（1）子女与父母关系的变化，也可以说是养育孩子的目的的变化。在过去，中国有养儿防老的说法，由于社会养老保障的不健全，家庭选择多子女，在年轻时，养育孩子，而当自己年老时，孩子会帮助父母的生活。但“独生子女政策”的实行，破坏了这种父母和子女之间的这种相互依存模式，独生子女的家庭要在抚养自己孩子的同时，抚养双方的四个老人，造成了这种模式实行的困难，再加上我国社会养老保障的改善，使父母可以不依赖子女而生活，这样，在模型中 $\beta(n)$ 的大小会发生变化，即“独生子女政策”后的 $\beta(n)$ 会没有以前大了（父母对于孩子幼时的宠爱会增加，但对于孩子成年后的家庭的效用大小会没有“独生子女政策”前那样重视）。这样，就会减少孩子的效用占父母总效用的比例，因而会减少出生率。

（2）经济的增长、人均资本的增长，使工资率上升。这是因为，$w=f(k)-kf'(k)$，而 $\frac{\mathrm{d}w}{\mathrm{d}k}=-kf''(k)>0$。因而，随着人均资本的上升，工资率在上升。由于女性的教育程度提高，女性的工资上升，因而造成了孩子机会成本的上升。同时，由于孩子的抚养成本 $B(n_t)$ 的上升，会减少孩子出生的数目。因为要适应不断升高的人均资本（包含人力资本），就需要提高孩子的人力资本，因而，增加了教育支出，即下一期人均资本的提高，既提高了孩子的抚养、教育成本 $B(n_t)$，又提高了父母世代对下一世代付出的 $n_t k_{t+1}$。这些都会导致家庭选择少生育孩子。

（3）随着经济的增长，生产力不断提高，技术革新和发明创造使得技术不断提高，也就是生产函数 f 发生变化，使得掌握技术和发明需要更多的学习和更高的学历。这样，受教育期间的延长，使得晚婚晚育，造成了两个世代之间的年龄差增大，也造成了出生率的下降。

综上所述，通过对模型设立的参数的变化，解释了为什么放开生育限制不会造成出生率回到“独生子女政策”前的水平，同时也推测了将来出生率下降的趋势。

第 4 章

关于人口政策方面的建议

本章在第 3 章研究的基础上，进一步探讨如果放开生育限制，应该在什么节点上放开的问题，并在理论模型分析的基础上对我国的人口政策提出一些政策性建议。

4.1　放开生育限制的时间点

本书第 3 章使用自己的模型完成了对“全面二孩政策”实行后的出生率的动向和趋势的分析。下面主要研究如果放开对生育的限制，应该在何时放开，是在“全面二孩政策”形成常态时放开，还是应该在近期放开的问题。

1. 在“全面二孩政策”形成稳态时放开对生育的限制

本书第 3 章证明了“全面二孩政策”的稳态有两种可能，一是回到独生子女时的稳态；二是形成人均资本降低但出生率高于独生子女稳态的新稳态。需要对这两种情况分别进行分析。

（1）在“独生子女政策”的稳态上放开生育限制。在本书第 3 章的模型中，在“独生子女政策”的稳态上，实行家庭自由选择子女数量的政策，即从 $t-1$ 期的（k^{**}，1）出发，在 t 期自由选择生育的子女数量 n_t 和 $t+1$ 期的人均资本 k_{t+1}，得到以下一阶条件：

$$-\frac{n_t}{c_t}+\beta(n_t)\frac{f'(k_{t+1})}{c_{t+1}}=0 \tag{4-1}$$

$$-\frac{[k_{t+1}+B'(n_t)]}{c_t}+\beta'(n_t)\ln c_{t+1}=0 \tag{4-2}$$

$$c_t=f(k^{**})-n_t k_{t+1}-B(n_t) \tag{4-3}$$

由式（4－1），得到：

$$\frac{n_t}{\beta(n_t)}\frac{c_{t+1}}{c_t}=f'(k_{t+1}) \tag{4-4}$$

如果 $n_t>1$，则有：

$$\frac{n_t}{\beta(n_t)}>\frac{1}{\beta(1)} \tag{4-5}$$

把式（4－4）与“独生子女政策”时的稳态，式（3－24）相比较，当 k_{t+1}等于“独生子女政策”下的人均资本 k^{**} 时，$\frac{c_{t+1}}{c_t}<1$ 成立。即 $t+1$ 世代的人均消费要小于 t 世代的人均消费。想要消除这种局面，或者降低人均资本，或者选择少生育。

由比较式（4－4）和式（3－21）也可看出自由选择孩子数目时的两世代的消费比会小于“独生子女政策”下的两世代的消费比。

考虑处于“独生子女政策”稳态的 $t-1$ 世代与取消生育限制的 t 世代之间的欧拉方程：

$$-\frac{1}{c_{t-1}}+\beta(1)\frac{f'(k_t)}{c_t}=0 \tag{4-6}$$

从式（4－6）可以得到：

$$f'(k_t)=\frac{1}{\beta(1)}\frac{c_t}{c_{t-1}} \tag{4-7}$$

由于 $t-1$ 世代并不知道会放开生育限制，他们给予孩子的资本仍为稳态资本 k^{**}，即 $k_t=k^{**}$。把式（3－24）$f'(k^{**})=\frac{1}{\beta(1)}$代入式（4－7），得到：

$$\frac{c_t}{c_{t-1}}=1 \tag{4-8}$$

即 $c_t=c_{t-1}=c^{**}$。如选择 $n_t>1$，$k_{t+1}\geqslant k^{**}$，由式（4－4）和式（4－5）得到：

$$\frac{c_{t+1}}{c_t}<1 \tag{4-9}$$

即 $t+1$ 世代的消费 c_{t+1}会小于 t 世代的消费，即独生子女时的稳态消费 c^{**}。也就是说，如果人均资本不减少，从“独生子女政策”的稳态上要提高出生率势必会减少下一世代的消费。

在式（4－3）中把 c_t 换成 c^{**}，得到：

$$c^{**}=f(k^{**})-n_tk_{t+1}-B(n_t) \tag{4-10}$$

要维持每两个世代之间都达到效用最大化，t 世代的消费就要被限制在独生子女的稳态消费，他只能在孩子的数量与给以孩子的人均资本数量之间选择。如果保持人均资本不变，则孩子的数量就回到 1，经济回到原来独生子女的稳态；如果增加孩子的数量，就要减少下一代的人均资本量，经济增长就会变缓。

如果减少 t 世代的消费，那么式（4－6）就不会成立，$t-1$ 世代的选择并没有使其效用达到最大。

（2）在“全面二孩政策”的稳态上放开生育限制。由本书第 3 章结果，全面二孩的新稳态（k^{*3}，n^{*3}）满足式（4－11）和式（4－12）：

$$\frac{n^{*3}}{\beta(n^{*3})}=f'(k^{*3}) \tag{4-11}$$

$$-\frac{[k^{*3}+B'(n^{*3})]}{c^{*3}}+\beta'(n^{*3})\ln c^{*3}>0 \quad (4-12)$$

设 t 期是“全面二孩政策”的稳态，而在 $t+1$ 期放开生育限制，因为 $t+1$ 期的人均资本是在 t 期决定的，那时还不知会放开生育限制，因而，$k_{t+1}=k^{*3}$。$t+1$ 世代选择自己的孩子数量和每个孩子的资本 k_{t+2}。t 世代与 $t+1$ 世代效用最大化的一阶条件为：

$$\frac{-n^{*3}}{c^{*3}}+\beta(n^{*3})\frac{f'(k^{*3})}{c_{t+1}}=0 \quad (4-13)$$

$$-\frac{[k^{*3}+B'(n^{*3})]}{c^{*3}}+\beta'(n^{*3})\ln c_{t+1}>0 \quad (4-14)$$

由式（4－13）得到：

$$\frac{n^{*3}}{\beta(n^{*3})}\frac{c_{t+1}}{c^{*3}}=f'(k^{*3})$$

式（4－11）得到，$c_{t+1}=c^{*3}$。由此，式（4－13）与式（4－11）相同。类似式（4－10）得到：

$$c_{t+1}=c^{*3}=f(k^{*3})-n_{t+1}k_{t+2}-B(n_{t+1}) \quad (4-15)$$

可以看出，由于稳态的稳定性，新的政策实行时，面临消费和人均资本稳态的稳定性限制，要改变这种状态就只能在孩子数量和给下一代的人均资本存量的大小之间做选择，要增加孩子的数量，就要减少孩子的资本存量，使经济发展减速；要保持孩子的人均资本不变就只能回到二孩政策的稳态上。

由此可以看到，稳态稳定性的作用。它使开始实行新人口政策的一代保持自己的消费不变，在孩子数量与给予孩子的资本量之间抉择。其结果，或者回到原来的稳态上去，或者导致经济的人均资本减少。

如何改变这一状态呢？既不使放开生育限制的一代的消费降低，下一代的人均资本减少，还要增加孩子的数量（提高出生率）呢？有以下两种方法。

（1）提高生产力。技术进步可以提高生产力，从而使生产函数 f_1 与“独生子女政策”时的生产函数 f 不同。即 $f_1(k) > f(k)$。在式（4－10）和式（4－15）中以 f_1 替代 f，由于 $f_1(k^{**}) > f(k^{**})$ 就可以克服这一惯性，使 $k_{t+1} \geqslant k^{**}$，与 $n_t > 1$（$n_{t+1} > n^{*3}$，与 $k_{t+2} \geqslant k^{*3}$）同时成立。也就是，技术进步和创新可以脱离开旧稳态的束缚。

（2）孩子养育成本的改变。改变孩子的养育成本函数，使 $B_1(n) < B(n)$，在式（4－10）和式（4－15）中以函数 B_1 替代 B，也可以达到使 $k_{t+1} \geqslant k^{**}$，与 $n_t > 1$（$n_{t+1} > n^{*3}$，与 $k_{t+2} \geqslant k^{*3}$）同时成立的结果。而养育成本的降低，需要政府政策的帮助。

2. 二孩政策尚未形成稳态时取消生育限制

现在考虑在二孩政策还没有形成新的稳态前就取消对生育限制的情况。设 $t-1$ 期处于“独生子女政策”的稳态 k^{**}，t 期实行二孩政策，而 $t+1$ 期取消对生育的限制。对于 $t-1$ 与 t 期之间的孩子数和人均资本有以下等式：

$$-\frac{1}{c^{**}} + \frac{\beta(1)}{c_t} f'(k_t) = 0 \tag{4-16}$$

$$-\frac{[k_t + B'(1)]}{c^{**}} + \beta'(1)\ln(c_t) > 0 \tag{4-17}$$

由于在 $t-1$ 期并不知道会有人口政策的改变，因而，还是按稳态 k^{**} 给予孩子资本，即 $k_t = k_{t-1} = k^{**}$。因而，式（4－16）变为：

$$f'(k^{**}) = \frac{1}{\beta(1)} \frac{c_t}{c^{**}} \tag{4-18}$$

由式（3－24）可知，$c_t = c^{**}$。这时，t 期的消费等于独生子女稳态时的消费。现在，看 t 期的孩子数量选择，应有：

$$c^{**} = c_t = f(k^{**}) - n_t k_{t+1} - B(n_t) \tag{4-19}$$

由于上述消费不变的稳态的稳定性（惯性），如果选择 $n_t > 1$ 就会有

$k_{t+1} < k^{**}$；如果选择 $k_{t+1} = k^{**}$，就会有 $n_t = 1$。现在假设选择了 $n_t > 1$ 和 $k_{t+1} < k^{**}$。

式（4－17）表示，每个家庭只有一个孩子不是最优选择，所以才会有全面二孩的新人口政策的实行。假设 t 世代选择了 $n_t > 1$ 和 $k_{t+1} < k^{**}$。

现在考虑 t 与 $t+1$ 世代之间的孩子数量与人均资本之间的关系等式：

$$-\frac{n_t}{c^{**}} + \frac{\beta(n_t)}{c_{t+1}} f'(k_{t+1}) = 0 \tag{4-20}$$

$$-\frac{[k_{t+1} + B'(n_t)]}{c^{**}} + \beta'(n_t)\ln(c_{t+1}) - \lambda = 0 \tag{4-21}$$

这里，$c^{**} = f(k^{**}) - n_t k_{t+1} - B(n_t)$，即：

$$n_t k_{t+1} + B(n_t) = f(k^{**}) - c^{**} \tag{4-22}$$

t 世代由式（4－20）和式（4－22）来决定下一期的人均资本和孩子数量，但保持自己的消费与上一世代相同，但这里 $n_t \leqslant 2$。如果在式（4－21）中 $\lambda = 0$，则 $n_t \leqslant 2$ 是最优选择。这种情况下，每个家庭可以有两个孩子的新人口政策并没有限制生育的意愿，因而，不需要进一步放开对生育的限制。但当 $\lambda > 0$ 时，由式（4－21）就有：

$$-\frac{[k_{t+1} + B'(2)]}{c^{**}} + \beta'(2)\ln(c_{t+1}) > 0 \tag{4-23}$$

这时，就需要考虑放开生育限制。

由式（4－20）得到：

$$c_{t+1} = \frac{f'(k_{t+1})\beta(n_t)c^{**}}{n_t} \tag{4-24}$$

由 n_t，k_{t+1} 在 t 期已定，由式（4－24）可以得到 c_{t+1} 的值。一般，$\frac{\beta(n_t)}{n_t} < 1$，而且当 k_{t+1} 足够大时，会有 $f'(k_{t+1}) \leqslant 1$。这样，会有

$c_{t+1} < c^{**}$。

而 $t+1$ 期的个人要面对以下最大化问题：

$$\max\{u(c_{t+1}) + \beta(n_{t+1})u(c_{t+2})\}$$

$$\text{s. t. } c_t = f(k_{t+1}) - n_{t+1}k_{t+2} - B(n_{t+1})$$

由一阶条件得到 $t+1$ 与 $t+2$ 期的人均资本与孩子数量的关系：

$$-\frac{n_{t+1}}{c_{t+1}} + \frac{\beta(n_{t+1})}{c_{t+2}}f'(k_{t+2}) = 0 \tag{4-25}$$

$$-\frac{[k_{t+2} + B'(n_{t+1})]}{c_{t+1}} + \beta'(n_{t+1})\ln(c_{t+2}) = 0 \tag{4-26}$$

$$c_{t+1} = f(k_{t+1}) - n_{t+1}k_{t+2} - B(n_{t+1}) \tag{4-27}$$

由（4－25）得到：

$$f'(k_{t+2}) = \frac{n_{t+1}}{\beta(n_{t+1})}\frac{c_{t+2}}{c_{t+1}} \tag{4-28}$$

把式（4－24）代入式（4－28）得到：

$$f'(k_{t+2}) = \frac{n_{t+1}}{\beta(n_{t+1})}\frac{n_t}{\beta(n_t)}\frac{c_{t+2}}{f'(k_{t+1})c^{**}} \tag{4-29}$$

即：

$$c_{t+2} = f'(k_{t+2})f'(k_{t+1})c^{**}\frac{\beta(n_t)}{n_t}\frac{\beta(n_{t+1})}{n_{t+1}} = f'(k_{t+2})\frac{\beta(n_{t+1})}{n_{t+1}}c_{t+1} \tag{4-30}$$

当 $f'(k_{t+2}) \leqslant 1$ 时，也会有 $c_{t+2} \leqslant c_{t+1} < c^{**}$。

可以看到，在“在全面二孩政策”尚未形成稳态就实行新人口政策时，实行新人口政策的一代自身的消费没有被固定住，这一代可以有更多选择，他们可以牺牲自己的消费而生育多个子女，同时给予每个子女较高的资本。

那么，放开生育限制的话，孩子数量是否会提高呢？

由式（4－23）和式（4－26）分别得到：

$$c^{**}\ln(c_{t+1}) > \frac{k_{t+1}+B(2)}{\beta'(2)} \tag{4-31}$$

$$c_{t+1}\ln(c_{t+2}) = \frac{k_{t+2}+B(n_{t+1})}{\beta'(n_{t+1})} \tag{4-32}$$

可以看到，由以上分析，$c^{**} > c_{t+1} > c_{t+2}$，则有 $c^{**} > c_{t+1}$，$\ln c_{t+1} > \ln c_{t+2}$，因而，式（4－31）的左侧大于（4－32）到的左侧；再看两式的右侧，由于 $\beta'(n)$ 关于 n 是递减的，$B(n)$ 关于 n 是递增的，因而两式的右侧关于 n 是递增的，那么，当 $k_{t+2} < k_{t+1}$，在式（4－32）中会有 $n_{t+1} \geqslant 2$。那么，要增加孩子数量就要有 $k_{t+2} < k_{t+1} < k^{**}$。

最后比较独生子女时的稳态（k^{**}，1）与放开生育限制后的稳态（k^{*4}，n^{*4}）。由独生子女时的稳态，得到：

$$f'(k^{**}) = \frac{1}{\beta(1)} \tag{4-33}$$

$$c^{**} = f(k^{**}) - k^{**} - B(1) \tag{4-34}$$

而当自由决定子女数量时，稳态为：

$$f'(k^{*4}) = \frac{n^{*4}}{\beta(n^{*4})} \tag{4-35}$$

$$c^{*4} = f(k^{*4}) - n^{*4}k^{*4} - B(n^{*4}) \tag{4-36}$$

当 $n^{*4} > 1$ 时，由于：

$$\frac{n^{*4}}{\beta(n^{*4})} > \frac{1}{\beta(1)} \tag{4-37}$$

因而，有：

$$k^{*4} < k^{**} \tag{4-38}$$

而且，

$$c^{*4} < c^{**} \tag{4-39}$$

这样，选择多生育子女的一代的消费要小于只生育一个孩子的情况。所以，在技术不发生改变时，选择多生育是难以做到的。而当技术进步时，选择多子女时的技术 f 变为 f_1，使得生产力大为提高时，由式

(4－35) 和式 (4－36) 并不能导出式 (4－38) 和式 (4－39)。如此，家庭可能会选择多子女。也就是说，在生产力大为提高，技术进步高度发展的情况下，会大大地提高人均产出与收入，家庭可能会选择多子女，从而提高出生率。同理，养育成本 B 的改变也可得到同样效果。

由对我国的人口政策在本书第 3 章与本章的分析，得到以下结论。

(1) 如果放开对生育限制，新的稳态出生率要比"独生子女政策"前的稳态出生率低。

(2) 从"独生子女政策"的稳态到放开对生育限制的稳态要经历人均资本与人均消费减少的过程。

(3) 当 t 期与 $t+1$ 期的孩子数与消费有如下关系时应该放开对生育的限制：$-\frac{[k_{t+1}+B'(2)]}{c_t}+\beta'(2)\ln(c_{t+1})>0$，其中，$k_{t+1}$ 为 $t+1$ 期的人均资本，$B(n_t)$ 为 t 世代孩子的抚养成本，而 $\beta(n_t)$ 为贴现函数。

(4) "全面二孩政策"形成稳态以后再放开生育限制会受到稳态的稳定性限制，短期内出生率很难提高，应该在"全面二孩政策"形成稳态前放开生育限制。

4.2 我国人口政策的建议

解决人口老龄化问题的根本就在于出生率的提高。年轻人口比例的下降会造成社会创造力的降低，使得高科技得不到发展；影响劳动市场，提高劳动力的价格；减少对社会养老保障系统的供款，使得现收现付制难以为继；减少了内需；因为劳动年龄人口的减少而使国家减少税金的财政收入。可以说，经济增长很大程度来源于人口的增长，因而维持一定的人口增长十分重要。

由于第3章已通过模型证明，随着经济的发展，对生育不加限制的话，不会造成人口的爆炸性增长。而且，由于我国的高科技的发展，即，生产技术f的变化，生产力的提高，已经可以支撑众多的人口，所以应该尽快实行家庭可以自由选择子女数量的新的政策。

除此以外，应该对孩子的教育实行补助，多建立公立幼儿园，托儿所，以解决女性的育儿与工作兼顾的问题，降低孩子的抚养费用。对有子女的家庭实行税金的减免，鼓励生育孩子。

从孩子出生到可以成为劳动力需要很长的时间，所以需要尽快做出人口问题的决策。时间越长，习惯了少子女成为自然风气的话，将很难扭转这种少子女的局面。

根据以上的分析结论，提出以下九项政策建议。

第一，由结论（1）和结论（3），应在适当时机放开对生育的限制。

第二，本章模拟了从“独生子女政策”形成的稳态向放开生育限制的稳态的过渡过程，以及从独生子女的稳态经过“全面二孩政策”向放开生育限制的稳态的过渡过程。从本章的分析中可以看到从一个稳态走向另一稳态是困难的，因为要克服稳定性的阻力。一个人口政策实施以后形成稳态会造成很长时间甚至对几代人的影响。在实际经验中，韩国和日本政府都曾号召过少生育，形成了低生育的稳态，现在很难改变人口不断减少的局面。所以，由结论（4）要放开生育的限制就要尽早，尽量在二孩政策实施后还没有形成稳态时就放开生育限制，才会对出生率的提高有一定效果。

第三，在分析中可以看到，从独生子女的低生育稳态向多子女的稳态过渡，首先造成人均资本的减少，而且对比“独生子女政策”的稳态，生育多子女的稳态的人均资本一定低于“独生子女政策”的稳态。也就是说，提高出生率一定会造成经济增长放缓。怎样解决这一问题呢？那就是，大力改进生产技术，提高生产力。反映在模型里就是“独生子女政策”实施时的生产函数与放开生育限制时的生产函数不同。比如“独生子女政策”时的生产函数为$f(k)=Ak^{\alpha}$，$0<\alpha<1$的话，放开生育限制时的生产函数为$f(k)=A_1k^{\alpha}$，$A_1>A$。如果大大地提高生产力的话，出生率的上升可以不减低人均产出，从而不降低人均资本与人均消费。这样，就减少了来自“独生子女政策”稳态的提高出生率的稳定性阻力。

实际上，提高生产力、进行技术革新与发明创造是一个“双刃剑”，一是使经济得以继续快速增长，因为技术进步，发明与革新是经济增长的动力；二是技术进步使得在投入不变的情况下会有更多的产出，这有效地解决了人口老龄化的劳动力人口下降的问题；三是会给家庭创造选择多生育子女的条件。

第四，解决养育孩子的成本的问题，也就是解决模型中$B(n)$高的问题。多建立公立幼儿园，托儿所，大力发展公共教育，减少家庭对于孩子教育的支出。

第五，在所得税方面对抚养未成年孩子的家庭给予一定金额的税金免除。以补助孩子的抚养和教育费用。对于第二个孩子的教育应给予补助。

第六，在小学，幼儿园或各小区建立校后托管系统，使得父母可以在下班后才接孩子，不至于影响他们的工作。这会部分解决抚养孩子的时间成本问题。

第七，加强对幼儿托管机构的管理，提高幼儿托管服务的质量。建立幼儿3岁前可以放心托管的幼儿教育体系。以排除女性重返工作岗位的障碍和解决抚养孩子的时间问题，同时也会增加幼儿托管方面的就业机会。

第八，应大力宣传提高出生率对改善人口老龄化、将来的经济发展、民族存续的重大意义，鼓励家庭生育第二个孩子。

第九，大力发展养老事业，建立养老设施，开设养老护理专业课程。这不但会解决人口老龄化社会的养老问题，还会给经济带来新的繁荣，解决就业问题；特别是，解除独生子女的后顾之忧，使得他们安心养育孩子。

第2部分
人口老龄化的应对政策模型研究

这一部分包含四章。第5章为关于人口老龄化应对政策模型的相关文献。第6章研究了个人对于自己退休时间的最优选择；其中考虑了在连续时间模型中的退休时间最优选择的问题，也讨论了离散时间模型中最优退休时间的选择问题，并讨论了延迟退休对经济的影响，而且研究了在风险投资下的最优退休时间选择问题。在第7章研究了人口老龄化下个人对于商业养老保险的需求模型。第8章根据这一部分的分析对我国的人口老龄化问题提出一些对策方面的建议。

第 5 章

人口老龄化政策模型的相关文献

本书第 1 部分作为人口老龄化研究的一个独立部分，是关于人口老龄化最根本问题——出生率的研究，研究了理论模型并根据理论模型分析了我国的人口政策和出生率的变动趋势，并对我国的人口政策提出了一些建议。而第 2 部分是要解决当前亟待解决的问题，即社会养老保障系统的可持续性与个人对退休后生活的储蓄准备等问题。由于我国的退休政策是男性 60 岁，女性 50 岁或 55 岁，导致人们比较早地退出劳动力市场，国家要支付长达 25 ~ 30 多年的养老金，而在预期寿命不断延长的当代，60 岁左右还处于健康工作的年龄，为了使社会养老保障系统能够持续，延长退休年龄是各发达国家采取的政策。然而，对于个人来说，从事某些工作的人并不希望延迟退休，尤其对于从事繁重体力劳动的人来说，延迟退休会造成他们体力的负担，也存在着工作效率低的问题。而对于从事脑力劳动的人来说，可能会希望延迟退休，但他们从离开学校到退休要经过 30 多年的时间，存在着知识老化、竞争力明显不如年轻人的问题，延迟退休会使得他们工作效率低下并占用年轻人的岗位。在这一部分中，将不考虑工作效率的问题，只是站在个人的角度，在预期寿命延长的情况下，考虑自由地选择退休时间的问题。如果他们的选择与国家维持养老保障系统所需要的晚退休的政策相一致，那么，晚退休的政策就既对国家有利也符合个人的选择。

另外，对于将来退休的准备，个人除储蓄外，还要依照不完全依靠社会养老保障的方针，积极加入商业养老保险和商业健康险等，实行多种渠道为退休生活做准备的策略。

本章重点介绍最优退休选择、风险投资与劳动供给选择方面的文献，也介绍关于保险与年金方面的文献。

5.1 生存期望与最优退休时间选择

国际上有很多关于退休时间选择方面的研究文献。在不考虑风险投资情况下的退休选择，S. 卡莱姆 – 奥兹坎（S. Kalemli – Ozcan）和 D. 韦尔（2010）提出了退休时间延迟的不确定性影响。① 死亡率的下降通过两个不同的作用影响退休年龄。第一，生命的延长使个人在退休后需要支付很多年的消费费用，这是生命长度的影响。第二，生存期望的增加会减少个人能否活到退休年龄的不确定性，这是不确定性的影响。在这一节的文献介绍中，为了方便读者理解，笔者给出了详细的计算和证明。

S. 卡莱姆 – 奥兹坎和 D. 韦尔（2010）设定，当工作时即时效用为：

$$U = \ln c$$

当退休时，即时效用为：

① Kalemli – Ozcan, S. & D. N. Weil. Mortality Change, the Uncertainty Effect, and Retirement [J]. Journal of Economic Growth, 2010, 15: 65 – 91.

$$U = \ln c + \gamma \qquad (5-1)$$

其中，γ 表示闲暇。

生涯效用可以表示为：

$$U = \int_0^T e^{-\theta x}[\ln c(x)]\mathrm{d}x + \int_R^T e^{-\theta x}\gamma \mathrm{d}x \qquad (5-2)$$

这里，θ 为贴现率，R 是退休年龄，T 是死亡年龄，$R \leqslant T$。模型取 0 期作为成年的开始期，排除了出生率和孩子的养育成本等变量。

在死亡是不确定的情况下，期望生涯效用为：

$$E(U) = \int_0^{\infty} e^{-\theta x}p(x)\ln[c(x)]\mathrm{d}x + \int_R^{\infty} e^{-\theta x}p(x)\gamma \mathrm{d}x \qquad (5-3)$$

其中 $p(x)$ 为在年龄 x 时的生存概率。在这种情况下，R 是计划退休的年龄，在这个年龄之前死亡的人就根本没有退休的问题。

个人工作得到工资 w，实利息率为 r。这里加上资产在所有时间是非负的条件。首先考虑在确定条件下的最优退休时间的选择问题。

1. 在确定条件下的最优退休时间选择

先设死亡年龄是确定的 T。个人的生涯预算约束为：

$$\int_0^R e^{-rx}w\mathrm{d}x = \int_0^T e^{-rx}[c(x)]\mathrm{d}x \qquad (5-4)$$

个人在服从预算约束的条件下选择他的消费 $c(x)$ 和退休年龄 R 来最大化他的效用。以下证明中的计算是笔者给出的。最优化问题为：

$$\max\left\{\int_0^T e^{-\theta x}[\ln c(x)]\mathrm{d}x + \int_R^T e^{-\theta x}\gamma \mathrm{d}x\right\} \qquad (5-5)$$

$$\text{s. t.} \int_0^R e^{-rx}w\mathrm{d}x = \int_0^T e^{-rx}c(x)\mathrm{d}x \qquad (5-6)$$

设拉格朗日函数为：

$$L = \int_0^T e^{-\theta x}\ln(c(x))\mathrm{d}x + \int_R^T e^{-\theta x}\gamma \mathrm{d}x + \lambda\left[\int_0^R e^{-rx}w\mathrm{d}x - \int_0^T e^{-rx}c(x)\mathrm{d}x\right] \qquad (5-7)$$

关于 c 求导，因为 T 是有限的，且 $\ln c(x)$ 的导函数是在 $[0, T]$ 上一致连续的，这样，微分运算可以与积分运算交换顺序，即在积分号内求导，得到：

$$\int_0^T \frac{e^{-\theta x}}{c(x)} dx = \lambda \int_0^T e^{-rx} dx \tag{5-8}$$

即：

$$\int_0^T \left[\frac{e^{-\theta x}}{c(x)} - \lambda e^{-rx}\right] dx = 0 \tag{5-9}$$

对任意 λ 都成立。因而，应有：

$$\frac{e^{-\theta x}}{c(x)} - \lambda e^{-rx} = 0 \tag{5-10}$$

即：

$$\lambda c(x) = e^{(r-\theta)x} \tag{5-11}$$

计算：

$$\int_0^R e^{-rx} w dx = -\frac{e^{-rx} w}{r}\Bigg|_0^R = \frac{w}{r} - \frac{e^{-rR} w}{r} = \frac{w}{r}(1 - e^{-rR}) \tag{5-12}$$

预算约束式变为：

$$\int_0^T e^{-rx}[c(x)] dx = \frac{w}{r}(1 - e^{-rR}) \tag{5-13}$$

在最优化问题中关于控制变量 R 的一阶条件，由式（5－7）得到：

$$-e^{-\theta R}\gamma + \lambda w e^{-rR} = 0 \tag{5-14}$$

即：

$$\lambda = \frac{\gamma}{w} e^{(r-\theta)R} \tag{5-15}$$

把式（5－15）代入式（5－11），得到：

$$\frac{\gamma}{w} e^{(r-\theta)R} c(x) = e^{(r-\theta)x} \tag{5-16}$$

两边关于 x 求导，得到：

$$\frac{\gamma}{w}e^{(r-\theta)R}\dot{c}(x)=(r-\theta)e^{(r-\theta)x} \tag{5-17}$$

两边同除以$\frac{\gamma}{w}e^{(r-\theta)R}$，得到：

$$\dot{c}(x)=(r-\theta)\frac{w}{\gamma}e^{(r-\theta)(x-R)} \tag{5-18}$$

由式（5－11），式（5－18）可变为：

$$\dot{c}(x)=(r-\theta)\frac{w}{\gamma}\lambda c(x)e^{-(r-\theta)R} \tag{5-19}$$

再把$\lambda=\frac{\gamma}{w}e^{(r-\theta)R}$代入式（5－19），得到：

$$\dot{c}(x)=(r-\theta)c(x) \tag{5-20}$$

即：

$$\frac{\dot{c}(x)}{c(x)}=r-\theta \tag{5-21}$$

两边关于x在［0，x］上积分：

$$\int_0^x\frac{\dot{c}(x)}{c(x)}\mathrm{d}x=\int_0^x(r-\theta)\mathrm{d}x \tag{5-22}$$

得到：

$$\ln[c(x)]-\ln[c(0)]=(r-\theta)x \tag{5-23}$$

即：

$$c(x)=c(0)e^{(r-\theta)x} \tag{5-24}$$

把式（5－24）代入预算约束式（5－4）的左侧，得到：

$$\int_0^T e^{-rx}[c(x)]\mathrm{d}x=\int_0^T c(0)e^{-\theta x}\mathrm{d}x=-\frac{c(0)}{\theta}e^{-\theta x}\Big|_0^T=\frac{c(0)}{\theta}(1-e^{-\theta T}) \tag{5-25}$$

这样，式（5－4）变为：

$$\frac{c(0)}{\theta}(1-e^{-\theta T})=\frac{w}{r}(1-e^{-rR}) \tag{5-26}$$

由此，得到：

$$c(0) = \frac{\theta w(1 - e^{-rR})}{r(1 - e^{-\theta T})} \tag{5-27}$$

再代入式（5－24），得到：

$$c(x) = \frac{\theta w(1 - e^{-rR})}{r(1 - e^{-\theta T})} e^{(r-\theta)x} \tag{5-28}$$

由式（5－11），得到：

$$\lambda = \frac{e^{(r-\theta)x}}{c(x)} \tag{5-29}$$

把式（5－28）代入式（5－29），得到：

$$\lambda = \frac{r(1 - e^{-\theta T})}{\theta w(1 - e^{-rR})} \tag{5-30}$$

由式（5－15）和式（5－30），得到：

$$\gamma = \lambda w e^{(\theta-r)R} = \frac{r(1 - e^{-\theta T})}{\theta e^{(r-\theta)R}(1 - e^{-rR})} \tag{5-31}$$

当 $R < T$ 时，满足式（5－31），否则，则有端点解，即 $R = T$。也就是说，不退休，一直工作，直到死亡。

由 $e^{(r-\theta)R}(1 - e^{-rR}) = e^{(r-\theta)R} - e^{-\theta R}$，在式（5－31）中去分母，得到：

$$\gamma\theta e^{(r-\theta)R} - \gamma\theta e^{-\theta R} = r - re^{-\theta T} \tag{5-32}$$

两边求微分，得到：

$$[\gamma\theta(r-\theta)e^{(r-\theta)R} + \gamma\theta^2 e^{-\theta R}]\mathrm{d}R = \theta re^{-\theta T}\mathrm{d}T$$

整理，得到：

$$\frac{\mathrm{d}R}{\mathrm{d}T} = \frac{re^{-\theta T}}{\gamma(r-\theta)e^{(r-\theta)R} + \gamma\theta e^{-\theta R}} = \frac{r}{\gamma e^{\theta(T-R)}[\theta + (r-\theta)e^{rR}]} \tag{5-33}$$

当 R 是内部解时，即 $R < T$ 时，$\frac{\mathrm{d}R}{\mathrm{d}T} > 0$。就是说，当不存在不确定性时，生存期望的上升导致退休年龄的上升。

2. 在年金情况下的最优退休问题

在有年金的情况下，考虑不确定的生存。按照 *M.* 雅瑞（1965）假设个人进入“精算笔记”的储蓄或借贷直到死亡。[①] 在这种情况下，它们被自动地消去。精算笔记形式的储蓄取常规年金的形式。常规笔记形式的借贷与结合生命保险的常规借贷同等。个人的预算约束为：

$$\int_0^R e^{-rx}p(x)w\mathrm{d}x = \int_0^T e^{-rx}p(x)c(x)\mathrm{d}x \qquad (5-34)$$

之所以这样设定，是因为假设生存时间 T 服从密度函数为 π 的概率分布，定义：

$$p(t) = \int_t^{\bar{T}} \pi(\tau)\mathrm{d}\tau \qquad (5-35)$$

$\bar{T}$ 为最大生存时间，以下为简化符号，令 $\bar{T}=T$。消费期望为：

$$\int_0^T \pi(t)\int_0^t e^{-rx}c(x)\mathrm{d}x\mathrm{d}t \qquad (5-36)$$

对式（5-36）实行分部积分，得到：

$$\int_0^T \pi(t)\int_0^t e^{-rx}c(x)\mathrm{d}x\mathrm{d}t = \left[-p(x)\int_0^t e^{-rx}c(x)\mathrm{d}x\right]_0^T + \int_0^T p(t)e^{-rt}c(t)\mathrm{d}t$$

$$= \int_0^T p(t)e^{-rt}c(t)\mathrm{d}t$$

式（5-34）的左侧也同样，可以变为：

$$\int_0^T \pi(t)\int_0^t e^{-rx}w\mathrm{d}x = \int_0^T e^{-rt}p(t)w\mathrm{d}t = \int_0^R e^{-rt}p(t)w\mathrm{d}t$$

最后一个等式成立是因为在［R，T］上 $w=0$。

现在，考虑在这种情况下，个人的最优化问题，它基本上与上一情况相同，只是考虑了生存概率：

---

① Yaari, M. E. Uncertain Life Time, Life Insurance, and the Theory of the Consumer [J]. The Review of Economic Studies, 1965, 32 (2): 137-150.

$$\max_{\{c(t)\},R}\left\{\int_0^T e^{-\theta x}p(x)[\ln c(x)]\mathrm{d}x+\int_R^T e^{-\theta x}p(x)\gamma\mathrm{d}x\right\}$$

$$\text{s. t.}\quad \int_0^R e^{-rx}p(x)w\mathrm{d}x=\int_0^T e^{-rx}p(x)c(x)\mathrm{d}x$$

设拉格朗日函数为：

$$L=\int_0^T e^{-\theta x}p(x)\ln[c(x)]\mathrm{d}x+\int_R^T e^{-\theta x}\gamma p(x)\mathrm{d}x$$
$$+\lambda\left\{\int_0^R e^{-rx}p(x)w\mathrm{d}x-\int_0^T e^{-rx}p(x)[c(x)]\mathrm{d}x\right\}$$

关于 c 求导，得到：

$$\int_0^T\frac{p(x)e^{-\theta x}}{c(x)}\mathrm{d}x=\lambda\int_0^T p(x)e^{-rx}\mathrm{d}x \tag{5-37}$$

因为在闭区间内导函数连续，即导函数一致连续，所以微分号和积分号可以交换顺序，即在积分号内求导。整理得到：

$$\int_0^T p(x)\left[\frac{e^{-\theta x}}{c(x)}-\lambda e^{-rx}\right]\mathrm{d}x=0$$

对任意 λ 都成立。因而，应有：

$$\frac{e^{-\theta x}}{c(x)}-\lambda e^{-rx}=0 \tag{5-38}$$

即：

$$\lambda c(x)=e^{(r-\theta)x} \tag{5-39}$$

在最优化问题中，关于控制变量 R 的一阶条件为：

$$-e^{-\theta R}\gamma+\lambda we^{-rR}=0 \tag{5-40}$$

即：

$$\lambda=\frac{\gamma}{w}e^{(r-\theta)R} \tag{5-41}$$

把式（5-41）代入式（5-39），得到：

$$\frac{\gamma}{w}e^{(r-\theta)R}c(x)=e^{(r-\theta)x} \tag{5-42}$$

在式（5-42）两边关于 x 求导，得到：

$$\frac{\gamma}{w}e^{(r-\theta)R}\dot{c}(x)=(r-\theta)e^{(r-\theta)x} \tag{5-43}$$

在式（5－43）两边同除以$\frac{\gamma}{w}e^{(r-\theta)R}$，得到：

$$\dot{c}(x)=(r-\theta)\frac{w}{\gamma}e^{(r-\theta)(x-R)} \tag{5-44}$$

由式（5－42），得到：

$$c(x)=\frac{we^{(r-\theta)(x-R)}}{\gamma} \tag{5-45}$$

把式（5－45）代入式（5－44），得到：

$$\dot{c}(x)=(r-\theta)c(x) \tag{5-46}$$

即：

$$\frac{\dot{c}(x)}{c(x)}=r-\theta \tag{5-47}$$

在式（5－47）两边关于 x 在［0，x］上积分，即：

$$\int_0^x\frac{\dot{c}(x)}{c(x)}\mathrm{d}x=\int_0^x(r-\theta)\mathrm{d}x \tag{5-48}$$

得到：

$$\ln[c(x)]-\ln[c(0)]=(r-\theta)x \tag{5-49}$$

消去对数，得到：

$$c(x)=c(0)e^{(r-\theta)x} \tag{5-50}$$

把式（5－50）代入式（5－34），预算约束式的右侧变为：

$$\int_0^T e^{-rx}p(x)c(x)\mathrm{d}x=\int_0^T c(0)e^{-\theta x}p(x)\mathrm{d}x$$

这样，预算约束式（5－34）就变为：

$$c(0)\int_0^T e^{-\theta x}p(x)\mathrm{d}x=w\int_0^R e^{-rx}p(x)\mathrm{d}x \tag{5-51}$$

从这一预算约束式中解出 $c(0)$，得到：

$$c(0) = \frac{w\int_0^R e^{-rx}p(x)\,\mathrm{d}x}{\int_0^T e^{-\theta x}p(x)\,\mathrm{d}x} \tag{5-52}$$

把式（5-52）代入式（5-50），得到：

$$c(x) = \frac{w\int_0^R e^{-rx}p(x)\,\mathrm{d}x}{\int_0^T e^{-\theta x}p(x)\,\mathrm{d}x}e^{(r-\theta)x} \tag{5-53}$$

把式（5-41）和式（5-53）代入式（5-39），得到：

$$\frac{\gamma}{w}e^{(r-\theta)R}\frac{w\int_0^R e^{-rx}p(x)\,\mathrm{d}x}{\int_0^T e^{-\theta x}p(x)\,\mathrm{d}x} = 1 \tag{5-54}$$

在式（5-54）中解出 γ，得到：

$$\gamma = \frac{\int_0^T e^{-\theta x}p(x)\,\mathrm{d}x}{\int_0^R e^{-rx}p(x)\,\mathrm{d}x}e^{-(r-\theta)R} = \frac{\int_0^T e^{-\theta x}p(x)\,\mathrm{d}x}{e^{(r-\theta)R}\int_0^R e^{-rx}p(x)\,\mathrm{d}x} \tag{5-55}$$

3. 指数生存概率下的最优退休

现在转向死亡日期是不确定的情况。设个人具有常数的死亡概率 ρ。在年龄 x 时的生存概率为 $e^{-\rho x}$。在本节，$p(t)=e^{-\rho t}$，其他与第二小节相同。在生命开始时，个人的期望效用为：

$$V = \int_0^{\infty} e^{-(\theta+\rho)x}\ln c(x)\,\mathrm{d}x + \int_R^{\infty} e^{-(\theta+\rho)x}\gamma\,\mathrm{d}x$$

首先考虑具有年金的指数生存的情况：

这种情况下，在式（5-55）中，$p(x)=e^{-\rho x}$。式（5-55）变为：

$$\gamma = \frac{\int_0^{\infty} e^{-\theta x}p(x)\,\mathrm{d}x}{e^{(r-\theta)R}\int_0^R e^{-rx}p(x)\,\mathrm{d}x} = \frac{\int_0^{\infty} e^{-(\rho+\theta)x}\,\mathrm{d}x}{e^{(r-\theta)R}\int_0^R e^{-(\rho+r)x}\,\mathrm{d}x} \tag{5-55'}$$

计算式（5－55′）的分子：

$$\int_0^{\infty} e^{-(\rho+\theta)x}\mathrm{d}x = \frac{1}{\rho+\theta} \tag{5-56}$$

计算式（5－55′）的分母中的积分：

$$\int_0^{R} e^{-(\rho+r)x}\mathrm{d}x = -\frac{1}{\rho+r}e^{-(\rho+r)x}\Big|_0^R = \frac{(1-e^{-(\rho+r)R})}{\rho+r} \tag{5-57}$$

把式（5－56）和式（5－57）代入式（5－55′），得到：

$$\gamma = \frac{\int_0^{\infty} e^{-\theta x}p(x)\mathrm{d}x}{e^{(r-\theta)R}\int_0^{R} e^{-rx}p(x)\mathrm{d}x} = \frac{\rho+r}{(\rho+\theta)e^{(r-\theta)R}(1-e^{-(\rho+r)R})} \tag{5-58}$$

考虑$\frac{\mathrm{d}R}{\mathrm{d}\rho}$，对式（5－58）进行通分，得到：

$$\gamma(\rho+\theta)e^{(r-\theta)R}(1-e^{-(\rho+r)R}) = \rho+r \tag{5-59}$$

对式（5－59）的两边求全微分，得到：

$$\begin{aligned}&\gamma e^{(r-\theta)R}(1-e^{-(\rho+r)R})\mathrm{d}\rho+\gamma R(\rho+\theta)e^{(r-\theta)R}e^{-(\rho+r)R}\mathrm{d}\rho\\&+\gamma(r-\theta)(\rho+\theta)e^{(r-\theta)R}(1-e^{-(\rho+r)R})\mathrm{d}R\\&+\gamma(\rho+\theta)(\rho+r)e^{(r-\theta)R}e^{-(\rho+r)R}\mathrm{d}R=\mathrm{d}\rho\end{aligned}$$

整理，得到：

$$\begin{aligned}&\gamma(\rho+\theta)[(r-\theta)e^{(r-\theta)R}(1-e^{-(\rho+r)R})+(\rho+r)e^{-(\theta+\rho)R}]\mathrm{d}R\\&=[1-\gamma e^{(r-\theta)R}(1-e^{-(\rho+r)R})-\gamma R(\rho+\theta)e^{(r-\theta)R}e^{-(\rho+r)R}]\mathrm{d}\rho\end{aligned}$$

因而，

$$\begin{aligned}\frac{\mathrm{d}R}{\mathrm{d}\rho}&=\frac{1-\gamma e^{(r-\theta)R}(1-e^{-(\rho+r)R})-\gamma R(\rho+\theta)e^{(r-\theta)R}e^{-(\rho+r)R}}{\gamma(\rho+\theta)[(r-\theta)e^{(r-\theta)R}(1-e^{-(\rho+r)R})+(\rho+r)e^{-(\theta+\rho)R}]}\\&=\frac{1-\gamma[e^{(r-\theta)R}(1-e^{-(\rho+r)R})+R(\rho+\theta)e^{-(\theta+\rho)R}]}{\gamma(\rho+\theta)[(r-\theta)e^{(r-\theta)R}(1-e^{-(\rho+r)R})+(\rho+r)e^{-(\theta+\rho)R}]}\end{aligned} \tag{5-60}$$

把式（5－58）代入式（5－60）的分子里，分子的第二项变为：

$$-\gamma[e^{(r-\theta)R}(1-e^{-(\rho+r)R})+R(\rho+\theta)e^{-(\theta+\rho)R}]$$

$$= -\frac{r+\rho}{\rho+\theta} - \frac{(r+\rho)Re^{-(\rho+r)R}}{1-e^{-(r+\rho)R}}$$

$$= -(r+\rho)\left[\frac{1}{\rho+\theta} + \frac{\mathrm{Re}^{-(r+\rho)R}}{1-e^{-(r+\rho)R}}\right] \tag{5-61}$$

当 $r>\theta$ 时，式（5－61）的第一项小于－1，第二项为负，因而式（5－61）小于－1。把式（5－61）代入式（5－60），$\frac{\mathrm{d}R}{\mathrm{d}\rho}$的分母由于 $\gamma>0$ 和 $r>\theta$ 而大于零，而分子小于零。因而，$\frac{\mathrm{d}R}{\mathrm{d}\rho}<0$。这就是说，生存期望的上升，提高了退休年龄。

4. 没有年金和没有流动性限制情况下的指数生存概率

在上面假设资产一定是非负的，这反过来意味着个人在死去时会持有正的资产。

在确定性下，个人的生涯预算约束为：

$$\int_0^R e^{-rx} w \mathrm{d}x = \int_0^\infty e^{-rx} c(x)\mathrm{d}x \tag{5-4}$$

现在给出它的具体表示。

计算式（5－4）的左侧：

$$\int_0^R e^{-rx} w \mathrm{d}x = w\int_0^R e^{-rx}\mathrm{d}x = -\frac{w}{r}e^{-rx}\Big|_0^R = \frac{w}{r}(1-e^{-rR}) \tag{5-62}$$

个人在生存不确定的情况下，服从预算限制并最大化其生涯效用：

$$\max_{\{c(t)\},R}\left\{\int_0^\infty e^{-(\theta+\rho)x}\ln c(x)\mathrm{d}x + \int_R^\infty e^{-(\theta+\rho)x}\gamma \mathrm{d}x\right\}$$

$$\text{s. t.} \int_0^\infty e^{-rx}c(x)\mathrm{d}x = \frac{w}{r}(1-e^{-rR}) \tag{5-63}$$

对任意足够大的 T，设立拉格朗日函数：

$$L = \int_0^T e^{-(\theta+\rho)x}\ln c(x)\mathrm{d}x + \int_R^T e^{-(\theta+\rho)x}\gamma \mathrm{d}x + \lambda\left[\frac{w}{r}(1-e^{-rR}) - \int_0^T e^{-rx}c(x)\mathrm{d}x\right]$$

得到关于 c 的一阶条件：

$$\int_0^T [e^{-(\theta+\rho)x} \frac{1}{c(x)} - \lambda e^{-rx}]\mathrm{d}x = 0 \tag{5-64}$$

对任意 $T>0$ 都成立。因而，应有

$$\lambda c(x) = e^{(r-\theta-\rho)x} \tag{5-65}$$

在式（5－65）两边取对数，并关于 x 求导，得到：

$$\frac{\dot{c}(x)}{c(x)} = r-\theta-\rho \tag{5-66}$$

两边对 x 在 $[0, x]$ 上求积分，得到：

$$c(x) = c(0)e^{(r-\theta-\rho)x} \tag{5-67}$$

把式（5－67）代入预算约束式（5－63）中，得到：

$$c(0)\int_0^{\infty} e^{-(\theta+\rho)x}\mathrm{d}x = \frac{w}{r}(1-e^{-rR}) \tag{5-68}$$

即：

$$\frac{c(0)}{\theta+\rho} = \frac{w}{r}(1-e^{-rR}) \tag{5-69}$$

解出 $c(0)$，得到：

$$c(0) = \frac{w(\theta+\rho)}{r}(1-e^{-rR}) \tag{5-70}$$

把式（5－67）和式（5－70）代入目标函数，得到：

$$\begin{aligned}
V(R) &= \int_0^{\infty} e^{-(\theta+\rho)x}\ln c(x)\mathrm{d}x + \int_R^{\infty} e^{-(\theta+\rho)x}\gamma \mathrm{d}x \\
&= \int_0^{\infty} e^{-(\theta+\rho)x}[\ln c(0) + (r-\theta-\rho)x]\mathrm{d}x + \int_R^{\infty} e^{-(\theta+\rho)x}\gamma \mathrm{d}x \\
&= \frac{\ln c(0)}{\theta+\rho} + \int_0^{\infty} (r-\theta-\rho)xe^{-(\theta+\rho)x}\mathrm{d}x + \frac{\gamma e^{-(\theta+\rho)R}}{\theta+\rho} \\
&= \frac{\ln c(0)}{\theta+\rho} + (r-\theta-\rho)\int_0^{\infty} xe^{-(\theta+\rho)x}\mathrm{d}x + \frac{\gamma e^{-(\theta+\rho)R}}{\theta+\rho} \\
&= \frac{\ln c(0)}{\theta+\rho} + (r-\theta-\rho)\left[\frac{-xe^{-(\theta+\rho)x}}{\theta+\rho}\bigg|_0^{\infty} + \frac{1}{\theta+\rho}\int_0^{\infty} e^{-(\theta+\rho)x}\mathrm{d}x\right]
\end{aligned}$$

$$+\frac{\gamma e^{-(\theta+\rho)R}}{\theta+\rho}$$

$$=\frac{\ln c(0)}{\theta+\rho}+(r-\theta-\rho)\frac{1}{(\theta+\rho)^2}+\frac{\gamma e^{-(\theta+\rho)R}}{\theta+\rho}$$

$$=\frac{\ln(1-e^{-rR})}{\theta+\rho}+\frac{\gamma e^{-(\theta+\rho)R}}{\theta+\rho}+\frac{\ln\frac{w(\theta+\rho)}{r}}{\theta+\rho}+\frac{r}{(\theta+\rho)^2}-\frac{1}{\theta+\rho}$$

上面的第二个等式是把式（5－67）代入后的结果，第三个等式是计算了第一和第三项积分后的结果，第五个等式是把第二项进行积分后的结果，而最后一个等式是把式（5－70）代入第6个等式后的结果。

5. 流动性限制

在流动性的限制下，以前的约束条件是不行的。因为以前的约束条件允许在某个时点资产是负的。在流动性的约束下，有两种形式的最优。第一种，一直不退休会是最优的。每一个时点的消费等于工资且资产总是等于零。第二种，计划退休可以是最优的，个人持有正资产，其最优消费路径是递减的。第一种情况的生涯效用为：

$$U^{**}=\int_0^{\infty}(\ln w)e^{-(\theta+\rho)x}\mathrm{d}x=\frac{\ln w}{\theta+\rho} \quad (5-71)$$

在第二种情况下，如同上面所做，从生涯预算约束中得到：

$$c(0)=\frac{w(\theta+\rho)}{r}(1-e^{-rR}) \quad (5-72)$$

由 $c(0)\leqslant w$，得到：

$$\frac{(\theta+\rho)}{r}(1-e^{-rR})\leqslant 1 \quad (5-73)$$

即：

$$1-e^{-rR}\leqslant\frac{r}{\theta+\rho} \quad (5-74)$$

对式（5－74）进行整理，得到：

$$e^{-rR}\geqslant 1-\frac{r}{\theta+\rho}=\frac{\theta+\rho-r}{\theta+\rho} \quad (5-75)$$

对式（5－75）的两边取对数，得到：

$$-rR \geqslant \ln(\theta+\rho-r)-\ln(\theta+\rho) \tag{5-76}$$

在式（5－76）两边同乘以 $-\frac{1}{r}$，得到：

$$R \leqslant \frac{1}{r}[\ln(\theta+\rho)-\ln(\theta+\rho-r)] \tag{5-77}$$

令：

$$R^{**}=\frac{\ln(\theta+\rho)-\ln(\theta+\rho-r)}{r} \tag{5-78}$$

当 $R>R^{**}$ 时，$e^{-rR}<e^{-rR^{**}}=e^{-\ln(\theta+\rho)+\ln(\theta+\rho-r)}=\frac{\theta+\rho-r}{\theta+\rho}$，得到：

$$1-e^{-rR}>1-e^{-rR^{**}}=\frac{r}{\theta+\rho} \tag{5-79}$$

把式（5－79）代入式（5－72），得到：

$$c(0)=\frac{w(\theta+\rho)}{r}(1-e^{-rR})>w\frac{(\theta+\rho)}{r}\frac{r}{(\theta+\rho)}=w \tag{5-80}$$

式（5－80）意味着消费路径不可行。因而，式（5－77）成立，即 $c(0)\leqslant w$ 成立。这样就存在某一 R 的取值范围，可以找到最优的退休时间。把最优选择 $c(x)$ 代入目标函数：

$$\begin{aligned}V(R) &= \int_0^{\infty} e^{-(\theta+\rho)x}\ln c(x)\,\mathrm{d}x+\int_R^{\infty} e^{-(\theta+\rho)x}\gamma\,\mathrm{d}x \\ &= \frac{\ln(1-e^{-rR})}{\theta+\rho}+\frac{\gamma e^{-(\theta+\rho)R}}{\theta+\rho}+\frac{\ln\frac{w(\theta+\rho)}{r}}{\theta+\rho}+\frac{r}{(\theta+\rho)^2}-\frac{1}{\theta+\rho}\end{aligned} \tag{5-81}$$

为了求出最佳退休年龄，对 R 求导，得到：

$$\frac{\mathrm{d}V(R)}{\mathrm{d}R}=\frac{re^{-rR}}{(\theta+\rho)(1-e^{-rR})}-\gamma e^{-(\theta+\rho)R} \tag{5-82}$$

令 $\frac{\mathrm{d}V(R)}{\mathrm{d}R}=0$，并解出 γ 得到：

$$\gamma = \frac{re^{(\theta+\rho-r)R}}{(\theta+\rho)(1-e^{-rR})} \tag{5-83}$$

给出 γ 的值，由式（5－83）就可以得到最优退休时间 R。

5.2 风险投资存在下的最优退休时间选择

在人口老龄化的情况下，很多发达国家的现收现付的养老保障系统濒于崩溃，这些国家进行了社会养老保障计划的改革，实行既定供款计划（DC），建立个人账户，把供款用于投资，在退休时再买成年金。结合欧美的实际情况，有很多关于既定供款计划、投资与退休时间选择的模型。因为加入了风险投资，因而需要使用随机微分方程来求解。P. 萨缪尔森（P. Samuelson，1969）、R. 莫顿（R. Merton，1969，1971）研究了消费—投资选择的模型，给出了资产运动的随机微分方程。[①] Z. 博迪（Z. Bodie）、R. 莫顿和 P. 萨缪尔森（1992）研究了风险投资下，投资—消费和闲暇的最优选择问题。[②] 这篇论文虽然没有涉及最优退休时间的选择，但却建立了这一类研究的基础。以下较详细地读解这篇文献。

这篇文献主要着眼于劳动供给的柔软性。很多个人在他们的劳动供给决定上，即在用多少时间去工作、是否去做第二份工作，以及何时退休的决定上有相当大的柔软性。这样的选择涉及在收入和闲暇上的得失。主要想要研究劳动供给的柔软性如何影响生命循环中的消费、储蓄和投资组合的选择的问题。

---

① Samuelson，P. A. Lifetime Portfolio Selection by Dynamic Stochastic Programming [J]. The Review of Economics and Statistics，1969，51（3）：239－246.

② Bodie，Z.，R. C. Merton，W. F. Samuelson. Labor Supply Flexibility and Portfolio Choice in a Life Cycle Model [J]. Journal of Economic Dynamics & Control，1992，16：427－449.

为了回答这一问题，Z. 博迪等（1992）应用一个生命循环模型，它允许连续的消费决定和风险金融资产的贸易。在这一框架下，个人在每个生命循环的点上同时决定现时消费的最优水平、劳动努力和最优的投资组合。模型证实了投资收益确实影响个人的消费和劳动决定。例如，投资组合收益不好会使得个人增加其劳动供给（去获得额外的金钱收入）并减少闲暇的数量（消费也同样）。事后劳动供给变动的能力会导致个人事先在投资组合决定上冒更大的风险。在做多少工作和在生命的后期做多长时间工作的选择上具有变动可能性的个人会把更多的资产投资于风险资产。可以说，劳动供给的柔软性创造了一类针对个人投资结果的保险。由此解释了为什么年轻人（在工作生涯具有大的劳动柔软性）会比老年人进行更多的风险投资。这一分析也证明了怎样结合将来的工资收入来评价风险现金流。在本节的文献介绍中，为了方便读者阅读和理解，笔者给出了详细的解释和证明。

1. 生命循环模型

本小节使用P. 萨缪尔森（1969）和R. 莫顿（1969，1971）的生涯消费和投资组合选择模型来研究生命循环的投资组合和劳动供给选择。在模型中，个人在0到T期间生存，在0时刻拥有金融财富$F(0)$。在任意时刻t，他的现时财富$F(t)$由他过去的储蓄和投资所决定。此外，他拥有被称为人力资本的财富。这一人力资本$H(t)$包含他将来的劳动收入的现值。人力资本是部分随机的（由于将来的工资是不确定的）而部分是他自己可以控制的（个人将调整将来的劳动供给以反映其财富水平和工资的变化）。在每个时间点上，个人把金融财富投资到一个或两个资产上：一个是无风险资产，有固定的收益r；另一个是即时期望收益为α的风险资产。

在每个时间点t，个人决定其商品的消费和投资到风险资产上的金融资产比例$\hat{x}(t)$。此外，个人还决定工作的数量（例如，工作的小时数）和消费的闲暇数量。模型中考虑两个劳动供给的设定：（1）在柔软的劳动供给条件下，个人可以连续地变动劳动和闲暇数量。在任意的时间点 t，个人决定其闲暇 $L(t)$ 和劳动 $h(t)$，满足 $L(t)+h(t)=1$（为了方便而正规化，使右侧等于 1）。在给定的现时工资 $w(t)$ 下，个人获取的劳动收入为 $w(t)[1-L(t)]$。（2）在固定的劳动供给条件下，个人一旦决定了他的劳动和闲暇一生就都是这个选择。一旦设定，劳动选择以后就不能改变。这样，个人在他的生命循环中消费固定数量的 L。

无论什么样的劳动设定（柔软的或固定的），个人在当前信息的条件下最优地决定变量 $C(t)$，$\hat{x}(t)$，$L(t)$ 或 L：即在其现时金融财富、将来的资产收益和不确定的工资的动态信息的条件下，最优地决定上面的变量。

个人的目标是最大化以下的生涯效用：

$$E_0\left[\int_0^T e^{-\delta s}u(C(s),L(s))\mathrm{d}s\right] \tag{5-84}$$

E_t 定义了期望算子，在所有时刻 t 的所有相关信息的条件下，δ 为贴现率。

在无风险资产上的即时收益为 r。风险资产的价格服从以下伊藤过程：

$$\mathrm{d}P=\alpha P\mathrm{d}t+\sigma P\mathrm{d}z \tag{5-85}$$

其中，α 是平均单位时间的瞬时期望收益，σ^2 是瞬时条件方差。劳动的工资也服从伊藤过程：

$$\mathrm{d}w=gw\mathrm{d}t+\sigma^* w\mathrm{d}z^* \tag{5-86}$$

这些过程的瞬时均值和方差都是常数。在下面的多数分析中，将进一步在工资的随机行动上做限制（为了得到更明确的分析结果）。考虑两个主要的情况：（1）非随机的工资（$\sigma^*=0$）。（2）与风险资产完全相关的随机工资（$\sigma^*\mathrm{d}z^*=k\sigma\mathrm{d}z$，$k$ 是一个非零的系数）。

2. 基本结果的预示

连续时间的消费和投资组合模型被广泛应用到金融问题上。这篇文献把消费商品与闲暇看作合成商品，如同静态下的处理方法一样，在每个时点 t，决定两种商品的最优消费量。把 $y(t)$ 定义为个人在时刻 t 关于消费 C 和闲暇 L 的总支出，个人的最优化问题为：

$$\max_{C(t),L(t)} u(C(t),\ L(t)) \tag{5-87}$$
$$\text{s. t.}\ \ C(t)+w(t)L(t)=y(t)$$

这里，消费商品作为度量商品，现时的工资（或者机会费用）作为闲暇的价格。个人对任意 $y(t)$，决定相应的商品最优消费量 C^* 和 L^*。给定这些最优消费量，构造个人的间接效用函数 $v(y(t),\ w(t))\equiv u(C^*(t),\ L^*(t))$。由解动态效用最大化稳态可以决定最优总消费支出 $y(t)$ 和投资策略 $\hat{x}(t)$。

可以明显地验证人力资本在个人的最优投资和消费决定上扮演的角色。人力资本（合适地估值的）以与金融资产相同的方式影响这些决定。特别是，观察个人的总财富（金融与人力资本），可以很好地了解个人在金融资产上投资的特点。这一观察是很重要的，因为在生命循环的早期，当个人的总财富的大多数是依据将来的工资收入的人力资本时，只考虑个人的金融财富会低估个人的投资资源。

个人的人力资本除了不能贸易以外，与金融资产相同。那么，不能贸易的资产将如何估值？若个人的人力资本的风险（代表资本化的将来工资收入）被对冲的话，它可以如同可贸易的资产一样被估值。即使道德风险使得人力资本的买卖不可实行时也同样。为了估值，必须决定这些将来的现金流的风险刻画。例如，若个人将来的工资收入是非随机的（或风险是非系统的），其人力资本是以无风险收益率为贴现率的将来现金流的现值。

考虑柔软的劳动供给的情况。

第一步：在每个给定的时刻 t，由估值将来工资收入来估值个人的人力资本，如同它是可贸易的一样。同时，也决定这些将来现金流的风险特征。

第二步：计算个人的总财富—金融财富与人力资本的和。

第三步：决定个人在两种商品上的最优总支出 $y(t)$。总支出的最优比率依赖于个人的现时总财富也依赖于个人的人生剩余年数。对于决定了的 $y(t)$，求解式（5－87）的最大化问题来得到 $C(t)$ 和 $L(t)$。

第四步：决定在风险资产上最优的投资总量及其在个人财富上所占的比例。

第五步：使用工资流的风险特征估测资本化的工资流的风险资产暴露的价值。这里称为个人的不确定将来工资收入所包含的隐性风险暴露。在步骤四中减去在风险资产上的隐性投资来调整在风险资产上的投资。

3. 非随机工资

从个人的工资是非随机（$\sigma^*=0$）的情况开始。设总的财富为 $W(t)$，$W(0)=F(0)+H(0)$

$$\begin{aligned} dW &= \{[x\alpha+(1-x)r]W-C-wL\}dt+\sigma xWdz \\ &= [(x(\alpha-r)+r)W-C-wL]dt+\sigma xWdz \end{aligned} \tag{5-88}$$

x 为风险资产上的投资占总财富的比例（$\hat{x}$ 为风险资产的投资占金融资产的比例）。

（1）弹性的劳动供给。个人的最优化问题是在满足式（5－88）的条件下，最大化其期望效用式（5－84）。在总财富 $W(t)$ 和工资 $w(t)$ 现值的条件下，定义导出的效用函数：

$$J(W,w,t)=\max_{(C(t),L(t),x(t))}E_t\left[\int_t^T e^{-\delta s}u(C(s),L(s))ds\right] \tag{5-89}$$

由最大原理，得到：

$$J(W(t),\ w(t),\ t)=\max_{C(t),L(t)} E_t\{e^{-\delta t}u(C(t),\ L(t))dt + J(W(t+h),\ w(t+h),\ t+h)\} \tag{5-90}$$

对右侧最后一项在 t 点进行台劳展开，得到：

$$\begin{aligned} E_t[J(W(t+h),\ w(t+h),\ t+h)] &= E_t\{J(W(t),\ w(t),\ t) \\ &+ \frac{\partial J}{\partial W}[W(t+h)-W(t)] + J_t h + J_w[w(t+h)-w(t)] \\ &+ \frac{1}{2}\frac{\partial^2 J}{\partial W^2}[W(t+h)-W(t)]^2 + \frac{1}{2}\frac{\partial J^2}{\partial w^2}[w(t+h)-w(t)]^2 \\ &+ \frac{1}{2}J_{tt}h^2 + J_{tW}[W(t+h)-W(t)]h + J_{tw}[w(t+h)-w(t)]h \\ &+ J_{Ww}[W(t+h)-W(t)][w(t+h)-w(t)] + o^{①}(h^2)\} \end{aligned} \tag{5-91}$$

由于工资是非随机的，因而：

$$E_t[w(t+h)] = E_t[w(t)+wgh+o(h)] = w(t)+wgh+o(h)$$

$$E_t[w(t+h)-w(t)] = wgh+o(h) \tag{5-92}$$

对总财富进行台劳展开，得到：

$$\begin{aligned} E_t[W(t+h)] &= E_t[W(t)+[(x(\alpha-r)+r)W-C-wL]h + \sigma xW\mathrm{d}z + o(h)] \\ &= W(t)+[(x(\alpha-r)+r)W-C-wL]h + E_t\sigma xW\mathrm{d}z + o(h) \end{aligned}$$

因为 $E_t(\mathrm{d}z_t)=0$，所以：

$$\begin{aligned} E_t[W(t+h)-W(t)] &= [(x(\alpha-r)+r)W-C-wL]h + E_t\sigma xW\mathrm{d}z + o(h) \\ &= [(x(\alpha-r)+r)W-C-wL]h + o(h) \end{aligned} \tag{5-93}$$

---

① 以 $o(h)$ 表示 h 的高阶无穷小；以 $O(h)$ 表示 h 的同阶无穷小。

继续计算：

$$E_t[W(t+h)-W(t)]^2=[(x(\alpha-r)+r)W-C-wL]^2h^2+\sigma^2x^2W^2h+2E_t\{[(x(\alpha-r)+r)W-C-wL]h\sigma xW\mathrm{d}z\}+o(h^2)=\sigma^2x^2W^2h+O(h^2) \quad (5-94)$$

$$E_t[w(t+h)-w(t)]^2=w^2g^2h^2+2o(h)wgh+o(h^2)=O(h^2) \quad (5-95)$$

$$E_t\{[W(t+h)-W(t)]h\}=[(x(\alpha-r)+r)W-C-wL]h^2+E_t[\sigma xWh\mathrm{d}z]+o(h^2)=O(h^2) \quad (5-96)$$

$$E_t\{[w(t+h)-w(t)]h\}=wgh^2+o(h^2)=O(h^2) \quad (5-97)$$

$$E_t[W(t+h)-W(t)][w(t+h)-w(t)]=[(x(\alpha-r)+r)W-C-wL]wgh^2+E_t[wgh\sigma xW\mathrm{d}z]+o(h^2)=O(h^2) \quad (5-98)$$

把式（5－92）~式（5－98）代入式（5－91），由 $E_t\mathrm{d}z_t=0$ 和伊藤公式 $(\mathrm{d}z_t)^2=\mathrm{d}t$，$\mathrm{d}z_t\mathrm{d}t=0$，$(\mathrm{d}t)^2=0$，得到：

$$E_t[J(W(t+h),w(t+h),t+h)]=\{J(W(t),w(t),t)+J_W[(x(\alpha-r)+r)W-C-wL]h+J_th+J_wwgh+\frac{1}{2}\frac{\partial^2J}{\partial W^2}\sigma^2x^2W^2h+\frac{1}{2}\frac{\partial J^2}{\partial w^2}O(h^2)+\frac{1}{2}J_{tt}h^2+J_{tW}O(h^2)+J_{tw}O(h^2)+J_{Ww}O(h^2)+o(h^2)$$
$$=J(W(t),w(t),t)+J_W\{[x(\alpha-r)+r]W-C-wL\}h+J_th+J_wwgh+\frac{1}{2}\frac{\partial^2J}{\partial W^2}\sigma^2x^2W^2h+O(h^2) \quad (5-99)$$

把式（5－99）代入式（5－90），得到：

$$J(W(t),w(t),t)=J(W(t),w(t),t)+\max_{C(t),L(t)}\{e^{-\delta t}u(C(t),L(t))h+J_W\Big\{[x(\alpha-r)+r]W-C-wL\}h+J_th+J_wwgh$$

$$+\frac{1}{2}\frac{\partial^2 J}{\partial W^2}\sigma^2 x^2 W^2 h + O(h^2)\Big\} \tag{5-100}$$

整理得到：

$$0 = \max_{C(t),L(t)}\Big\{e^{-\delta t}u(C(t),\ L(t))h + J_W[(x(\alpha - r)+r)W - C - wL]h$$
$$+J_t h + J_w wgh + \frac{1}{2}\frac{\partial^2 J}{\partial W^2}\sigma^2 x^2 W^2 h + O(h^2)\Big\} \tag{5-101}$$

在式（5－101）两边同除以 h，得到：

$$0 = \max_{C(t),L(t)}\Big\{e^{-\delta t}u(C(t),\ L(t)) + J_W[(x(\alpha - r)+r)W - C - wL]$$
$$+J_t + J_w wg + \frac{1}{2}\frac{\partial^2 J}{\partial W^2}\sigma^2 x^2 W^2 + O(h)\Big\}$$

再令 $h\to 0$，得到：

$$0 = \max_{C(t),L(t)}\Big\{e^{-\delta t}u(C(t),\ L(t)) + J_W[(x(\alpha - r)+r)W - C - wL]$$
$$+J_t + J_w wg + \frac{1}{2}\frac{\partial^2 J}{\partial W^2}\sigma^2 x^2 W^2\Big\} \tag{5-102}$$

因此，J 满足：

$$0 = \max_{(C,L,x)}\Big\{u(C,\ L)e^{-\delta t} + J_W[(x(\alpha - r)+r)W - C - wL]$$
$$+J_t + J_w gw + \frac{1}{2}x^2 W^2 \sigma^2 J_{WW}\Big\} \tag{5-103}$$

由这一最大化问题得到一阶条件：

$$\frac{\partial u}{\partial C}e^{-\delta t} - J_W = 0 \tag{5-104}$$

$$\frac{\partial u}{\partial L}e^{-\delta t} - wJ_W = 0 \tag{5-105}$$

$$(\alpha - r)WJ_W + x\sigma^2 W^2\frac{\partial^2 J}{\partial W^2} = 0 \tag{5-106}$$

或把式（5－106）化简为：

$$(\alpha - r)J_W + x\sigma^2 WJ_{WW} = 0 \tag{5-107}$$

由式（5－104）和式（5－105）得到：

$$\frac{\dfrac{\partial u}{\partial L}}{\dfrac{\partial u}{\partial C}} = w \tag{5-108}$$

由式（5－107）得到：

$$x^* W = -\frac{J_W}{J_{WW}} \frac{(\alpha - r)}{\sigma^2} \tag{5-109}$$

而$\frac{J_W}{J_{WW}}$是个人的导出效用函数的绝对风险规避系数的倒数。总财富是金融财富和人力资本的价值的和。由于工资是非随机的，人力资本的价值等于工资的现值 $\int_t^T e^{-rs} w(s)\mathrm{d}s$ ，r 是无风险利率，而 $w(s)$ 是以下微分方程的解：

$$\mathrm{d}w = gw \tag{5-110}$$

对式（5－110）的两边在区间［t，s］上对 w 积分，得到：

$$\ln w(s) - \ln w(t) = g(s-t)$$

即：

$$w(s) = w(t)e^{g(s-t)} \tag{5-111}$$

因而，t 时刻的人力资本为：

$$\begin{aligned} H(t) &= \int_t^T w(t)e^{g(s-t)}e^{-rs}\mathrm{d}s = w(t)e^{-gt}\int_t^T e^{-(r-g)s}\mathrm{d}s \\ &= -w(t)e^{-gt}\frac{[e^{-(r-g)T} - e^{-(r-g)t}]}{r-g} \\ &= \frac{w(t)e^{-rt}[1 - e^{-(r-g)(T-t)}]}{r-g} \end{aligned} \tag{5-112}$$

如果把 t 时刻的现时工资在 0 点的贴现值 $w(t)e^{-rt}$ 作为 $w_0(t)$，则得到：

$$H(t)=\frac{w_0(t)\left[1-e^{-(r-g)(T-t)}\right]}{r-g} \tag{5-113}$$

（2）固定的劳动供给。在这种情况下，个人不能变动其劳动供给，所以在其生涯中 $L(t)\equiv L'$。定义：

$$I(W,\ t,\ L)\ =\ \max_{C(s),x}E_t\left[\int_t^T e^{-\delta s}u(C(s),\ L)\mathrm{d}s\right] \tag{5-114}$$

如同上面计算，得到关于 C 与 x'的一阶条件：

$$u_C(C',\ L')e^{-\delta t}-I_W=0 \tag{5-104'}$$

$$I_W(\alpha-r)+x'\sigma^2 WI_{WW}=0 \tag{5-106'}$$

个人在0时刻选择劳动供给，使最大化 $I(W(0),\ 0,\ L)$，即：

$$L'=\arg\max I(W(0),\ 0,\ L) \tag{5-105'}$$

整理式（5-106′），得到：

$$x'W=-\frac{I_W}{I_{WW}}\frac{(\alpha-r)}{\sigma^2} \tag{5-109'}$$

注意：弹性的劳动供给与固定的劳动供给有两个关键的不同点。第一，比较式（5-105）与式（5-105′），可以看到，在弹性的劳动供给的情况下，个人把闲暇作为变量流来决定；而在固定的劳动供给的情况下，个人把闲暇作为库存变量来决定。在劳动供给可变动的情况下，个人连续地变动其闲暇的消费以对总资产和工资率上的变化作出反应。明显地，固定的劳动供给时，个人的福祉会减少（I 严格地小于 J）。第二，个人替代可能的人力资本的价值在这两种情况下不同。比较式（5-113），当闲暇是固定的 L'的情况下，替代可能的人力资本的价值为：

$$H'(t)=\frac{(1-L')w_0(t)\left[1-e^{-(r-g)(T-t)}\right]}{r-g} \tag{5-113'}$$

而在弹性的劳动供给的情况下，在开始购买商品和回购闲暇时，个人把其存留的潜在的人力资本的百分之百放入他的现时财富中；而在固定的劳动供给的情况，由于其被限制去消费 L'的闲暇，其只能把（$1-L'$）的潜在人力资本放到消费商品上（当然，他具有一个隐含的资产，即资本化了的闲暇）。虽然式（5－109）和式（5－109′）相似，但相应的总财富 $W=F+H'$ 却不相同，这是由于个人的可替代人力资本的值不同而导致的。

应用下面的例子来具体解释以上结论：

例1 令：

$$u(C,\ L)=\log C+\Gamma\log L \tag{5-115}$$

$$J(W,\ w,\ t)\ =\ \max_{(C(t),L(t),x(t))}E_t\left\{\int_t^T e^{-\delta s}\left[\log C(s)\ +\ \Gamma\log L(s)\right]\mathrm{d}s\right\} \tag{5-116}$$

考虑以下最大化问题：

$$\max_{C,L}\ \log C+\Gamma\log L \tag{5-117}$$

$$\text{s. t.}\quad C+wL=y \tag{5-118}$$

把式（5－118）代入式（5－117），得到：

$$\max_{L}\{\log(y-wL)\ +\Gamma\log L\} \tag{5-119}$$

一阶条件为：

$$\frac{-w}{y-wL}+\frac{\Gamma}{L}=0 \tag{5-120}$$

去分母得到：

$$-wL+\Gamma y-\Gamma wL=0 \tag{5-121}$$

即：

$$L=\frac{\Gamma y}{(1+\Gamma)w} \tag{5-122}$$

把式（5－122）代入式（5－118），得到：

$$C=y-\frac{\Gamma}{1+\Gamma}y=\frac{y}{1+\Gamma} \tag{5-123}$$

把式（5－122）和式（5－123）代入式（5－115），得到：

$$u(C, L) = \log y - \log(1+\Gamma) + \Gamma\log y + \Gamma\log\frac{\Gamma}{(1+\Gamma)w} \tag{5-124}$$

设总资产 W 以 θ 的比例用于投资，则 $y=(1-\theta)W$，在式（5-124）中代入 y 的值可以得到：

$$u_C = \frac{1}{C} = \frac{1+\Gamma}{y} = \frac{1+\Gamma}{(1-\theta)W} \tag{5-125}$$

把式（5-125）代入式（5-104），得到：

$$\frac{1+\Gamma}{1-\theta}\frac{1}{W}e^{-\delta t} = J_W \tag{5-126}$$

对式（5-126）的两边关于 W 求导，得到：

$$J_{WW} = -\frac{(1+\Gamma)}{(1-\theta)}\frac{1}{W^2}e^{-\delta t} \tag{5-127}$$

综合式（5-126）和式（5-127），得到：

$$\frac{-J_W}{J_{WW}} = W \tag{5-128}$$

而对于固定的劳动供给的情况，L 是定数，这时，$W=F+H'=F+(1-L')H$，而把其中 θ' 比例用于投资，剩余为消费 $(1-\theta')W$：

$$u = \log W + \log(1-\theta') + \Gamma\log L \tag{5-129}$$

得到：

$$u_C = \frac{1}{C} = \frac{1}{(1-\theta')W} \tag{5-130}$$

把式（5-130）代入式（5-104′），得到：

$$I_W = \frac{e^{-\delta t}}{(1-\theta')W} \tag{5-131}$$

在式（5-131）两边关于 W 求导，得到：

$$I_{WW} = -\frac{e^{-\delta t}}{(1-\theta')W^2} \tag{5-132}$$

综合式（5-131）和式（5-132），得到：

$$\frac{-I_W}{I_{WW}}=W \tag{5-133}$$

由式（5－109），得到：

$$x^*=\frac{\alpha-r}{\sigma^2}$$

由式（5－109′）得到：

$$x'^*=\frac{\alpha-r}{\sigma^2}$$

结合两式，得到：

$$x^*=\frac{\alpha-r}{\sigma^2}=x'^* \tag{5-134}$$

这是风险资产投资占总资产的比例，而风险资产投资占金融资产的比例：

$$\hat{x}^*=\frac{x^*W}{F}=\frac{\alpha-r}{\sigma^2}\left[1+\frac{H}{F}\right] \tag{5-135}$$

第二个等式是由 $W=F+H$ 得到。在固定劳动供给的情况，风险资产占金融资产的比例：

$$\hat{x}'=\frac{x^*W}{F'}=\frac{\alpha-r}{\sigma^2}\left[1+\frac{H'}{F}\right]=\frac{\alpha-r}{\sigma^2}\left[1+\frac{(1-L')H}{F}\right] \tag{5-135′}$$

上面式（5－135）和式（5－135′）指出了在弹性的劳动供给情况下的风险资产投资占金融资产的比例要高于固定的劳动供给情况下风险资产投资的比例（这里有个问题，风险资产在两种情况下应该不同）。注意，当 t 变大时，H 减少。因为 H 是从 t 到 T 的工资的贴现值，所以 t 越大 H 越小。这样当 t 越大时，$\hat{x}^*$，$\hat{x}'$的差就越小，也就是说，劳动供给的柔软性对风险资产上的投资决定在年轻时要比年老时重要。

例 2

$$u(C,\ L)=\frac{C^aL^b}{a},\ a+b\leqslant 1 \tag{5-136}$$

$$u_C=C^{a-1}L^b,\ u_L=\frac{bC^aL^{b-1}}{a} \tag{5-137}$$

由式（5－108），得到：

$$\frac{u_L}{u_C}=\frac{b}{a}\frac{C^aL^{b-1}}{C^{a-1}L^b}=\left(\frac{b}{a}\frac{C}{L}\right)=w \qquad (5-138)$$

即：

$$C=\frac{a}{b}Lw \qquad (5-139)$$

由式（5－118），得到：

$$\left(1+\frac{a}{b}\right)wL=y$$

即：

$$L=\frac{by}{(a+b)w} \qquad (5-140)$$

$$C=\frac{ay}{a+b} \qquad (5-141)$$

把式（5－140）和式（5－141）代入式（5－136），得到：

$$u(C,\ L)=\frac{a^ab^b}{a(a+b)^{a+b}w^b}y^{a+b} \qquad (5-142)$$

$$u_C=C^{a-1}L^b=\frac{a^{a-1}b^b}{(a+b)^{a+b-1}w^b}y^{a+b-1}$$

$$=\frac{a^{a-1}b^b}{(a+b)^{a+b-1}w^b}(1-\theta)^{a+b-1}W^{a+b-1} \qquad (5-143)$$

其中，$y=(1-\theta)W$。

由式（5－104）得到：

$$J_W=eW^{a+b-1}e^{-\delta t} \qquad (5-144)$$

其中，$e=\frac{a^{a-1}b^b}{(a+b)^{a+b-1}w^b}(1-\theta)^{a+b-1}$。对式（5－144）两边关于 W 求导，得到：

$$J_{WW}=e(a+b-1)W^{a+b-2}e^{-\delta t} \qquad (5-145)$$

综合式（5－144）和式（5－145），得到：

$$\frac{J_W}{J_{WW}} = -\frac{W}{1-a-b} \tag{5-146}$$

而当固定劳动供给时：

$$C = y = (1-\theta')W \tag{5-147}$$

把式（5－147）代入式（5－137），得到：

$$u_C = C^{a-1}L^b = (1-\theta')^{a-1}W^{a-1}L^b \tag{5-148}$$

由式（5－104′）得到：

$$I_W = (1-\theta')^{a-1}W^{a-1}L^b e^{-\delta t} \tag{5-149}$$

对式（5－149）两边对 W 求导，得到：

$$I_{WW} = (a-1)(1-\theta')^{a-1}W^{a-2}L^b e^{-\delta t} \tag{5-150}$$

综合式（5－149）和式（5－150），得到：

$$\frac{I_W}{I_{WW}} = -\frac{W}{1-a} \tag{5-151}$$

把式（5－146）和式（5－151）分别代入式（5－109）和式（5－109′），得到：

$$\hat{x}^* = \frac{x^*W}{F} = \frac{\alpha-r}{(1-a-b)\sigma^2}\frac{W}{F} = \frac{\alpha-r}{(1-a-b)\sigma^2}\left[1+\frac{H}{F}\right] \tag{5-152}$$

$$\hat{x}' = \frac{x'W}{F} = \frac{(\alpha-r)}{(1-a)\sigma^2}\frac{W}{F} = \frac{(\alpha-r)}{(1-a)\sigma^2}\left[1+\frac{H}{F}\right] \tag{5-152'}$$

注意：log 和幂函数包括了具有常数相对风险规避（CRRA）的一类效用函数。参数 a 和 b 满足 $a=1-RRA_C$，$b=1-RRA_L$，其中 RRA 表示相对风险规避系数。对数效用的相对风险规避系数为 1，因此，$a=b=0$。对 CRRA 类，个人的最优投资与总资产成比例。对于 log 函数，资产效应在 H 与之间 $(1-L')H$ 的差距是 $\hat{x}^*$ 与 $\hat{x}'$之间的唯一差距，而对于一般的 CRRA 效用，$\hat{x}^*$ 与 $\hat{x}'$之间的差距除了资产效应外还有 $a+b$ 与 a 之间的差距，即系数效应。

例 3　$u(C,L)=V[C+h(L)]$，其中，V 和 h 是递增的凹函数。

$$u_C = V'$$

$$u_L = V'h'(L)$$

可以验证即使在劳动供给是变动的情况下，最优的劳动供给也是一个不随时间变动的常数，因而失去了对投资与工资变动的保险作用。如令 $u(C, L) = V[g(C) + L]$，V 和 g 是凹函数，在劳动供给可变动的情况下，柔软的劳动供给对风险投资与工资变动起到了保险作用。

4. 随机工资

在这一小节中，工资的变化服从以下伊藤方程：

$$\mathrm{d}w = gw\mathrm{d}t + k\sigma w\mathrm{d}z \qquad (5-86')$$

在这里，$\sigma^* = k\sigma$。而对于资产的变化，则与上面相同：

$$\mathrm{d}W = \{[x(\alpha - r) + r]W - C - wL\}\mathrm{d}t + \sigma xW\mathrm{d}z \qquad (5-88)$$

最优化问题变为：

$$J(W(t), w(t), t) = \max_{C(t), L(t)} E_t\{e^{-\delta t}u(C(t), L(t))\mathrm{d}t + J(W(t+h), w(t+h), t+h)\} \qquad (5-153)$$

对右侧第二项进行台劳展开，得到：

$$\begin{aligned} E_t[J(W(t+h), w(t+h), t+h)] = {} & E_t\{J(W(t), w(t), t) \\ & + J_W[W(t+h) - W(t)] + J_t h + J_w[w(t+h) - w(t)] \\ & + \frac{1}{2}J_{WW}[W(t+h) - W(t)]^2 + \frac{1}{2}J_{ww}[w(t+h) - w(t)]^2 \\ & + \frac{1}{2}J_{tt}h^2 + J_{tW}[W(t+h) - W(t)]h + J_{tw}[w(t+h) - w(t)]h \\ & + J_{Ww}[W(t+h) - W(t)][w(t+h) - w(t)] + o(h^2)\} \end{aligned} \qquad (5-154)$$

由于工资是随机的，得到：

$$\begin{aligned} E_t[w(t+h)] &= E_t[w(t) + wgh + k\sigma w\mathrm{d}z + o(h)] \\ &= w(t) + wgh + o(h) \end{aligned}$$

$$E_t[w(t+h) - w(t)] = wgh + o(h) \qquad (5-155)$$

而：

$$E_t[W(t+h)]=E_t\{W(t)+[(x(\alpha-r)+r)W-C-wL]h+\sigma xW\mathrm{d}z+o(h)\}$$
$$=W(t)+\{[x(\alpha-r)+r]W-C-wL\}h+E_t\sigma xW\mathrm{d}z+o(h)$$

因为 $E_t(\mathrm{d}z)=0$，所以：

$$E_t[W(t+h)-W(t)]=\{[x(\alpha-r)+r]W-C-wL\}h+E_t\sigma xW\mathrm{d}z+o(h)$$
$$=\{[x(\alpha-r)+r]W-C-wL\}h+o(h) \quad (5-156)$$

进一步计算：

$$E_t[W(t+h)-W(t)]^2=[(x(\alpha-r)+r)W-C-wL]^2h^2+\sigma^2x^2W^2h+2E_t\{[(x(\alpha-r)+r)W-C-wL]h\sigma xW\mathrm{d}z\}+o(h^2)$$
$$=\sigma^2x^2W^2h+O(h^2) \quad (5-157)$$

$$E_t[w(t+h)-w(t)]^2=w^2g^2h^2+k^2\sigma^2w^2(\mathrm{d}z)^2+2o(h)wgh+o(h^2)$$
$$=k^2\sigma^2w^2h+O(h^2) \quad (5-158)$$

$$E_t\{[W(t+h)-W(t)]h\}=[(x(\alpha-r)+r)W-C-wL]h^2+E_t[\sigma xWh\mathrm{d}z]+o(h^2)=O(h^2) \quad (5-159)$$

$$E_t\{[w(t+h)-w(t)]h\}=wgh^2+E_t[k\sigma wh\mathrm{d}z]+o(h^2)=O(h^2) \quad (5-160)$$

$$E_t[W(t+h)-W(t)][w(t+h)-w(t)]=[(x(\alpha-r)+r)W-C-wL]wgh^2+E_t[kx\sigma^2Ww(\mathrm{d}z)^2]+E_t\{kw\sigma[(x(\alpha-r)+r)W-C-wL]\times h\mathrm{d}z\}+E_t[wgh\sigma xW\mathrm{d}z]+o(h^2)$$
$$=kx\sigma^2Wwh+O(h^2) \quad (5-161)$$

把式（5－155）~式（5－161）代入式（5－154），且由 $E_t\mathrm{d}z_t=0$ 和伊藤公式 $(\mathrm{d}z_t)^2=\mathrm{d}t$，$\mathrm{d}z_t\mathrm{d}t=0$，$(\mathrm{d}t)^2=0$，得到：

$$E_t\{J[W(t+h),\ w(t+h),\ t+h]\}=J(W(t),\ w(t),\ t)$$

$$+J_W\{[x(\alpha-r)+r]W-C-wL\}h+J_th+J_wwgh+\frac{1}{2}J_{WW}\sigma^2x^2W^2h$$

$$+\frac{1}{2}J_{ww}k^2\sigma^2w^2h+\frac{1}{2}J_{tt}h^2+J_{tW}O(h^2)+J_{tw}O(h^2)+J_{Ww}kx\sigma^2Wwh+o(h^2)$$

$$=J(W(t),\ w(t),\ t)+J_W\{[x(\alpha-r)+r]W-C-wL\}h+J_th$$

$$+J_wwgh+\frac{1}{2}J_{WW}\sigma^2x^2W^2h+\frac{1}{2}J_{ww}k^2\sigma^2w^2h+J_{Ww}kx\sigma^2Wwh+O(h^2) \tag{5-162}$$

把式（5－162）代入式（5－153），得到：

$$J(W(t),\ w(t),\ t)=J(W(t),\ w(t),\ t)$$

$$+\max_{C(t),L(t),x(t)}\{e^{-\delta t}u(C(t),\ L(t))h+J_W\{[x(\alpha-r)+r]W-C-wL\}h$$

$$+J_th+J_wwgh+\frac{1}{2}J_{WW}\sigma^2x^2W^2h+\frac{1}{2}J_{ww}k^2\sigma^2w^2h+J_{Ww}kx\sigma^2Wwh$$

$$+O(h^2)\} \tag{5-163}$$

整理得到：

$$0=\max_{C(t),L(t),x(t)}\{e^{-\delta t}u[C(t),\ L(t)]h+J_W\{[x(\alpha-r)+r]W-C$$

$$-wL\}h+J_th+J_wwgh+\frac{1}{2}J_{WW}\sigma^2x^2W^2h+\frac{1}{2}J_{ww}k^2\sigma^2w^2h$$

$$+J_{Ww}kx\sigma^2Wwh+O(h^2)\}$$

两边同除以 h，得到：

$$0=\max_{C(t),L(t),x(t)}\{e^{-\delta t}u[C(t),\ L(t)]+J_W\{[x(\alpha-r)+r]W-C-wL\}$$

$$+J_t+J_wwg+\frac{1}{2}J_{WW}\sigma^2x^2W^2+\frac{1}{2}J_{ww}k^2\sigma^2w^2$$

$$+J_{Ww}kx\sigma^2Ww+O(h)\}$$

再令 $h\to0$，得到：

$$0=\max_{C(t),L(t),x(t)}\{e^{-\delta t}u(C(t),\ L(t))+J_W[(x(\alpha-r)+r)W-C-wL]$$

$$+J_t+J_wwg+\frac{1}{2}J_{WW}\sigma^2x^2W^2+\frac{1}{2}J_{ww}k^2\sigma^2w^2+J_{Ww}kx\sigma^2Ww\} \tag{5-164}$$

因此，J 满足式（5－164）。

关于 C、L 和 x 的一阶条件为：

$$u_C e^{-\delta t} - J_W = 0 \tag{5-104}$$

$$u_L e^{-\delta t} - wJ_W = 0 \tag{5-105}$$

$$(\alpha - r)WJ_W + x\sigma^2 W^2 J_{WW} + k\sigma^2 wWJ_{Ww} = 0 \tag{5-106''}$$

整理式（5－106″）得到：

$$\begin{aligned} x^* W &= -\frac{1}{\sigma^2 WJ_{WW}}[(\alpha - r)WJ_W + k\sigma^2 wWJ_{Ww}] \\ &= -\frac{(\alpha - r)J_W}{\sigma^2 J_{WW}} - \frac{kwJ_{Ww}}{J_{WW}} \end{aligned} \tag{5-165}$$

当劳动的供给是非弹性时：

$$\begin{aligned} x'W &= -\frac{1}{\sigma^2 WI_{WW}}[(\alpha - r)WI_W + k\sigma^2 wWI_{Ww}] \\ &= -\frac{(\alpha - r)I_W}{\sigma^2 I_{WW}} - \frac{kwI_{Ww}}{I_{WW}} \end{aligned} \tag{5-165'}$$

设个人的劳动供给是完全柔软的。令 $H(w(t),\ t)$ 定义为时刻 t 的人力资本价值。得到两个结果。

（1）个人的人力资本在经济上等价于在风险资产上的投资 kH 和无风险资产上的投资 $(1-k)H$ 的和。

（2）个人的总人力资本价值为：

$$H(w(t),\ t) = \frac{w(t)}{\mu}[1 - e^{-\mu(T-t)}] \tag{5-166}$$

其中，$\mu = r + k(\alpha - r) - g$。

在式（5－85）中求出 $\mathrm{d}z$，再把 $\mathrm{d}z$ 代入（5－86′）中，得到：

$$\frac{\mathrm{d}w}{w} = (g - k\alpha)\mathrm{d}t + k\frac{\mathrm{d}P}{P}$$

由伊藤引理，得到：

$$\mathrm{d}f = \frac{\partial f}{\partial t}\mathrm{d}t + \frac{\partial f}{\partial w}\mathrm{d}w + \frac{1}{2}f_{ww}(\mathrm{d}w)^2$$

令 $f=\ln w(t)$，得到：

$$\frac{\partial f}{\partial w}=\frac{1}{w},\ f_{ww}=\frac{-1}{w^2}$$

$$d[\ln w(t)]=\frac{dw}{w}-\frac{1}{2w^2}(dw)^2 \tag{5-167}$$

计算：

$$\frac{(dw)^2}{w^2}=\left[(g-\alpha k)dt+k\frac{dP}{P}\right]^2=k^2\sigma^2(dz)^2=k^2\sigma^2 dt \tag{5-168}$$

把式（5-168）代入式（5-167），得到：

$$d[\ln w(t)]=\frac{dw}{w}-\frac{1}{2w^2}(dw)^2=(g-k\alpha)dt+k\frac{dP}{P}-\frac{k^2\sigma^2}{2}dt \tag{5-169}$$

计算：

$$\ln P(t)=\ln P(0)+\frac{dP}{P}-\frac{(dP)^2}{2P^2}=\ln P(0)+\frac{dP}{P}-\frac{\sigma^2P^2dt}{2P^2} \tag{5-170}$$

式（5-170）经过整理，得到：

$$\frac{dP}{P}=\ln P(t)-\ln P(0)+\frac{\sigma^2}{2}dt \tag{5-171}$$

把式（5-169）改写为：

$$\begin{aligned}d[\ln w(t)]&=(g-k\alpha)dt+k\frac{dP}{P}-\frac{k^2\sigma^2}{2}dt\\&=(g-k\alpha)dt+k\frac{dP}{P}-\frac{k\sigma^2}{2}dt-\frac{k^2\sigma^2}{2}dt+\frac{k\sigma^2}{2}dt\end{aligned}$$

即：

$$d[\ln w(t)]=\left[(g-k\alpha)+\frac{\sigma^2k(1-k)}{2}\right]dt+k\left[\frac{dP}{P}-\frac{\sigma^2}{2}dt\right] \tag{5-172}$$

在式（5-172）两边在区间［0，t］上关于 t 积分，得到：

$$\ln w(t) = \ln w(0) + \left[(g - k\alpha) + \frac{\sigma^2 k(1-k)}{2}\right]t + k[\ln P(t) - \ln P(0)]$$

或改写为：

$$w(t) = w(0)e^{\gamma t}\left(\frac{P(t)}{P(0)}\right)^k$$

$$\gamma = (g - k\alpha) + \frac{\sigma^2 k(1-k)}{2} \qquad (5-173)$$

把式（5－173）代入式（5－166），得到：

$$H(w(t),\ t) = \frac{w(0)e^{\gamma t}\left(\frac{P(t)}{P(0)}\right)^k}{\mu}\left[1 - e^{-\mu(T-t)}\right] \qquad (5-166')$$

从式（5－166′）可以看到，$H(w(t),\ t)$ 对于风险资产价格是非线性的。

若 $k=0$，工资是无风险的，$H[w(t),\ t]$ 与无风险的情况相同，人力资本的价值并不依赖于风险资产价格。当 $k=1$，人力资本的每一美元都与风险资产的价格成比例。最后，对 $0<k<1$，人力资本的现值是风险资产价格的严格凹函数。注意式（5－166）和式（5－113）的相似点：对增长率为 0 的（$g=0$）风险工资，贴现率为 $r+k(\alpha-r)$，它反射了在风险和无风险资产上的隐含投资。对增长率大于零的工资（$g>0$），方程（5－166）表示了古典以指数增长的资产的现值公式。最后，注意式（5－166）或式（5－166′）与个人的偏好和禀赋无关。

最优投资组合行为分析的最后一步是使用式（5－166）去得到 $\hat{x}^*$ 和 $\hat{x}'$ 的表示式。首先，考虑柔软的劳动供给。令 $D^*(t)$ 定义为风险资产的投资需求。

$$\begin{aligned} D^*(t) &= x^* W(t) - kH(w(t),\ t) \\ &= x^*[F + H(w(t),\ t)] - kH(w(t),\ t) \\ &= x^* F + (x^* - k)H(w(t),\ t) \qquad (5-174) \end{aligned}$$

而由 $\hat{x}^*$ 的定义：

$$\hat{x}^* = \frac{D^*(t)}{F(t)} = x^* + (x^* - k)\frac{H}{F} \qquad (5-175)$$

固定的劳动的情况下，相应地表示为：

$$\hat{x}' = \frac{D'(t)}{F(t)} = x' + (x' - k)(1 - L')\frac{H}{F} \qquad (5-175')$$

5. 人力资本的评价

（1）$H(P(t), t)$ 如同式（5－166′）所示，被定义为个人在 t 时刻的风险资产现时价格 $P(t)$ 下的人力资本。可以考虑为个人将其人力资本都出售，来投资金融资产而得到的价值。假设他把售出人力资本而得到的 $H_P P$ 投资到风险资产，而剩余的 $H - H_P P$ 投资到无风险资产上。进一步，假设个人从在组合投资的收入中分出 $w(t)$。这保证了个人的投资生成的现金流等于他非确定性的将来工资。这样，这一投资策略复制了个人将来工资收入的现金流。

（2）$H(P(t), t)$ 由满足以下偏微分方程的函数 $F(P, t)$ 所给出：

$$\frac{1}{2}P^2\sigma^2 F_{PP} + rPF_P - rF + F_t + w(t) = 0 \qquad (5-176)$$

除此以外关于风险投资下退休选择问题的研究还有以下文献：I. 卡拉查斯（I. Karatzas）等（1986）给出了消费—投资问题的解法，K. 蔡（K. Choi）和 G. 沈（G. Shim，2006）使用前面介绍的论文的研究方法，研究了最优退休时间与风险投资的问题。[①] Z. 博定等（2004）研究了消费—投资和最优退休时间的选择问题。他们构建了商品消费与闲暇的效用函数，并限制现在的消费，要求其不低于过去的消费，而且考虑了柔软的劳动供给，使用以上论文的方法得到了这

① Karatzas，I.，J. P. Lehoczky，S. P. Sethi，S. E. Shreve. Explicit Solution of a General Consumption/Investment Problem [J]. Mathematics of Operations Research，1986，11（2）：261－294.

一问题的解析解。[①] S. 圣达兰（S. Sundaresan）和 F. 萨帕特罗（F. Zapatero，1997）研究了既定给付（DB）计划的成员如何决定退休时间的问题。[②] 在就职时，公司把对工人的给付分成两部分，现时工资与年金。现时工资是与工人的生产边际产品相关联的，在年老时，他的边际产品会降低，因而工资也会降低，而年金在工人退休时才能拿到，钱数与工人的服务年限，平均工资相关。工人在年老时，由于生产力的下降，现时工资会下降，因而会影响平均工资也下降，而年金的数量与平均工资有关，因而工人会选择在工资下降时退休。A. 凯恩斯（A. Cairns）、D. 布雷克（D. Blake）和 K. 多德（K. Dowd，2006）研究了既定供款（DC）计划的成员怎样选择风险投资而使自己退休时的财富达到最大的问题。[③]

5.3 人口老龄化对策模型的文献

关于人口老龄化的对策方面的模型，这里重点介绍关于现收现付制的社会养老保障体系的改革与商业保险需求方面的文献。

关于养老保障系统改革方面的文献有 N. 巴尔（N. Barr）和 P. 戴蒙德（P. Diamond）（2006）、T. 安迪特（T. Aidt）、A. 贝里（A. Berry）和 H. 罗（H. Low，2008）等。在对养老保障系统的现收现付制进行改革后，实行了既定供款（defined contribution，DC）年金计划与

---

① Bodie，Z.，J. B. Detemple，S. Otruba，S. Walter. Optimal Consumption – Portfolio Choices and Retirement Planning [J]. Journal of Economic Dynamics & Control，2004，28：1115 – 1148.

② Sundaresan，S. & F. Zapatero. Valuation，Optimal Asset Allocation and Retirement Incentives of Pension Plans [J]. The Review of Financial Studies，1997，10（3）：631 – 660.

③ Cairns，A. J. G.，D. Blake，K. Dowd. Stochastic Lifestyling：Optimal Dynamic Asset Allocation for Defined Contribution Pension Plans [J]. Journal of Economic Dynamics & Control，2006，30：843 – 877.

既定给付（defined benefit，DB）年金计划。[①] 有很多这方面研究的论文，如 S. 圣达兰和 F. 萨帕特罗（1997）使用随机微分方程，研究了 DB 计划，企业在采用员工时给出雇用的条件，即现时工资与将来的养老金的数量，企业进行投资以保证能在雇员退休时支付这笔养老金。[②] 而 A. 凯恩斯、D. 布雷克和 K. 多德（2006）也使用随机微分方程，研究了 DC 计划和既定供款的投资，是由个人去投资，以便退休时用这笔投资和收益去购买年金。最近关于养老金供款投资的论文有 K. 蔡、G. 沈（2006）和 Z. 博定等（2004）的著述。[③]

关于商业养老保险、商业保险购买选择的论文，最早的 M. 雅瑞（1965）在连续动态模型下研究了寿险需求。[④] 在生存期间不确定的情况下，研究了最优消费路径的决定与加入寿险对于消费的最优路径的影响等问题。O. 布兰查德（1985）从宏观经济的角度研究了有限生存期间的消费和储蓄的选择、总财富的变化等。S. 菲舍尔（S. Fischer，1973）则研究了离散时间动态模型的寿险的需求问题。[⑤]

① Barr, N. & P. Diamond. The Economics of Pensions [J]. Oxford Review of Economic Policy, 2006, 22 (1): 15 – 39.

② Sundaresan, S. & F. Zapatero. Valuatiion, Optimal Asset Allocation and Retirement Incentives of Pension Plans [J]. The Review of Financial Studies, 1997, 10 (3): 631 – 660.

③ Cairns, A. J. G., D. Blake, K. Dowd. Stochastic Lifestyling: Optimal Dynamic Asset Allocation for Defined Contribution Pension Plans [J]. Journal of Economic Dynamics & Control, 2006, 30: 843 – 877.

④ Yaari, M. E. Uncertain Life Time, Life Insurance, and the Theory of the Consumer [J]. The Review of Economic Studies, 1965, 32 (2): 137 – 150.

⑤ Blanchard, O. J., Debt, Deficits, and Finite Horizons [J]. Journal of Political Economy, 1985, 93 (2): 223 – 247.

第6章

最优退休时间选择模型

本章完全是笔者的研究，主要考虑在不确定情况下的最优退休时间选择问题。在人口老龄化不断深入的当代，退休时间的决定性问题是很多国家都非常关注的问题，也是政府与个人之间争论最多的问题。由于越来越多的人口步入老年，尤其是在第二次世界大战后的“婴儿潮”时期出生的人走入了退休的行列，越来越多的国家面临着现收现付制的社会养老保障系统难以为继的问题，因而，在20世纪末，发达国家就纷纷采用延迟退休年龄，或者延迟领取养老金的年龄的政策。

在我国延迟退休更是需要解决的紧要问题。由于我国还处于发展中国家却提前进入了老龄化社会，使我国的财政面临着比发达国家更大的养老负担，而我国的法定退休年龄相对发达国家要早得多，男60岁，女50~55岁，退休人员有20多年依靠养老金的生活。发达国家经过了多年的经济发展，养老保障系统和即将退休的老年人口都有了足够的积蓄，尚且不能承担社会养老保障之重负，而我国社会养老保障系统的改革在近几年才完成，又由于我国以前实行低工资、低物价，由此来换取退休后的养老金的体制，已退休的老年人口在工作时期并没有对社会养老保障系统供款或缴纳社会养老金的时间很短，而退休后社会养老保障系统却必须支付这些人以高额的养老金，而且这些老年人口由于工作时期的低工资，也没有足够的积蓄以应对退休后面临的高物价和高医疗费用。

现在已退休和面临退休的人员还是我国“婴儿潮”时期出生的人，而他们退休后支撑社会养老保障系统的将是20世纪70年代与独生子女的一代人，以他们对社会养老保障系统的供款来支付给这样庞大、以这样早的年龄离开工作岗位的人群是非常困难的，这样的退休政策无疑造成了社会养老保障系统和国家财政上的巨大负担。如果还继续实行这样早退休的政策，将会使得社会养老保障体系难以为继，使得现在对社会养老系统供款的年轻一代将来退休时却领不到足够的养老金。

国家实行了一系列的政策以减少财政上的负担，如机关事业单位的养老金改革、允许养老基金的部分基金进行风险投资和提高生育率的政策等，但是，现在最急切的问题还是要解决退休年龄的问题。因为对于国家的财政支出来说，晚退休会减少领取养老金的年限，增加对养老保障系统的供款，有助于减少财政支出。另外，对于个人来说，延迟退休可以使得人们工作时间更长，增加他们的生涯收入，提高对退休生活资金的积累，使退休以后的生活更好。但是延迟退休也存在知识老化，在老年时期工作效率降低、体力劳动者体力不支等问题。本章因为模型的简单性限制，舍弃这些效率性问题的考虑，仅就收入来讨论退休时间的决定问题。

在以下这些模型中，并不是从政府的角度考虑社会养老保障系统的可持续性而提高领取退休金的年龄，以减轻财政的负担。本章从个人的角度来考虑延迟退休的意愿。由于寿命的延长，老年人依靠养老金生活的年数变得很长，他们除了养老保障外，还要有自己的积蓄才能更好地维持退休以后的生活。在短暂的工作期间内，他们是否有了足够的积蓄以维持退休后的生活呢？在我国，过去几十年的低工资制，较高的工资只开始了十几年，而很多人退休后面临的是物价升高的消费生活和高的医疗和护理费用。对于年轻人，虽开始于高工资的雇佣，但他们面临的是高子女教育费用、高房价、高父母养老费用，到他们退休时，又由于人口老龄化，下一代的人口减少，要面对不能够支撑他们老年消费的社会养老保障，他们也同样面临着能否有足够的钱去养老的问题，也就是在工作期间内除去房贷、子女的教育、父母的养老外，他们是否有足够的储蓄去准备自己的养老的问题。那么，是否延迟退休，既是即将到达退休年龄的个人要考虑的问题，也是刚工作不久的个人面临的问题。

另外，对于工作时期风险投资的损失也需要通过延迟退休来弥补，无论是个人储蓄的风险投资，还是养老基金的风险投资，如同Z.博迪等（1992）所述，延迟退休提供了风险投资的一个保险。如果政府制定的推迟退休的政策，恰好也是个人的最优选择，那么，会增加政策执行的效率性，减少道德风险。①

6.1 连续时间动态模型下的最优退休时间选择

本节考虑连续时间的最优退休时间选择，在第一小节中只考虑社会养老保障，个人在工作期间除缴纳社会养老保障的税金外，其余的都用于消费，而退休后则依靠社会养老保障金生活。在第二小节中考虑了储蓄，个人除缴纳社会养老保障的税金外，还要储蓄以补充退休

① Bodie, Z., R. C. Merton, W. F. Samuelson. Labor Supply Flexibility and Portfolio Choice in a Life Cycle Model [J]. Journal of Economic Dynamics & Control, 1992, 16: 427-449.

后的生活费用。在这两小节中都得到了最优退休时间的条件。

本节的连续时间模型基于S. 卡莱姆－奥兹坎和D. 韦尔（2010）的模型，但加上了社会养老保障和流动性限制。这是因为在我国一般不存在为消费而借贷的问题，在我国实行的是流动性限制。

个人在工作期间，要对社会养老保障系统供款，在退休时得到养老保障金，维持退休后的生活，同时也得到闲暇，而由闲暇得到的效用也加入到退休后的效用中。为了模型简单，与S. 卡莱姆－奥兹坎和D. 韦尔（2010）同样，设在工作期间没有闲暇，所有时间都用于工作。本节的模型还去掉S. 卡莱姆－奥兹坎和D. 韦尔（2010）的工资 w 是固定的、不随时间而改变的假设。

首先，从生存概率的计算开始。设年龄为 x 的个人的余寿为 T_x，瞬间死亡率为 p。首先，求出余寿 T_x 的分布密度函数。

T_x 的分布函数为：

$$F_x(t)=p(T_x\leqslant t)=p(X-x\leqslant t/X>x) \tag{6-1}$$

其中，X 代表寿命。而生存函数为：

$$S_x(t)=p(T_x>t)=p(X-x>t/X>x)={}_tp_x \tag{6-2}$$

即在 x 岁，再存活 t 年的概率。

T_x 的分布密度函数为：

$$f_x(t)=\frac{\mathrm{d}F_x}{\mathrm{d}t}=-\frac{\mathrm{d}S_x}{\mathrm{d}t} \tag{6-3}$$

由于瞬间死亡率为 p，即死亡力为 p，由死亡力的定义：

$$\frac{f_x}{S_x}=p \tag{6-4}$$

即：

$$\frac{-\frac{\mathrm{d}S_x}{\mathrm{d}t}}{S_x}=p \tag{6-5}$$

在式（6－5）两边关于 t 在区间［0，t］上积分，得到：

$$\ln S_x(t) - \ln S_x(0) = -pt$$

得到：

$$S_x(t) = S_x(0)e^{-pt} \tag{6-6}$$

由于在 x 岁时人是活着的，所以，寿命 X 比 x 长是必然的，因而，$S_x(0)=1$，因而：

$$S_x(t) = e^{-pt} \tag{6-7}$$

由于 $f_x(t) = -\frac{\mathrm{d}S_x}{\mathrm{d}t}$，对式（6-7）关于 t 求导，得到：

$$f_x(t) = pe^{-pt} \tag{6-8}$$

那么，生存概率 $P(t)$ 为：

$$P(t) = \int_t^{\infty} pe^{-pt}\mathrm{d}t = -e^{-pt}\Big|_t^{\infty} = e^{-pt} \tag{6-9}$$

1. 没有储蓄的情况

本节为了简便，只考虑社会养老保障，个人在工作期间除缴纳社会养老保障的养老保险金外，其余的都用于消费，而退休后则依靠社会养老保障金生活。在退休后，除了在消费上获得效用外，还有来自闲暇的消费获得的效用。

设 t 为个人的年龄。不失一般性，为了模型简单，假设个人的成年是从 0 岁开始。从 0 岁开始得到工资，除了对养老保障系统供款以外，其余用于消费，直到退休。即：

$$C(t) = (1-\tau)w(t) \tag{6-10}$$

而退休后获得社会养老保障金 $aw(T)$，全部用于消费：其中，$a<1$，a 实际上是替代率。设退休时间为 T，T 同时也可以看作退休年龄。退休后的效用为 $R(T)$，它包括了消费和闲暇获得的效用。考虑到生存的不确定性，定义：

$$R(T) = \int_T^{\infty} pe^{-pt}\int_T^t u(C(x))e^{-\rho x}\mathrm{d}x\mathrm{d}t + \int_T^{\infty} pe^{-pt}\int_T^t \gamma e^{-\rho x}\mathrm{d}x\mathrm{d}t$$

$$= -\left[e^{-pt}\int_T^t u[C(x)]e^{-\rho x}\mathrm{d}x\right]\Bigg|_T^{\infty} + \int_T^{\infty} e^{-pt}u(C(t))e^{-\rho t}\mathrm{d}t$$

$$-\left[e^{-pt}\gamma\int_T^t e^{-\rho x}\mathrm{d}x\right]\Bigg|_T^{\infty} + \int_T^{\infty}\gamma e^{-(p+\rho)t}\mathrm{d}t$$

$$= \int_T^{\infty} e^{-(p+\rho)t}u(C(t))\mathrm{d}t + \int_T^{\infty}\gamma e^{-(p+\rho)t}\mathrm{d}t$$

即：

$$R(T) = \int_T^{\infty} u(C(t))e^{-(\rho+p)t}\mathrm{d}t + \int_T^{\infty}\gamma e^{-(\rho+p)t}\mathrm{d}t \qquad (6-11)$$

退休后的效用是退休时间 T 的函数。

在没有储蓄的情况下，退休后的生活完全依赖于社会养老保障，由我国现行的退休制度，社会养老保障金等于 $aw(T)$，$w(T)$ 为退休时的工资，a 为替代率。而在退休后，所有领取的养老金都用于退休后的消费。即，$C(t) = aw(T)$。由此：

$$R(T) = \int_T^{\infty} u[C(t)]e^{-(\rho+p)t}\mathrm{d}t + \int_T^{\infty}\gamma e^{-(\rho+p)t}\mathrm{d}t \qquad (6-12)$$

$$\text{s. t. } C(t) = aw(T) \qquad (6-13)$$

把式（6－13）代入式（6－12），得到：

$$R(T) = u[aw(T)]\int_T^{\infty} e^{-(\rho+p)t}\mathrm{d}t + \gamma\int_T^{\infty} e^{-(\rho+p)t}\mathrm{d}t$$

$$= u[aw(T)]\left(-\frac{e^{-(\rho+p)t}}{\rho+p}\right)\Bigg|_T^{\infty} + \gamma\left(-\frac{e^{-(\rho+p)t}}{\rho+p}\right)\Bigg|_T^{\infty}$$

$$= u[aw(T)]\frac{e^{-(\rho+p)T}}{\rho+p} + \gamma\frac{e^{-(\rho+p)T}}{\rho+p}$$

$$= \{u[aw(T)] + \gamma\}\frac{e^{-(\rho+p)T}}{\rho+p} \qquad (6-14)$$

而个人一生（生涯）的效用为：

$$U(T) = \int_0^T u(C(t))e^{-(\rho+p)t}\mathrm{d}t + R(T) \qquad (6-15)$$

个人一生的效用是他退休前的效用与退休后的效用之和，因而是退休

时间 T 的函数。

现求解退休前的效用最大化问题：

$$\int_0^T u(C(t))e^{-(\rho+p)t}\mathrm{d}t \tag{6-16}$$

$$\text{s. t. } C(t)=(1-\tau)w(t) \tag{6-17}$$

首先，假设工资的增长率为 μ，即：

$$\frac{w'(v)}{w(v)}=\mu$$

两边对 v 在区间 $[0,\ t]$ 上积分，得到：

$$\ln w(t)=\ln w(0)+\mu t$$

消去对数，得到：

$$w(t)=w(0)e^{\mu t} \tag{6-18}$$

μ 为实工资的增长率，如果工资没有增长的话，因为通货膨胀，实工资会有负的增长，$\mu<0$ 是可能的。

设 $u[C(t)]=C(t)^{\alpha}$，$\alpha<1$。把式（6－18）和式（6－10）代入式（6－16），得到：

$$\begin{aligned}
&\int_0^T u[C(t)]e^{-(\rho+p)t}\mathrm{d}t \\
&=\int_0^T(1-\tau)^{\alpha}w(0)^{\alpha}e^{\mu\alpha t}e^{-(\rho+p)t}\mathrm{d}t \\
&=(1-\tau)^{\alpha}w(0)^{\alpha}\int_0^T e^{(\mu\alpha-\rho-p)t}\mathrm{d}t \qquad (6-19)\\
&=\frac{(1-\tau)^{\alpha}w(0)^{\alpha}}{\mu\alpha-\rho-p}e^{(\mu\alpha-\rho-p)t}\Big|_0^T \\
&=\frac{(1-\tau)^{\alpha}w(0)^{\alpha}}{\mu\alpha-\rho-p}\left(e^{(\mu\alpha-\rho-p)T}-1\right)
\end{aligned}$$

把式（6－19）和式（6－14）代入式（6－15），得到：

$$U(T)=\frac{(1-\tau)^{\alpha}w(0)^{\alpha}}{\mu\alpha-\rho-p}(e^{(\mu\alpha-\rho-p)T}-1)$$
$$+[a^{\alpha}w(0)^{\alpha}e^{\mu\alpha T}+\gamma]\frac{e^{-(\rho+p)T}}{\rho+p} \qquad (6-20)$$

求 $U(T)$ 关于退休时间 T 的导数：

$$U'(T)=(1-\tau)^{\alpha}w(0)^{\alpha}e^{(\mu\alpha-\rho-p)T}-[a^{\alpha}w(0)^{\alpha}e^{\mu\alpha T}+\gamma]e^{-(\rho+p)T}$$
$$+\frac{\mu\alpha a^{\alpha}w(0)^{\alpha}}{\rho+p}e^{(\mu\alpha-\rho-p)T}$$
$$=(1-\tau)^{\alpha}w(0)^{\alpha}e^{(\mu\alpha-\rho-p)T}-a^{\alpha}w(0)^{\alpha}e^{(\mu\alpha-\rho-p)T}-\gamma e^{-(\rho+p)T}$$
$$+\frac{\mu\alpha a^{\alpha}w(0)^{\alpha}}{\rho+p}e^{(\mu\alpha-\rho-p)T}$$
$$=e^{-(\rho+p)T}\left\{\left[(1-\tau)^{\alpha}w(0)^{\alpha}-a^{\alpha}w(0)^{\alpha}\right.\right.$$
$$\left.\left.+\frac{\mu\alpha a^{\alpha}w(0)^{\alpha}}{\rho+p}\right]e^{\mu\alpha T}-\gamma\right\}$$
$$=e^{-(\rho+p)T}\left\{w(0)^{\alpha}\left[(1-\tau)^{\alpha}-a^{\alpha}+\frac{\mu\alpha a^{\alpha}}{\rho+p}\right]e^{\mu\alpha T}-\gamma\right\}$$
$$=e^{-(\rho+p)T}\left\{w(0)^{\alpha}\left[(1-\tau)^{\alpha}-a^{\alpha}\left(1-\frac{\mu\alpha}{\rho+p}\right)\right]e^{\mu\alpha T}-\gamma\right\} \qquad (6-21)$$

当 $(1-\tau)^{\alpha}\leqslant a^{\alpha}\left(1-\frac{\mu\alpha}{\rho+p}\right)$ 时，即 $\tau\geqslant 1-a\left(1-\frac{\mu\alpha}{\rho+p}\right)^{\frac{1}{\alpha}}$ 时，$U'(T)<0$。则在0期退休是最优选择。这是平凡解。

为避免这种情况，当 $\mu>0$ 时选择 τ 使 $\tau<1-a$。这样就有 $1-\tau>a$，当然有 $(1-\tau)^{\alpha}-a^{\alpha}+a^{\alpha}\frac{\mu\alpha}{\rho+p}>0$。而当 $\mu<0$ 时，则选择 τ 使 $1-\tau>a\left(1-\frac{\mu\alpha}{\rho+p}\right)^{\frac{1}{\alpha}}$，或 $\tau<1-a\left(1-\frac{\mu\alpha}{\rho+p}\right)^{\frac{1}{\alpha}}$。当 μ 的绝对值很小时，会有 $1-a\left(1-\frac{\mu\alpha}{\rho+p}\right)^{\frac{1}{\alpha}}>0$。

当 $\gamma > w(0)^{\alpha}\left[(1-\tau)^{\alpha}-a^{\alpha}\left(1-\frac{\mu\alpha}{\rho+p}\right)\right]$时，若 $\mu<0$，则 $e^{\mu\alpha T}<1$，因而，对任意 T 都会有 $U'(T)<0$。在这种情况下，在 0 期退休是最佳选择。现在，考虑 $\gamma < w(0)^{\alpha}\left[(1-\tau)^{\alpha}-a^{\alpha}\left(1-\frac{\mu\alpha}{\rho+p}\right)\right]$。如果 $\mu>0$，则 $e^{\mu\alpha T}>1$，因而有 $U'(T)>0$，对任意 T 成立。这时永不退休是最佳选择。现在不考虑永不工作和永不退休的极端情况，设 $\gamma < w(0)^{\alpha} \times \left[(1-\tau)^{\alpha}-a^{\alpha}\left(1-\frac{\mu\alpha}{\rho+p}\right)\right]$，且 $\mu<0$。

令 $M(T,\rho,p,a,w(0))=w(0)^{\alpha}\left[(1-\tau)^{\alpha}-a^{\alpha}\left(1-\frac{\mu\alpha}{\rho+p}\right)\right]e^{\mu\alpha T}$

可以看到，M 关于 T 递减，由以上的假设，对于给定的 γ，由 M 关于 T 的连续性，存在 $T_0>0$，使 $U'(T_0)=0$。

由于 M 关于 T 递减，所以，对任意 $T<T_0$ 都有 $U'(T)>0$，而对任意 $T>T_0$，都有 $U'(T)<0$，因而在 T_0，$U(T)$ 取得极大值。又因为 $T_0\in(0,\infty)$，因此，$U(T_0)$ 是最大值。

下面分析 γ，a，ρ，p，$w(0)$ 的变化对退休时间 T_0 的影响。当退休后的闲暇的效用 γ 增加时，M 必须增加才能达到 γ，由于 M 是 T 的递减函数，因而，存在 $T_0'<T_0$，使 $M(T_0')=\gamma$，即 $U'(T_0')=0$。也就是说退休后闲暇效用的增加使得退休时间提前。

供款率 τ 增加时，M 会减少。要达到给定的值 γ，需要 M 增加，由 M 关于 T 递减，所以存在 $T_0'<T_0$，使 $M(T_0')=\gamma$，即，$U'(T_0')=0$。即供款率上升使退休时间提前。

考虑替代率 a 的变化：显然，M 关于 a 递减，a 的上升使 M 减少，为了达到给定的 γ，就要使 M 增加，由于 M 关于 T 是递减的，因而存在 $T_0'<T_0$，使 $U'(T_0')=0$。即替代率上升会导致退休的时间提前，而 a 的下降会导致退休时间的退后。由于人口老龄化会导致替代率的降低，因而会延迟个人的退休时间。

贴现率 ρ 或死亡率 p 的上升，会造成 M 减少，所以 T 减少以达到给定的 γ。即 ρ 或 p 的上升使得退休时间提前。

工资的初始值 $w(0)$ 的上升会使 M 增加，T 加大才能使 M 减少以达到给定的 γ。因而，初始工资上升使得退休时间推迟。

计算：

$$\frac{\partial M}{\partial \mu}=w(0)^{\alpha}\left\{\alpha T\left[(1-\tau)^{\alpha}-a^{\alpha}\left(1-\frac{\mu\alpha}{\rho+p}\right)\right]e^{\mu\alpha T}+\frac{\alpha a^{\alpha}e^{\mu\alpha T}}{\rho+p}\right\}$$

$$=w(0)^{\alpha}e^{\mu\alpha T}\left\{\alpha T[(1-\tau)^{\alpha}-a^{\alpha}]+\frac{\alpha a^{\alpha}}{\rho+p}(\alpha\mu T+1)\right\}$$

当 $\mu<0$ 且 $\alpha\mu T>-1$ 时，$\frac{\partial M}{\partial \mu}>0$。也就是说，当 $|\mu|$ 充分小时，μ 的绝对值越小，M 就越大。对固定的 γ，要使 M 重新回到 γ 就需要增加 T 使 M 减少。这样，就会延迟退休。即当实工资减少的幅度变小时（名义工资上升），若 $\alpha\mu T>-1$，则个人会延迟退休。

总结以上，得到以下命题。

命题 6.1

（1）供款率 τ 的上升会使个人退休时间提前。

（2）当初始工资增加时，个人会选择晚退休。

（3）替代率 a 上升会导致早退休。

（4）贴现率或死亡率的上升会使个人选择早退休。

（5）退休后闲暇的效用的上升会使个人选择早退休。

由这一命题可以看到，在人口老龄化不断深化的形势下，如果替代率下降的话，会使个体选择延迟退休。而且，人口老龄化就是因为死亡率的下降或者说期望寿命延长而造成的，而死亡率的下降则一定会延迟退休。贴现率的减少也有同样的效果。命题 6.1 的结果说明，在现在死亡率下降，名义工资增长率上升的情况下，接近退休的一代的初始工资比已退休的一代的初始工资要高，所以他们会选择比已退休的一代晚退休，所以，在只考虑收入及退休后的积蓄和消费问题的前提下，这一代人会选择晚退休。命题6.1可以解释为个人只考虑收入与消费问题的情况下会与政府的选择一致，都会选择延迟退休。

2. 资本积累存在的情况

现在考虑有储蓄存在的情况。个人在缴纳社会养老保险以外，还有储蓄以补充将来退休后的社会养老保障金，用于退休后的消费。而在退休时刻，个人将其所有资产买成商业养老保险的年金，加上他的社会养老保障金一起，用于退休后的消费。而退休后除了消费获得的效用以外，个人还拥有了闲暇，由闲暇所产生的效用与消费的效用一起构成了退休后的效用。

那么，在工作阶段，个人的消费为：

$$C(t) = (1 - \tau)w(t) - s(t) \tag{6-22}$$

其中 $s(t)$ 为个人在时刻 t 的储蓄，τ 为个人在工作时期为社会养老保障系统供款的缴费率。设个人的财富为 $A(t)$，其财富的变化为：

$$\dot{A} = rA(t) + s(t) \tag{6-23}$$

其中，r 表示实利率。式（6-23）表示个人财富的变化为财富的利息收入加上新的储蓄，即：

$$\dot{A} = rA(t) + (1 - \tau)w(t) - C(t) \tag{6-24}$$

而在退休后的预算约束为：

$$\int_T^{\infty} C(t)e^{-(r+p)(t-T)}\mathrm{d}t = \int_T^{\infty} aw(T)e^{-(r+p)(t-T)}\mathrm{d}t + A(T) \tag{6-25}$$

现在，对这个预算约束式加以说明。

在这个预算约束式里，把退休以后的消费全部合到了退休时点 T，左侧为消费贴现的期望值，而右侧第一项是养老金的收入在退休时点的贴现值的期望值，而第二项则是财富在退休时点的值。

设 $u(C(t)) = \ln C(t)$。这样，动态最优化的问题就变为：

$$\max_{\{C(t),T\}}\int_0^T \ln C(t)e^{-(\rho+p)t}\mathrm{d}t + R(T) \tag{6-26}$$

$$\dot{A} = rA + (1-\tau)w(t) - C(t) \tag{6-24}$$

$$\int_T^\infty C(t)e^{-(r+p)(t-T)}\mathrm{d}t = \int_T^\infty aw(T)e^{-(r+p)(t-T)}\mathrm{d}t + A(T) \tag{6-25}$$

为了模型计算简单，设利息率 r 为定数。这也符合我国的情况，利息基本上是固定的。

首先，计算退休后的效用最大化问题：

$$\max_{C(t)} R(T) = \int_T^\infty \ln C(t)e^{-(\rho+p)t}\mathrm{d}t + \int_T^\infty \gamma e^{-(\rho+p)t}\mathrm{d}t \tag{6-27}$$

$$\text{s. t.} \int_T^\infty C(t)e^{-(r+p)(t-T)}\mathrm{d}t = \int_T^\infty aw(T)e^{-(r+p)(t-T)}\mathrm{d}t + A(T) \tag{6-25}$$

对任意充分大的 $T'>T$，设立拉格朗日函数：

$$L = \int_T^{T'} \ln C(t)e^{-(\rho+p)t}\mathrm{d}t + \int_T^{T'} \gamma e^{-(\rho+p)t}\mathrm{d}t + \lambda\Big[\int_T^{T'} aw(T)e^{-(r+p)(t-T)}\mathrm{d}t + A(T) - \int_T^{T'} C(t)e^{-(r+p)(t-T)}\mathrm{d}t\Big] \tag{6-28}$$

对 C 求导，得到：

$$\int_T^{T'} \frac{1}{C}e^{-(\rho+p)t}\mathrm{d}t - \lambda\int_T^{T'} e^{-(r+p)(t-T)}\mathrm{d}t = 0$$

即：

$$\int_T^{T'} \Big[\frac{1}{C}e^{-(\rho+p)t} - \lambda e^{-(r+p)(t-T)}\Big]\mathrm{d}t = 0$$

对于任意 T' 足够大，都成立。那么，就应有 $\frac{e^{-(\rho+p)t}}{C(t)} = \lambda e^{-(r+p)(t-T)}$，$t>T$。

即：

$$C(t) = \frac{e^{-(\rho+p)t}}{\lambda e^{-(r+p)(t-T)}} \tag{6-29}$$

把式（6－29）代入式（6－25），得到：

$$\int_T^\infty \frac{e^{-(\rho+p)t}}{\lambda e^{-(r+p)(t-T)}} e^{-(r+p)(t-T)} \mathrm{d}t = \int_T^\infty aw(T) e^{-(r+p)(t-T)} \mathrm{d}t + A(T)$$

即：

$$\int_T^\infty \frac{e^{-(\rho+p)t}}{\lambda} \mathrm{d}t = aw(T) \int_T^\infty e^{-(r+p)(t-T)} \mathrm{d}t + A(T) \tag{6-30}$$

在式（6－30）中求积分，得到：

$$\left[-\frac{e^{-(\rho+p)t}}{(\rho+p)\lambda} \right]_T^\infty = aw(T) \left[-\frac{e^{-(r+p)(t-T)}}{r+p} \right]_T^\infty + A(T)$$

即：

$$\frac{e^{-(\rho+p)T}}{\lambda(\rho+p)} = \frac{aw(T)}{r+p} + A(T)$$

解出 λ，得到：

$$\lambda = \frac{e^{-(\rho+p)T}}{(\rho+p)\left[\frac{aw(T)}{r+p} + A(T) \right]} = \frac{e^{-(\rho+p)T}(r+p)}{(\rho+p)[aw(T) + (r+p)A(T)]} \tag{6-31}$$

把式（6－31）代入式（6－29），得到：

$$C(t) = \frac{e^{-(\rho+p)t}(\rho+p)[aw(T) + (r+p)A(T)]}{e^{-(\rho+p)T}(r+p)e^{-(r+p)(t-T)}}$$

即：

$$C(t) = e^{(r-\rho)(t-T)} \frac{(\rho+p)}{r+p} [aw(T) + (r+p)A(T)] \tag{6-32}$$

由式（6－32）得到：

$$C(T) = \frac{(\rho+p)}{r+p} [aw(T) + (r+p)A(T)] \tag{6-33}$$

下面计算 $R(T)$，把式（6－32）代入式（6－27），得到：

$$R(T) = \int_T^\infty \ln C(t) e^{-(\rho+p)t} \mathrm{d}t + \int_T^\infty \gamma e^{-(\rho+p)t} \mathrm{d}t$$

$$= \int_T^\infty \{ (r-\rho)(t-T) + \ln(\rho+p) - \ln(r+p)$$

$$+\ln[aw(T)+(r+p)A(T)]\}e^{-(\rho+p)t}\mathrm{d}t+\int_T^{\infty}\gamma e^{-(\rho+p)t}\mathrm{d}t$$

$$=\int_T^{\infty}(r-\rho)(t-T)e^{-(\rho+p)t}\mathrm{d}t+\{\ln(\rho+p)-\ln(r+p)$$

$$+\ln[aw(T)+(r+p)A(T)]\}\int_T^{\infty}e^{-(\rho+p)t}\mathrm{d}t-\frac{\gamma e^{-(\rho+p)t}}{\rho+p}\Bigg|_T^{\infty}$$

$$=(r-\rho)\left[-(t-T)\frac{e^{-(\rho+p)t}}{\rho+p}\Bigg|_T^{\infty}+\int_T^{\infty}\frac{e^{-(\rho+p)t}}{\rho+p}\mathrm{d}t\right]+\{\ln(\rho+p)$$

$$-\ln(r+p)+\ln[aw(T)+(r+p)A(T)]\}$$

$$-\left[\frac{e^{-(\rho+p)t}}{\rho+p}\right]\Bigg|_T^{\infty}+\frac{\gamma e^{-(\rho+p)T}}{\rho+p}$$

$$=(r-\rho)\left[-\frac{e^{-(\rho+p)t}}{(\rho+p)^2}\right]\Bigg|_T^{\infty}+\{\ln(\rho+p)-\ln(r+p)$$

$$+\ln[aw(T)+(r+p)A(T)]\}\frac{e^{-(\rho+p)T}}{\rho+p}+\frac{\gamma e^{-(\rho+p)T}}{\rho+p}$$

$$=(r-\rho)\frac{e^{-(\rho+p)T}}{(\rho+p)^2}+\{\ln(\rho+p)-\ln(r+p)$$

$$+\ln[aw(T)+(r+p)A(T)]\}\frac{e^{-(\rho+p)T}}{\rho+p}+\frac{\gamma e^{-(\rho+p)T}}{\rho+p}$$

$$=\frac{e^{-(\rho+p)T}}{\rho+p}\left\{\frac{r-\rho}{\rho+p}+\ln(\rho+p)-\ln(r+p)+\ln[aw(T)\right.$$

$$\left.+(r+p)A(T)]+\gamma\right\} \tag{6-34}$$

下面计算：

$$R'(T)=-e^{-(\rho+p)T}\left\{\frac{r-\rho}{\rho+p}+\ln(\rho+p)-\ln(r+p)+\ln[aw(T)\right.$$

$$\left.+(r+p)A(T)]+\gamma\right\}+\frac{e^{-(\rho+p)T}}{\rho+p}\frac{aw'(T)+(r+p)A'(T)}{aw(T)+(r+p)A(T)}$$

$$=e^{-(\rho+p)T}\left\{-\frac{r-\rho}{\rho+p}-\ln(\rho+p)+\ln(r+p)-\ln[aw(T)\right.$$

$$+(r+p)A(T)]-\gamma+\frac{aw'(T)+(r+p)A'(T)}{(\rho+p)[aw(T)+(r+p)A(T)]}\Bigg\}$$

(6 - 35)

接着，考虑个人生涯效用最大化问题：

$$\max\int_0^T \ln C(t)e^{-(\rho+p)t}\mathrm{d}t+R(T) \tag{6-36}$$

$$\text{s. t. } \dot{A}=rA(t)+(1-\tau)w(t)-C(t)$$

$$A(0)=A_0$$

首先设立哈密尔顿函数：

$$H=\ln[C(t)]e^{-(\rho+p)t}+\lambda(t)[rA(t)+(1-\tau)w(t)-C(t)]$$

关于 C 的一阶条件为：

$$\frac{e^{-(\rho+p)t}}{C(t)}-\lambda(t)=0$$

即：

$$\lambda(t)=\frac{e^{-(\rho+p)t}}{C(t)} \tag{6-37}$$

由最大值原理，得到：

$$\dot{\lambda}=-\lambda r \tag{6-38}$$

由最大值原理，得到横截条件：

$$\lambda(T)=\frac{\partial R(A(T))}{\partial A} \tag{6-39}$$

对式（6 - 37）两边关于 t 求导，得到：

$$\dot{\lambda}(t)=-\frac{\dot{C}(t)e^{-(\rho+p)t}}{C^2(t)}-\frac{(\rho+p)e^{-(\rho+p)t}}{C(t)} \tag{6-40}$$

把式（6 - 38）代入式（6 - 40），得到：

$$-\frac{\dot{C}(t)e^{-(\rho+p)t}}{C^2(t)}-\frac{(\rho+p)e^{-(\rho+p)t}}{C(t)}=-\lambda r \tag{6-41}$$

再把（6 - 37）代入式（6 - 41），得到：

$$\frac{\dot{C}(t)e^{-(\rho+p)t}}{C^2(t)}+\frac{(\rho+p)e^{-(\rho+p)t}}{C(t)}=\frac{re^{-(\rho+p)t}}{C(t)} \tag{6-42}$$

化简，在式（6－42）两边同乘以 $C(t)e^{(\rho+p)t}$，得到：

$$\frac{\dot{C}(t)}{C(t)}+\rho+p=r$$

即：

$$\frac{\dot{C}(t)}{C(t)}=r-\rho-p \tag{6-43}$$

对式（6－43）两边在［0，t］区间对 t 积分，得到：

$$\ln C(t)-\ln C(0)=(r-\rho-p)t$$

去对数，得到：

$$C(t)=C(0)e^{(r-\rho-p)t} \tag{6-44}$$

当 $t=T$ 时，

$$C(T)=C(0)e^{(r-\rho-p)T} \tag{6-45}$$

把式（6－45）代入式（6－33），得到：

$$C(0)e^{(r-\rho-p)T}=\frac{(\rho+p)}{r+p}[aw(T)+(r+p)A(T)]$$

得到：

$$C(0)=\frac{(\rho+p)}{r+p}[aw(T)+(r+p)A(T)]e^{-(r-\rho-p)T} \tag{6-46}$$

也就是说，当 $C(0)$ 满足式（6－46）时，$C(t)$ 是连续的。

由式（6－39）及 $\frac{\partial R(A(T))}{\partial A}=\frac{(r+p)e^{-(\rho+p)T}}{(\rho+p)[aw(T)+(r+p)A(T)]}$，得到：

$$\lambda(T)=\frac{e^{-(\rho+p)T}(r+p)}{(\rho+p)[aw(T)+(r+p)A(T)]} \tag{6-47}$$

另外，在式（6－38）两边关于 λ 在区间［0，T］上积分，得到：

$$\ln\lambda(T)-\ln\lambda(0)=-rT$$

去对数得到：

$$\lambda(T)=\lambda(0)e^{-rT} \tag{6-48}$$

由式（6－47）得到：

$$\lambda(0)e^{-rT}=\frac{e^{-(\rho+p)T}(r+p)}{(\rho+p)[aw(T)+(r+p)A(T)]}$$

$$\lambda(0)=\frac{(r+p)e^{(r-\rho-p)T}}{(\rho+p)[aw(T)+(r+p)A(T)]} \tag{6-49}$$

由式（6－37）和式（6－47），得到：

$$\begin{aligned}C(T)&=\frac{e^{-(\rho+p)T}}{\lambda(T)}\\&=\frac{e^{-(\rho+p)T}(\rho+p)[aw(T)+(r+p)A(T)]}{(r+p)e^{-(\rho+p)T}}\\&=\frac{(\rho+p)[aw(T)+(r+p)A(T)]}{r+p}\end{aligned} \tag{6-50}$$

以下要求出 $w(t)$ 的表示式。为此，设经济中的生产函数为柯布－道格拉斯函数：

$$F(K, L)=K^{\alpha}L^{1-\alpha},\ 0<\alpha<1。$$

由 F 是一次齐次函数，得到：

$$F(K, L)=L\left(\frac{K}{L}\right)^{\alpha}$$

设：

$$f(k)=k^{\alpha}$$

其中，$k=\dfrac{K}{L}$。

则有：

$$F(K, L)=Lf(k)$$

现在，计算资本租借利息率 r 和工资率 w。

考虑企业的利润：

$$F(K, L)-rK-wL$$

由利润最大化一阶条件，得到：

$$r=\frac{\partial F}{\partial K}=\alpha K^{\alpha-1}L^{1-\alpha}=\alpha\left(\frac{K}{L}\right)^{\alpha-1}=\alpha k^{\alpha-1}=f'(k) \tag{6-51}$$

$$w=\frac{\partial F}{\partial L}=f(k)+Lf'(k)\left(\frac{-K}{L^2}\right)=f(k)-kf'(k)=k^{\alpha}-\alpha k^{\alpha}=(1-\alpha)k^{\alpha} \tag{6-52}$$

在均衡时，个人的资产等于人均资本，即：

$$A=k \tag{6-53}$$

因而，由资产 A 的微分方程，得到：

$$\dot{k}=rk+(1-\tau)w(k)-C \tag{6-54}$$

为了简化表示，以下把 $k(t)$ 简记为 k_t。

现在计算生涯的最大期望效用 $E_0U(T)$。

由式（6－34），得到：

$$\begin{aligned}E_0U(T)&=\int_0^T\ln[C(t)]e^{-(\rho+p)t}\mathrm{d}t+R(T)\\&=\int_0^T\ln C(t)e^{-(\rho+p)t}\mathrm{d}t+\frac{e^{-(\rho+p)T}}{\rho+p}\left\{\frac{r-\rho}{\rho+p}+\ln(\rho+p)\right.\\&\quad\left.-\ln(r+p)+\ln[aw(T)+(r+p)A(T)]+\gamma\right\}\end{aligned} \tag{6-55}$$

对 $E_0U(T)$ 关于 T 求导，得到：

$$\begin{aligned}E_0U'(T)&=\ln[C(T)]e^{-(\rho+p)T}+e^{-(\rho+p)T}\left\{-\frac{r-\rho}{\rho+p}-\ln(\rho+p)+\ln(r\right.\\&\quad+p)-\ln[aw(T)+(r+p)A(T)]-\gamma\\&\quad\left.+\frac{aw'(T)+(r+p)A'(T)}{(\rho+p)[aw(T)+(r+p)A(T)]}\right\}\\&=e^{-(\rho+p)T}\left\{\ln C(T)-\frac{r-\rho}{\rho+p}-\ln(\rho+p)+\ln(r+p)\right.\end{aligned}$$

$$
\left. - \ln[aw(T) + (r+p)A(T)] - \gamma + \frac{aw'(T) + (r+p)A'(T)}{(\rho+p)[aw(T) + (r+p)A(T)]} \right\} \tag{6-56}
$$

设：

$$
\begin{aligned}
M(T) = \ln C(T) - \frac{r-\rho}{\rho+p} - \ln(\rho+p) + \ln(r+p) \\
- \ln[aw(T) + (r+p)A(T)] - \gamma \\
+ \frac{aw'(T) + (r+p)A'(T)}{(\rho+p)[aw(T) + (r+p)A(T)]}
\end{aligned} \tag{6-57}
$$

把式（6－50）代入式（6－57），得到：

$$
M(T) = -\frac{r-\rho}{\rho+p} - \gamma + \frac{aw'(T) + (r+p)A'(T)}{(\rho+p)[aw(T) + (r+p)A(T)]} \tag{6-58}
$$

计算$\frac{\mathrm{d}M}{\mathrm{d}T}$：

$$
\frac{\mathrm{d}M}{\mathrm{d}T} = \frac{[aw''(T) + (r+p)A''(T)][aw(T) + (r+p)A(T)] - [aw'(T) + (r+p)A'(T)]^2}{(\rho+p)[aw(T) + (r+p)A(T)]^2} \tag{6-59}
$$

下面计算 $w''(T)$ 和 $A''(T)$：

$$
w'(t) = w'(k_t)\frac{\mathrm{d}k_t}{\mathrm{d}t} = \alpha(1-\alpha)k_t^{\alpha-1}[rk_t + (1-\tau)(1-\alpha)k_t^{\alpha} - C(t)] \tag{6-60}
$$

$$
\begin{aligned}
w''(t) &= w''(k_t)\left(\frac{\mathrm{d}k_t}{\mathrm{d}t}\right)^2 + w'(k_t)\frac{\mathrm{d}^2k_t}{\mathrm{d}t^2} = \alpha(\alpha-1)(1-\alpha)k_t^{\alpha-2}A'^2 \\
&\quad + \alpha(1-\alpha)k_t^{\alpha-1}A'' \\
&= -\alpha(1-\alpha)^2k_t^{\alpha-2}A'^2 + \alpha(1-\alpha)k_t^{\alpha-1}A''
\end{aligned} \tag{6-61}
$$

$$
A' = rk_t + (1-\tau)(1-\alpha)k_t^{\alpha} - C(t) \tag{6-62}
$$

$$
A'' = [r + (1-\tau)(1-\alpha)\alpha k_t^{\alpha-1}]A' - C'(t) \tag{6-63}
$$

$r<1$，且 $k_t^{\alpha-1}<1$，当 r 足够小，且当 k_t 很大时，可以使 $A''<0$。把式

（6－61）和式（6－63）代入式（6－59）分子的第一项，得到：

$$aw''(T)+(r+p)A''(T)$$
$$=-a\alpha(1-\alpha)^2k_t^{\alpha-2}A'^2+a\alpha(1-\alpha)k_t^{\alpha-1}A''+(r+p)A''<0 \tag{6-64}$$

由于 $aw(T)+(r+p)A(T)>0$，式（6－59）分子的第一项为负，第二项也为负，且分母为正，因而：

$$\frac{\mathrm{d}M}{\mathrm{d}T}<0。$$

当 $A_0=k_0$ 足够大时，会有：

$$\frac{aw'(0)+(r+p)A'(0)}{(\rho+p)[aw(0)+(r+p)A(0)]}>\gamma+\frac{r-\rho}{\rho+p} \tag{6-65}$$

由式（6－52）和式（6－53），得到：

$$w(0)=(1-\alpha)k_0^{\alpha},\ A(0)=A_0=k_0 \tag{6-66}$$

以下证明当 k_0 足够大时，式（6－65）成立。

由式（6－60）得到：

$$w'(0)=\alpha(1-\alpha)k_0^{\alpha-1}A'(0) \tag{6-67}$$

代入下式得到：

$$aw'(0)+(r+p)A'(0)=a\alpha(1-\alpha)k_0^{\alpha-1}A'(0)+(r+p)A'(0)$$
$$=A'(0)[a\alpha(1-\alpha)k_0^{\alpha-1}+(r+p)] \tag{6-68}$$

由式（6－66）得到：

$$aw(0)+(r+p)A(0)=a(1-\alpha)k_0^{\alpha}+(r+p)k_0$$
$$=k_0[a(1-\alpha)k_0^{\alpha-1}+r+p] \tag{6-69}$$

把式（6－68）和式（6－69）代入式（6－65），式（6－65）的左侧变为：

$$\frac{aw'(0)+(r+p)A'(0)}{(\rho+p)[aw(0)+(r+p)A(0)]}$$

$$=\frac{A'(0)[a\alpha(1-\alpha)k_0^{\alpha-1}+r+p]}{(\rho+p)k_0[a(1-\alpha)k_0^{\alpha-1}+r+p]}$$

$$=\frac{A'(0)[a\alpha(1-\alpha)k_0^{\alpha-1}+r+p+a(1-\alpha)k_0^{\alpha-1}-a(1-\alpha)k_0^{\alpha-1}]}{(\rho+p)k_0[a(1-\alpha)k_0^{\alpha-1}+r+p]}$$

$$=\frac{A'(0)[a(1-\alpha)k_0^{\alpha-1}+r+p]}{(\rho+p)k_0[a(1-\alpha)k_0^{\alpha-1}+r+p]}-\frac{A'(0)a(1-\alpha)^2k_0^{\alpha-1}}{(\rho+p)k_0[a(1-\alpha)k_0^{\alpha-1}+r+p]}$$

$$=\frac{A'(0)}{(\rho+p)k_0}-\frac{A'(0)a(1-\alpha)^2k_0^{\alpha-1}}{(\rho+p)k_0[a(1-\alpha)k_0^{\alpha-1}+r+p]}$$

$$=\frac{rk_0+(1-\tau)(1-\alpha)k_0^{\alpha}-C(0)}{(\rho+p)k_0}-\frac{A'(0)a(1-\alpha)^2}{(\rho+p)k_0^{2-\alpha}[a(1-\alpha)k_0^{\alpha-1}+r+p]}$$

$$=\frac{r}{\rho+p}+\frac{(1-\tau)(1-\alpha)}{(\rho+p)k_0^{1-\alpha}}-\frac{C(0)}{(\rho+p)k_0}$$

$$-\frac{A'(0)a(1-\alpha)^2}{(\rho+p)k_0^{2-\alpha}[a(1-\alpha)k_0^{\alpha-1}+r+p]} \tag{6-70}$$

把式（6－70）代入式（6－65），得到：

$$\frac{(1-\tau)(1-\alpha)}{(\rho+p)k_0^{1-\alpha}}-\frac{C(0)}{(\rho+p)k_0}-\frac{A'(0)a(1-\alpha)^2}{(\rho+p)k_0^{2-\alpha}[a(1-\alpha)k_0^{\alpha-1}+r+p]}$$

$$>\gamma-\frac{\rho}{\rho+p} \tag{6-71}$$

因而，只需证明式（6－71）成立即可，即只需证：

$$\frac{(1-\tau)(1-\alpha)}{(\rho+p)k_0^{1-\alpha}}-\frac{C(0)}{(\rho+p)k_0}-\frac{A'(0)a(1-\alpha)^2}{(\rho+p)k_0^{2-\alpha}[a(1-\alpha)k_0^{\alpha-1}+r+p]}$$

$$+\frac{\rho}{\rho+p}>0 \tag{6-72}$$

由 $C(0)<(1-\tau)w(0)=(1-\tau)(1-\alpha)k_0^{\alpha}$，得到：

$$\frac{C(0)}{(\rho+p)k_0}<\frac{(1-\tau)(1-\alpha)}{(\rho+p)k_0^{1-\alpha}} \tag{6-73}$$

而当 γ 与 α 充分小时，$A'(0)=rk_0+(1-\tau)(1-\alpha)k_0^{\alpha}-C(0)<k_0$，

所以式（6－71）左侧的第三项有：

$$\frac{A'(0)a(1-\alpha)^2}{(\rho+p)k_0^{2-\alpha}[a(1-\alpha)k_0^{\alpha-1}+r+p]}<\frac{a(1-\alpha)^2}{(\rho+p)k_0^{1-\alpha}[a(1-\alpha)k_0^{\alpha-1}+r+p]} \tag{6-74}$$

由式（6－73）和式（6－74），得到：

$$\frac{C(0)}{(\rho+p)k_0}+\frac{A'(0)a(1-\alpha)^2}{(\rho+p)k_0^{2-\alpha}[a(1-\alpha)k_0^{\alpha-1}+r+p]}$$
$$<\frac{(1-\tau)(1-\alpha)}{(\rho+p)k_0^{1-\alpha}}+\frac{a(1-\alpha)^2}{(\rho+p)k_0^{1-\alpha}[a(1-\alpha)k_0^{\alpha-1}+r+p]} \tag{6-75}$$

当 k_0 充分大时，式（6－75）的不等号右侧会很小，接近零。因而：

$$\frac{(1-\tau)(1-\alpha)}{(\rho+p)k_0^{1-\alpha}}+\frac{\rho}{\rho+p}-\frac{C(0)}{(\rho+p)k_0}$$
$$-\frac{A'(0)a(1-\alpha)^2}{(\rho+p)k_0^{2-\alpha}[a(1-\alpha)k_0^{\alpha-1}+r+p]}>0 \tag{6-76}$$

适当地选取 γ 的值，可以证明式（6－65）成立。

当式（6－65）成立时，可知 $M(0)>0$。下面证明存在 $T_0>0$ 使得 $M(T_0)=0$。由式（6－59）可知，$\frac{aw'(T)+(r+p)A'(T)}{(\rho+p)[aw(T)+(r+p)A(T)]}$ 关于 T 递减，因而，必有下确界。如果下确界为 0，则必存在 T' 足够大，使得 $M(T')<0$。由 $M(T)$ 是 T 的连续函数，由连续函数的介值定理，存在 $T_0>0$ 使得 $M(T_0)=0$。如果下确界为 $B>0$ 且 $-\frac{r-\rho}{\rho+p}-\gamma+\frac{B}{\rho+p}<0$。由下确界的定义：

$$\lim_{T\to\infty}\frac{aw'(T)+(r+p)A'(T)}{(\rho+p)[aw(T)+(r+p)A(T)]}=B \tag{6-77}$$

如果 $-\frac{r-\rho}{\rho+p}-\gamma+\frac{B}{\rho+p}<0$，由下确界的定义，对任意 $\varepsilon>0$，存在 $T'>0$ 使得：

$$\frac{aw'(T')+(r+p)A'(T')}{(\rho+p)[aw(T')+(r+p)A(T')]}<B+\varepsilon \qquad (6-78)$$

取 ε 充分小，可以使得：

$$M(T')=-\frac{r-\rho}{\rho+p}-\gamma+\frac{aw'(T')+(r+p)A'(T')}{(\rho+p)[aw(T')+(r+p)A(T')]}$$

$$<-\frac{r-\rho}{\rho+p}-\gamma+\frac{B+\varepsilon}{\rho+p}<0$$

如果 $-\frac{r-\rho}{\rho+p}-\gamma+\frac{B}{\rho+p}\geqslant 0$，则式（6－65）自然成立。在此，可取 $\gamma>\frac{B}{\rho+p}-\frac{r-p}{\rho+p}$，使得：

$$-\frac{r-\rho}{\rho+p}-\gamma+\frac{B}{\rho+p}<0$$

因而，在任何情况下，适当地选择 γ 都可以找到 $T_0>0$ 使得 $M(T_0)=0$。

下面证明在 T_0 点 $E_0U(T)$ 取最大值。当 $T<T_0$ 时，$E_0U(T)$ 递增，而当 $T<T_0$ 时 $E_0U(T)$ 递减，所以，$EU(T)$ 在 T_0 点取得最大值。

可知：

$$\gamma=-\frac{r-\rho}{\rho+p}+\frac{aw'(T_0)+(r+p)A'(T_0)}{(\rho+p)[aw(T_0)+(r+p)A(T_0)]} \qquad (6-79)$$

6.2　离散时间动态模型的最优退休时间选择

在使用离散时间动态模型研究退休时间问题时，考虑世代交叠模型，一个世代生存三个期间，第一期间工作，第二期间可选择退休也可以继续工作，第三期间退休或死亡。生存到第三个期间的概率为 α。在工作期间的收入要以 τ 的比率交养老保障的供款。设商品消费的效用函数为 lnc，贴现率为 β。在第二期退休的话，除商品消费得到的效用以外，还通过闲暇获得效用。设闲暇的效用为 $m(L)$。这可解释为旅游、读书及兴趣学习等获得的效用。而在第三期退休的人没有这一闲暇的效用，这可解释为年龄更大给旅游、读书、继续学习上带来困难。

t 世代在第二期退休的个人的期望效用为：

$$\begin{aligned} E_t U &= (1-\alpha)[\ln c_t + \beta \ln c_{t+1} + \beta m(L)] + \alpha[\ln c_t + \beta \ln c_{t+1} \\ &\quad + \beta m(L) + \beta^2 \ln c_{t+2}] \\ &= \ln c_t + \beta \ln c_{t+1} + \beta m(L) + \alpha \beta^2 \ln c_{t+2} \end{aligned} \tag{6-80}$$

考虑 $t+1$ 期就退休的个人的预算约束：他们在生存的第二期间就依靠养老金生活，在我国，养老保障金是按月发放的，在模型里相当于把养老金分成一半用于第二期的消费，而对于储蓄的收益个人则在第二期取 θ 比例用于第二期的消费，可以考虑为把储蓄买成商业养老保险，如果第三期个人死亡，用于第三期消费的储蓄就会成为保险公司的资产。当个人在第二期开始就退休时，就在第二期结束养老保障的记账，把得到的养老保障金平分，一半用于 $t+1$ 期的消费，另一半存入银行，用于 $t+2$ 期的消费。这适合我国的情况。个人的效用最大化问题为：

$$\max_{\{c_t, c_{t+1}, c_{t+2}\}} E_t U$$

$$\text{s. t.} \quad s_t = (1-\tau) w_t - c_t \tag{6-81}$$

$$c_{t+1} = \frac{1}{2} m_1 \tau w_t + r_{t+1} \theta s_t \tag{6-82}$$

$$c_{t+2} = \frac{1}{2} r_{t+2} m_1 \tau w_t + r_{t+2} r_{t+1} (1-\theta) s_t \tag{6-83}$$

这里把个人在 t 期的储蓄记为 s_t；τ 为养老保障的缴费率；r_{t+1}，r_{t+2} 分别为 $t+1$ 与 $t+2$ 期储蓄的本利；m_1 是养老保障在早退休年龄上的给付率；在 $t+1$ 期取 θ 比例的储蓄用于第 $t+1$ 期的消费。

第三期如果存活，则要消费掉其养老金和储蓄的剩余部分：

$$c_{t+2} = \frac{1}{2} r_{t+2} m_1 \tau w_t + r_{t+2} r_{t+1} (1-\theta) s_t$$

对于在人生的第二阶段退休的个人来说，他的生涯期望效用为：

$$
\begin{aligned}
E_tU &= \ln c_t + \beta \ln c_{t+1} + \beta m(L) + \alpha\beta^2 \ln c_{t+2} \\
&= \ln[(1-\tau)w_t - s_t] + \beta \ln\left[\frac{1}{2}m_1\tau w_t + r_{t+1}\theta s_t\right] \\
&\quad + \alpha\beta^2 \ln\left[\frac{1}{2}r_{t+2}m_1\tau w_t + r_{t+2}r_{t+1}(1-\theta)s_t\right] + \beta m(L) \qquad (6-84)
\end{aligned}
$$

使其生涯期望效用最大，得到关于 s_t 的一阶条件：

$$
-\frac{1}{(1-\tau)w_t - s_t} + \beta\frac{\theta r_{t+1}}{\frac{1}{2}m_1\tau w_t + r_{t+1}\theta s_t} + \alpha\beta^2\frac{r_{t+1}(1-\theta)}{\frac{1}{2}m_1\tau w_t + r_{t+1}(1-\theta)s_t} = 0 \qquad (6-85)
$$

关于 θ 的一阶条件：

$$
\beta\frac{r_{t+1}s_t}{\frac{1}{2}m_1\tau w_t + r_{t+1}\theta s_t} - \alpha\beta^2\frac{r_{t+1}s_t}{\frac{1}{2}m_1\tau w_t + r_{t+1}(1-\theta)s_t} = 0 \qquad (6-86)
$$

即：

$$
\frac{\alpha\beta}{\frac{1}{2}m_1\tau w_t + r_{t+1}(1-\theta)s_t} = \frac{1}{\frac{1}{2}m_1\tau w_t + r_{t+1}\theta s_t} \qquad (6-87)
$$

把式（6－87）代入式（6－85），得到：

$$
-\frac{1}{(1-\tau)w_t - s_t} + \beta\frac{\theta r_{t+1}}{\frac{1}{2}m_1\tau w_t + r_{t+1}\theta s_t} + \beta\frac{r_{t+1}(1-\theta)}{\frac{1}{2}m_1\tau w_t + r_{t+1}\theta s_t} = 0
$$

即：

$$
-\frac{1}{(1-\tau)w_t - s_t} + \beta\frac{r_{t+1}}{\frac{1}{2}m_1\tau w_t + r_{t+1}\theta s_t} = 0 \qquad (6-88)
$$

对式（6－88）通分、去分母，得到：

$$-\frac{1}{2}m_1\tau w_t - r_{t+1}\theta s_t + \beta r_{t+1}[(1-\tau)w_t - s_t] = 0 \qquad (6-89)$$

得到：

$$\frac{1}{2}m_1\tau w_t + r_{t+1}\theta s_t = \beta r_{t+1}[(1-\tau)w_t - s_t] \qquad (6-90)$$

合并同类项，得到：

$$(\beta+\theta)r_{t+1}s_t = \beta r_{t+1}(1-\tau)w_t - \frac{1}{2}m_1\tau w_t \qquad (6-91)$$

由式（6－87），得到：

$$\alpha\beta\left[\frac{1}{2}m_1\tau w_t + r_{t+1}\theta s_t\right] = \frac{1}{2}m_1\tau w_t + r_{t+1}(1-\theta)s_t$$

合并同类项，得到：

$$(1+\alpha\beta)r_{t+1}s_t\theta = \frac{(1-\alpha\beta)\tau m_1 w_t}{2} + r_{t+1}s_t$$

解出 θ，得到：

$$\theta = \frac{(1-\alpha\beta)\tau m_1 w_t}{2(1+\alpha\beta)r_{t+1}s_t} + \frac{1}{1+\alpha\beta} \qquad (6-92)$$

把式（6－92）代入式（6－91），得到：

$$\beta r_{t+1}s_t + \frac{r_{t+1}s_t}{1+\alpha\beta} = \beta r_{t+1}(1-\tau)w_t - \frac{1}{2}m_1\tau w_t - \frac{(1-\alpha\beta)m_1\tau w_t}{2(1+\alpha\beta)}$$

经过整理，得到：

$$\frac{1+\beta+\alpha\beta^2}{1+\alpha\beta}r_{t+1}s_t = \beta r_{t+1}(1-\tau)w_t - \frac{m_1\tau w_t}{1+\alpha\beta}$$

解出 s_t，得到：

$$s_t = \left[\frac{(1-\tau)(\beta+\alpha\beta^2)}{1+\beta+\alpha\beta^2} - \frac{m_1\tau}{r_{t+1}(1+\beta+\alpha\beta^2)}\right]w_t \qquad (6-93)$$

当 $\beta r_{t+1}(1+\alpha\beta)(1-\tau) > m_1\tau$ 时，$s_t > 0$。即当 $\tau < \frac{\beta r_{t+1}(1+\alpha\beta)}{m_1 + \beta r_{t+1}(1+\alpha\beta)}$ 时，$s_t > 0$。当 τ 很小时这一条件会满足。

可以看到 s_t 关于 r_{t+1} 是递增的。s_t 关于养老保障金的收益，即记账利率 m_1，是递减的；这是因为储蓄与养老金都是为退休后养老而使用的，是替代关系，所以养老金的收益越高，储蓄就越少。同样，储蓄 s_t 关于养老保障的供款率 τ 也是递减的关系，这一影响，一部分来自收入效应，因为，养老保障供款减少了可支配收入；另一部分来自替代效应，因为养老金的增多，替代了储蓄。两个效应的和是负的。

下面考虑在生命的第三期才退休的个人的效用最大化问题。如果在第三期才退休的人，他在第二期也仍然交社会保障的供款，也仍然储蓄，那么，第三阶段他消费掉他所有的社会养老保障金和储蓄。在晚退休的情况，个人领取养老金的比例 m_2 会高于早退休时的 m_1。

晚退休的个人的效用最大化问题为：

$$\max_{\{c_t,c_{t+1},c_{t+2}\}} E_t U_1$$

$$\text{s. t.}\quad s_t^1 = (1-\tau)w_t - c_t, \tag{6-94}$$

$$c_{t+1} = (1-\tau)w_{t+1} - s_{t+1}^o \tag{6-95}$$

$$c_{t+2} = m_2\tau(w_t + w_{t+1}) + r_{t+2}r_{t+1}s_t^1 + r_{t+2}s_{t+1}^o \tag{6-96}$$

第三期退休的人的生涯效用为：

$$\begin{aligned} E_t U_1 &= (1-\alpha)(\ln c_t + \beta \ln c_{t+1}) + \alpha(\ln c_t + \beta \ln c_{t+1} + \beta^2 \ln c_{t+2}) \\ &= \ln c_t + \beta \ln c_{t+1} + \alpha\beta^2 \ln c_{t+2} \\ &= \ln[(1-\tau)w_t - s_t^1] + \beta \ln[(1-\tau)w_{t+1} - s_{t+1}^o] \\ &\quad + \alpha\beta^2 \ln[\tau m_2(w_t + w_{t+1}) + r_{t+2}r_{t+1}s_t^1 + r_{t+2}s_{t+1}^o] \end{aligned}$$

其中，s_t^1 为 t 世代在 t 期，年轻时的储蓄；s_{t+1}^o 为 t 世代在 $t+1$ 期的储蓄；w_{t+1} 为 $t+1$ 期的工资；r_{t+1}，r_{t+2} 分别为 $t+1$ 期和 $t+2$ 期的本利。关于 s_t^1 的一阶条件为：

$$\frac{-1}{(1-\tau)w_t - s_t^1} + \frac{\alpha\beta^2 r_{t+1}r_{t+2}}{\tau m_2(w_t + w_{t+1}) + r_{t+2}r_{t+1}s_t^1 + r_{t+2}s_{t+1}^o} = 0 \tag{6-97}$$

关于 s_{t+1}^o 的一阶条件为：

$$\frac{-1}{(1-\tau)w_{t+1}-s_{t+1}^o}+\alpha\beta\frac{r_{t+2}}{\tau m_2(w_t+w_{t+1})+r_{t+2}r_{t+1}s_t^1+r_{t+2}s_{t+1}^o}=0 \tag{6-98}$$

由式（6－98）得到：

$$\alpha\beta\frac{r_{t+2}}{\tau m_2(w_t+w_{t+1})+r_{t+2}r_{t+1}s_t^1+r_{t+2}s_{t+1}^o}=\frac{1}{(1-\tau)w_{t+1}-s_{t+1}^o} \tag{6-99}$$

把式（6－99）代入式（6－97），得到：

$$\frac{-1}{(1-\tau)w_t-s_t^1}+\frac{\beta r_{t+1}}{(1-\tau)w_{t+1}-s_{t+1}^o}=0 \tag{6-100}$$

对式（6－100）通分、去分母，得到：

$$(1-\tau)w_{t+1}-s_{t+1}^o=\beta r_{t+1}[(1-\tau)w_t-s_t^1] \tag{6-101}$$

在式（6－101）中解出 s_{t+1}^o，得到：

$$\begin{aligned}s_{t+1}^o&=(1-\tau)w_{t+1}-\beta r_{t+1}[(1-\tau)w_t-s_t^1]\\&=(1-\tau)(w_{t+1}-\beta r_{t+1}w_t)+\beta r_{t+1}s_t^1\end{aligned} \tag{6-102}$$

当 $w_{t+1}>\beta r_{t+1}w_t$ 时，有 $s_{t+1}^o>\beta r_{t+1}s_t^1$；当 $w_{t+1}\leqslant\beta r_{t+1}w_t$ 时，有 $s_{t+1}^o\leqslant\beta r_{t+1}s_t^1$。

把式（6－102）代入式（6－97），得到：

$$\frac{-1}{(1-\tau)w_t-s_t^1}+\frac{\alpha\beta^2r_{t+1}r_{t+2}}{\tau m_2(w_t+w_{t+1})+r_{t+2}r_{t+1}s_t^1+r_{t+2}[(1-\tau)(w_{t+1}-\beta r_{t+1}w_t)+\beta r_{t+1}s_t^1]}=0 \tag{6-103}$$

通分、去分母，得到：

$$\tau m_2(w_t+w_{t+1})+r_{t+2}r_{t+1}s_t^1+r_{t+2}[(1-\tau)(w_{t+1}-\beta r_{t+1}w_t)+\beta r_{t+1}s_t^1]-\alpha\beta^2r_{t+1}r_{t+2}[(1-\tau)w_t-s_t^1]=0$$

整理得到：

$$r_{t+2}r_{t+1}(1+\beta+\alpha\beta^2)s_t^1 = -\tau m_2(w_t+w_{t+1}) - r_{t+2}(1-\tau)(w_{t+1} - \beta r_{t+1}w_t) + \alpha\beta^2 r_{t+1}r_{t+2}(1-\tau)w_t$$

解出 s_t^1，得到：

$$s_t^1 = \frac{[\beta r_{t+1}r_{t+2}(1-\tau)(1+\alpha\beta) - \tau m_2]w_t - [r_{t+2}(1-\tau)+\tau m_2]w_{t+1}}{r_{t+2}r_{t+1}(1+\beta+\alpha\beta^2)} \tag{6-104}$$

由式（6-102），得到：

$$\begin{aligned} s_{t+1}^o &= (1-\tau)(w_{t+1}-\beta r_{t+1}w_t) + \\ &\quad \beta r_{t+1}\frac{[\beta r_{t+1}r_{t+2}(1-\tau)(1+\alpha\beta)-\tau m_2]w_t - [r_{t+2}(1-\tau)+\tau m_2]w_{t+1}}{r_{t+2}r_{t+1}(1+\beta+\alpha\beta^2)} \\ &= \left\{1-\tau-\frac{\beta[r_{t+2}(1-\tau)+\tau m_2]}{r_{t+2}(1+\beta+\alpha\beta^2)}\right\}w_{t+1} \\ &\quad -\beta r_{t+1}\left[1-\tau-\frac{\beta r_{t+1}r_{t+2}(1-\tau)(1+\alpha\beta)-\tau m_2}{r_{t+2}r_{t+1}(1+\beta+\alpha\beta^2)}\right]w_t \end{aligned} \tag{6-105}$$

设 $w_{t+1}=\gamma w_t$。则由式（6-104）和式（6-105），得到：

$$s_t^1 = \frac{r_{t+2}(1-\tau)[(1+\alpha\beta)\beta r_{t+1}-\gamma]-\tau(1+\gamma)m_2}{r_{t+2}r_{t+1}(1+\beta+\alpha\beta^2)}w_t \tag{6-106}$$

$$\begin{aligned} s_{t+1}^o &= \left\{(1-\tau)(\gamma-\beta r_{t+1}) \right. \\ &\quad \left. +\beta r_{t+1}\frac{r_{t+2}(1-\tau)[\beta r_{t+1}(1+\alpha\beta)-\gamma]-\tau m_2(1+\gamma)}{r_{t+2}r_{t+1}(1+\beta+\alpha\beta^2)}\right\}w_t \\ &= \left\{(1-\tau)(\gamma-\beta r_{t+1}) \right. \\ &\quad \left. +\beta\frac{r_{t+2}(1-\tau)[\beta r_{t+1}(1+\alpha\beta)-\gamma]-(1+\gamma)\tau m_2}{r_{t+2}(1+\beta+\alpha\beta^2)}\right\}w_t \end{aligned}$$

$$= \left\{ \frac{\begin{array}{c}(1-\tau)(\gamma-\beta r_{t+1})r_{t+2}(1+\beta+\alpha\beta^2)+\\ \beta r_{t+2}(1-\tau)[\beta r_{t+1}(1+\alpha\beta)-\gamma]-\beta(1+\gamma)\tau m_2\end{array}}{r_{t+2}(1+\beta+\alpha\beta^2)} \right\} w_t$$

$$= \left\{ \frac{-(1-\tau)\beta r_{t+1}r_{t+2}+(1-\tau)(1+\alpha\beta^2)\gamma r_{t+2}-\beta(1+\gamma)\tau m_2}{r_{t+2}(1+\beta+\alpha\beta^2)} \right\} w_t$$

$$= \left\{ \frac{(1-\tau)r_{t+2}[(1+\alpha\beta^2)\gamma-\beta r_{t+1}]-\beta(1+\gamma)\tau m_2}{r_{t+2}(1+\beta+\alpha\beta^2)} \right\} w_t \quad (6-107)$$

当 $s_{t+1}^o>0$ 时，必有 $\gamma>\frac{\beta r_{t+1}}{1+\alpha\beta^2}$，且 $m_2<\frac{(1-\tau)r_{t+2}[(1+\alpha\beta^2)\gamma-\beta r_{t+1}]}{\tau\beta(1+\gamma)}$。

当 τ 比较大时，s_t^1 可能为负。这种情况下取 $s_t^1=0$。当 $\gamma>\beta r_{t+1}$ 时，$s_{t+1}^o>\beta r_{t+1}s_t^1$；当 $\gamma\leqslant\beta r_{t+1}$ 时，$s_{t+1}^o\leqslant\beta r_{t+1}s_t^1$。当 $\gamma<1$，β 充分大时，会有 $\gamma\leqslant\beta r_{t+1}$，这时 $s_{t+1}^o\leqslant\beta r_{t+1}s_t^1$，同时，如果 $s_t^1=0$，则有 $s_{t+1}^o=0$。

当 $(1+\alpha\beta)\beta r_{t+1}-\gamma>0$，且 $m_2<\frac{(1-\tau)r_{t+2}[(1+\alpha\beta)\beta r_{t+1}-\gamma]}{\tau(1+\gamma)}$ 时，$s_t^1>0$。后一条件当 τ 充分小时会成立。而当 $\gamma\geqslant(1+\alpha\beta)\beta r_{t+1}$ 时，$s_t^1<0$，这种情况下，取 $s_t^1=0$。因而，当 $\beta r_{t+1}<\gamma<(1+\alpha\beta)\beta r_{t+1}$，且：

$$m_2<\min\left\{\frac{(1-\tau)r_{t+2}[(1+\alpha\beta)\beta r_{t+1}-\gamma]}{\tau(1+\gamma)},\ \frac{(1-\tau)r_{t+2}[(1+\alpha\beta^2)\gamma-\beta r_{t+1}]}{\tau\beta(1+\gamma)}\right\}$$

时，有 $s_t^1>0$，$s_{t+1}^o>0$，且 $s_{t+1}^o>\beta r_{t+1}s_t^1$。

当 $\gamma<\beta r_{t+1}$ 时，有：

$$s_t^1>\frac{r_{t+2}(1-\tau)[(1+\alpha\beta)\beta r_{t+1}-\beta r_{t+1}]-\tau(1+\beta r_{t+1})m_2}{r_{t+2}r_{t+1}(1+\beta+\alpha\beta^2)}w_t$$

$$=\frac{r_{t+2}(1-\tau)\alpha\beta^2r_{t+1}-\tau(1+\beta r_{t+1})m_2}{r_{t+2}r_{t+1}(1+\beta+\alpha\beta^2)}w_t$$

当 $m_2<\frac{(1-\tau)\alpha\beta^2r_{t+1}r_{t+2}}{\tau(1+\beta r_{t+1})}$ 时，有 $s_t^1>0$。这一条件当 τ 充分小时会

成立。

当 $s_t^1 \leqslant \frac{(1-\tau)(\beta r_{t+1}-\gamma)}{\beta r_{t+1}} w_t$ 时，由式（6－102），得到：

$$s_{t+1}^o = \beta r_{t+1} s_t^1 + (1-\tau)(\gamma - \beta r_{t+1}) w_t$$
$$\leqslant (1-\tau)(\beta r_{t+1}-\gamma) w_t + (1-\tau)(\gamma - \beta r_{t+1}) w_t = 0$$

因而，当 $s_t^1 \leqslant \frac{(1-\tau)(\beta r_{t+1}-\gamma)}{\beta r_{t+1}} w_t$ 时，$s_{t+1}^o = 0$。当 $s_t^1 > \frac{(1-\tau)(\beta r_{t+1}-\gamma)}{\beta r_{t+1}} w_t$ 时，$s_{t+1}^o > 0$。

当 $\gamma > (1+\alpha\beta)\beta r_{t+1}$ 时，$s_t^1 = 0$。此时，期望效用为：

$$E_t U_1 = \ln[(1-\tau) w_t] + \beta \ln[(1-\tau) w_{t+1} - s_{t+1}^o] + \alpha\beta^2 \ln[\tau m_2(w_t + w_{t+1}) + r_{t+2} s_{t+1}^o]$$

关于 s_{t+1}^o 的一阶条件为：

$$-\frac{1}{(1-\tau) w_{t+1} - s_{t+1}^o} + \frac{\alpha\beta r_{t+2}}{\tau m_2(w_t + w_{t+1}) + r_{t+2} s_{t+1}^o} = 0 \qquad (6-108)$$

对式（6－108）通分、去分母，得到：

$$-\tau m_2(w_t + w_{t+1}) - r_{t+2} s_{t+1}^o + \alpha\beta r_{t+2}[(1-\tau) w_{t+1} - s_{t+1}^o] = 0$$

解出 s_{t+1}^o 得到：

$$s_{t+1}^o = \frac{\alpha\beta(1-\tau) r_{t+2} w_{t+1} - \tau m_2(w_t + w_{t+1})}{(1+\alpha\beta) r_{t+2}}$$
$$= \frac{\alpha\beta\gamma(1-\tau) r_{t+2} - \tau m_2(1+\gamma)}{(1+\alpha\beta) r_{t+2}} w_t \qquad (6-109)$$

当 $m_2 < \frac{\alpha\beta(1-\tau) r_{t+2}\gamma}{\tau(1+\gamma)}$ 时，$s_{t+1}^o > 0$，此时，$s_t^1 = 0$，$s_{t+1}^o > 0$；当 $m_2 \geqslant \frac{\alpha\beta(1-\tau) r_{t+1}\gamma}{\tau(1+\gamma)}$ 时，$s_{t+1}^o = 0$，此时，$s_t^1 = 0$，$s_{t+1}^o = 0$。

而当 $s_{t+1}^o = 0$ 时，期望效用为：

$$E_t U_2 = \ln[(1-\tau) w_t - s_t^1] + \beta \ln[(1-\tau) w_{t+1}] + \alpha\beta^2 \ln[\tau m_2(w_t$$

$$+w_{t+1})+r_{t+2}r_{t+1}s_t^1]$$

得到一阶条件：

$$\frac{-1}{(1-\tau)w_t-s_t^1}+\alpha\beta^2\frac{r_{t+2}r_{t+1}}{\tau m_2(w_t+w_{t+1})+r_{t+2}r_{t+1}s_t^1}=0 \qquad (6-110)$$

通分、去分母，得到：

$$-\tau m_2(w_t+w_{t+1})-r_{t+2}r_{t+1}s_t^1+\alpha\beta^2 r_{t+2}r_{t+1}(1-\tau)w_t-\alpha\beta^2 r_{t+2}r_{t+1}s_t^1=0$$

解出 s_t^1，得到：

$$s_t^1=\frac{\alpha\beta^2(1-\tau)r_{t+2}r_{t+1}w_t-\tau m_2(w_t+w_{t+1})}{r_{t+2}r_{t+1}(1+\alpha\beta^2)}$$

$$=\frac{\alpha\beta^2(1-\tau)r_{t+2}r_{t+1}-\tau m_2(1+\gamma)}{r_{t+2}r_{t+1}(1+\alpha\beta^2)}w_t \qquad (6-111)$$

当 $m_2<\frac{\alpha\beta^2(1-\tau)r_{t+2}r_{t+1}}{(1+\gamma)\tau}$ 时，$s_t^1>0$；否则，$s_t^1=0$，此时，$s_t^1=0$，$s_{t+1}^o=0$。

由上所述，有以下四种可能。

（1）$s_t^1>0$，$s_{t+1}^o>0$，个人以两期的储蓄和社会养老保障金维持退休后的生活。

（2）$s_t^1>0$，$s_{t+1}^o=0$，个人以年轻时的储蓄和社会养老保障金维持退休后的生活。

（3）$s_t^1=0$，$s_{t+1}^o>0$，个人以年老时工作的储蓄和社会养老保障金维持退休后的生活。

（4）$s_t^1=0$，$s_{t+1}^o=0$，个人只依靠社会养老保障金维持退休后的生活。

下面看年轻时的储蓄 s_t^1 关于参数变化的变化（只考虑 $s_t^1>0$，$s_{t+1}^o>0$ 的情况）。

由式（6－106），显然，s_t^1 随 γ 的增加而减少；随 τ 的增加而减少；这就是说，当推迟退休期间的工资与年轻时工资的比率升高时，年轻时的储蓄要减少；对社会养老保障系统的供款率上升时，年轻期的储蓄减少。这是由于可支配收入的减少所致。

现在考虑生存概率 α 的影响：考虑$\frac{1+\alpha\beta}{1+\beta+\alpha\beta^2}$关于 α 的导数：

$$\frac{\beta(1+\beta+\alpha\beta^2)-(1+\alpha\beta)\beta^2}{(1+\beta+\alpha\beta^2)^2}=\frac{\beta}{(1+\beta+\alpha\beta^2)^2}>0 \qquad (6-112)$$

由式（6－112）可知 s_t^1 关于 α 是递增的。这就是说，第三期存活的概率越大，年轻时的储蓄就越多。

再看 s_{t+1}^o的情况。显然，s_{t+1}^o随 τ 的增加而减少。关于 α 的变化，只需看$\frac{1+\alpha\beta^2}{1+\beta+\alpha\beta^2}$关于 α 的导数：

$$\begin{aligned}\frac{\mathrm{d}}{\mathrm{d}\alpha}\left(\frac{1+\alpha\beta^2}{1+\beta+\alpha\beta^2}\right)&=\frac{\beta^2(1+\beta+\alpha\beta^2)-(1+\alpha\beta^2)\beta^2}{[1+\beta+\alpha\beta^2]^2}\\&=\frac{\beta^3}{[1+\beta+\alpha\beta^2]^2}>0 \qquad (6-113)\end{aligned}$$

由式（6－113）可知，s_{t+1}^o关于第三期间的存活概率 α 是递增的。老年的储蓄 s_{t+1}^o关于 γ 的变化，考虑：

$$\frac{\partial s_{t+1}^o}{\partial\gamma}=(1-\tau)r_{t+2}(1+\alpha\beta^2)-\beta\tau m_2$$

当 τ 很小时，s_{t+1}^o随 γ 的增加而增加。

1. 晚退休的选择

这里假设如果个人在第二期仍工作的话，他的可支配收入要高于早退休时退休金与储蓄的收入，因为只有这样个人才会选择晚退休。在我国一般有 $\gamma>1$。但即使 $\gamma<1$，第二期工作的可支配收入也会有高于退休后收入的可能。

下面把早退休与晚退休人的效用加以比较，分别考虑上面分析到的四种情况。

（1）$s_t^1>0$，$s_{t+1}^o>0$ 的情况。早退休与晚退休人的最大效用的差为：

$$\delta = \ln((1-\tau)w_t - s_t) + \beta\ln\left[\frac{1}{2}m_1\tau w_t + r_{t+1}\theta s_t\right] + \alpha\beta^2\ln\left[\frac{1}{2}r_{t+2}m_1\tau w_t + r_{t+2}r_{t+1}(1-\theta)s_t\right] + \beta m(L) - \ln((1-\tau)w_t - s_t^1) - \beta\ln[(1-\tau)w_{t+1} - s_{t+1}^o] - \alpha\beta^2\ln[\tau m_2(w_t + w_{t+1}) + r_{t+2}r_{t+1}s_t^1 + r_{t+2}s_{t+1}^o]$$

$$= \ln\frac{(1-\tau)w_t - s_t}{(1-\tau)w_t - s_t^1} + \beta\ln\frac{\frac{1}{2}m_1\tau w_t + r_{t+1}\theta s_t}{(1-\tau)w_{t+1} - s_{t+1}^o} + \alpha\beta^2\ln\frac{\frac{1}{2}r_{t+2}m_1\tau w_t + r_{t+2}r_{t+1}(1-\theta)s_t}{\tau m_2(w_t + w_{t+1}) + r_{t+2}r_{t+1}s_t^1 + r_{t+2}s_{t+1}^o} + \beta m(L) \tag{6-114}$$

由式（6-89），得到：

$$\frac{1}{2}m_1\tau w_t + r_{t+1}\theta s_t = \beta r_{t+1}[(1-\tau)w_t - s_t] \tag{6-115}$$

由式（6-87），得到：

$$\frac{1}{2}r_{t+2}m_1\tau w_t + r_{t+2}r_{t+1}(1-\theta)s_t = \alpha\beta r_{t+2}\left(\frac{1}{2}m_1\tau w_t + r_{t+1}\theta s_t\right) \tag{6-116}$$

由式（6-115）和式（6-116），得到：

$$\frac{1}{2}r_{t+2}m_1\tau w_t + r_{t+2}r_{t+1}(1-\theta)s_t = \alpha\beta^2 r_{t+1}r_{t+2}[(1-\tau)w_t - s_t] \tag{6-117}$$

由式（6-98），得到：

$$\tau m_2(w_t + w_{t+1}) + r_{t+2}r_{t+1}s_t^1 + r_{t+2}s_{t+1}^o = \alpha\beta r_{t+2}[(1-\tau)w_{t+1} - s_{t+1}^o] \tag{6-118}$$

把式（6-115）~式（6-118）代入式（6-114），得到：

$$\delta = \ln\frac{(1-\tau)w_t - s_t}{(1-\tau)w_t - s_t^1} + \beta\ln\frac{\beta r_{t+1}[(1-\tau)w_t - s_t]}{(1-\tau)w_{t+1} - s_{t+1}^o}$$

$$+ \alpha\beta^2\ln\frac{\alpha\beta^2 r_{t+1}r_{t+2}[(1-\tau)w_t - s_t]}{\alpha\beta r_{t+2}[(1-\tau)w_{t+1} - s_{t+1}^o]} + \beta m(L)$$

$$= \ln\frac{(1-\tau)w_t - s_t}{(1-\tau)w_t - s_t^1} + \beta\ln\frac{\beta r_{t+1}[(1-\tau)w_t - s_t]}{(1-\tau)w_{t+1} - s_{t+1}^o}$$

$$+ \alpha\beta^2\ln\frac{\beta r_{t+1}[(1-\tau)w_t - s_t]}{(1-\tau)w_{t+1} - s_{t+1}^o} + \beta m(L)$$

$$= \ln\frac{(1-\tau)w_t - s_t}{(1-\tau)w_t - s_t^1} + \beta(1+\alpha\beta)\ln\frac{\beta r_{t+1}[(1-\tau)w_t - s_t]}{(1-\tau)w_{t+1} - s_{t+1}^o} + \beta m(L)$$

$$(6-119)$$

由式（6－100），得到：

$$(1-\tau)w_{t+1} - s_{t+1}^o = \beta r_{t+1}[(1-\tau)w_t - s_t^1] \qquad (6-120)$$

把式（6－120）代入式（6－119），得到：

$$\delta = \ln\frac{(1-\tau)w_t - s_t}{(1-\tau)w_t - s_t^1} + \beta(1+\alpha\beta)\ln\frac{\beta r_{t+1}[(1-\tau)w_t - s_t]}{\beta r_{t+1}[(1-\tau)w_t - s_t^1]} + \beta m(L)$$

$$= \ln\frac{(1-\tau)w_t - s_t}{(1-\tau)w_t - s_t^1} + \beta(1+\alpha\beta)\ln\frac{(1-\tau)w_t - s_t}{(1-\tau)w_t - s_t^1} + \beta m(L)$$

$$= (1+\beta+\alpha\beta^2)\ln\frac{(1-\tau)w_t - s_t}{(1-\tau)w_t - s_t^1} + \beta m(L) \qquad (6-121)$$

把式（6－93）代入式（6－122），得到：

$$(1-\tau)w_t - s_t = \frac{w_t}{1+\beta+\alpha\beta^2}\left(1-\tau+\frac{m_1\tau}{r_{t+1}}\right) \qquad (6-122)$$

把式（6－106）代入式（6－123），得到：

$$(1-\tau)w_t - s_t^1 = \frac{w_t}{1+\beta+\alpha\beta^2}\left[(1-\tau) + \frac{(1-\tau)\gamma}{r_{t+1}} + \frac{\tau(1+\gamma)m_2}{r_{t+2}r_{t+1}}\right]$$

$$(6-123)$$

在式（6－123）右侧的中括号的各项和中减去式（6－122）右侧括

号内的两项和，得到：

$$\frac{(1-\tau)\gamma}{r_{t+1}}+\frac{\tau(1+\gamma)m_2}{r_{t+2}r_{t+1}}-\frac{\tau m_1}{r_{t+1}}=\frac{(1-\tau)\gamma}{r_{t+1}}+\frac{\tau}{r_{t+1}}\left[\frac{(1+\gamma)m_2}{r_{t+2}}-m_1\right]$$

$$=\frac{1}{r_{t+1}}\left\{(1-\tau)\gamma+\tau\left[\frac{(1+\gamma)m_2}{r_{t+2}}-m_1\right]\right\}$$

当 $\gamma>1$ 时，$1+\gamma>r_{t+2}$ 成立，而且 $m_2>m_1$，所以中括号内的两项和为正。当 $r_{t+2}-1\leqslant\gamma<1$ 时，中括号内的两项和仍为正。即使中括号内的两项和为负，由于 τ 很小，仍可使上式大于零。所以，有：

$$(1-\tau)w_t-s_t^1>(1-\tau)w_t-s_t$$

因此，式（6－121）的第一项为负，如果 $\beta m(L)$ 足够小，则有 $\delta<0$。也就是说，晚退休的人的总期望效用大于早退休人的总期望效用，因而，对于个人来说晚退休是最佳选择。

（2）$s_t^1>0$，$s_{t+1}^o=0$ 的情况。由前所证，当 $s_t^1\leqslant\frac{(1-\tau)(\beta r_{t+1}-\gamma)}{\beta r_{t+1}}w_t$ 时，$s_{t+1}^o=0$。

由式（6－119）类似的计算，早退休与晚退休的效用差为：

$$\begin{aligned}\delta&=\ln((1-\tau)w_t-s_t)+\beta\ln\left[\frac{1}{2}m_1\tau w_t+r_{t+1}\theta s_t\right]\\&\quad+\alpha\beta^2\ln\left[\frac{1}{2}r_{t+2}m_1\tau w_t+r_{t+2}r_{t+1}(1-\theta)s_t\right]+\beta m(L)\\&\quad-\ln((1-\tau)w_t-s_t^1)-\beta\ln[(1-\tau)w_{t+1}]\\&\quad-\alpha\beta^2\ln[\tau m_2(w_t+w_{t+1})+r_{t+2}r_{t+1}s_t^1]\\&=\ln\frac{(1-\tau)w_t-s_t}{(1-\tau)w_t-s_t^1}+\beta\ln\frac{\frac{1}{2}m_1\tau w_t+r_{t+1}\theta s_t}{(1-\tau)w_{t+1}}\\&\quad+\alpha\beta^2\ln\frac{\frac{1}{2}r_{t+2}m_1\tau w_t+r_{t+2}r_{t+1}(1-\theta)s_t}{\tau m_2(w_t+w_{t+1})+r_{t+2}r_{t+1}s_t^1}+\beta m(L)\end{aligned}$$

$$= \ln \frac{(1-\tau)w_t - s_t}{(1-\tau)w_t - s_t^1} + \beta \ln \frac{\frac{1}{2}m_1 \tau w_t + r_{t+1}\theta s_t}{(1-\tau)w_{t+1}}$$

$$+ \alpha\beta^2 \ln \frac{\alpha\beta^2 r_{t+1} r_{t+2}[(1-\tau)w_t - s_t]}{\alpha\beta^2 r_{t+1} r_{t+2}[(1-\tau)w_t - s_t^1]} + \beta m(L)$$

$$= \ln \frac{(1-\tau)w_t - s_t}{(1-\tau)w_t - s_t^1} + \beta \ln \frac{\frac{1}{2}m_1 \tau w_t + r_{t+1}\theta s_t}{(1-\tau)w_{t+1}}$$

$$+ \alpha\beta^2 \ln \frac{(1-\tau)w_t - s_t}{(1-\tau)w_t - s_t^1} + \beta m(L)$$

$$= (1+\alpha\beta^2) \ln \frac{(1-\tau)w_t - s_t}{(1-\tau)w_t - s_t^1} + \beta \ln \frac{\frac{1}{2}m_1 \tau w_t + r_{t+1}\theta s_t}{(1-\tau)\gamma w_t} + \beta m(L) \tag{6-124}$$

把式（6－117）和由式（6－110）得到的结果：$\tau m_2(w_t + w_{t+1}) + r_{t+2}r_{t+1}s_t^1 = \alpha\beta^2 r_{t+2}r_{t+1}[(1-\tau)w_t - s_t^1]$ 代入第二个等式得到第三个等式。再把式（6－111）代入下式，得到：

$$(1-\tau)w_t - s_t^1 = \frac{w_t}{1+\alpha\beta^2}\left[(1-\tau) + \frac{\tau(1+\gamma)m_2}{r_{t+2}r_{t+1}}\right] \tag{6-125}$$

在式（6－125）的右侧中减去式（6－122）的右侧，得到：

$$\frac{w_t}{1+\alpha\beta^2}\left[(1-\tau) + \frac{\tau(1+\gamma)m_2}{r_{t+2}r_{t+1}}\right] - \frac{w_t}{1+\beta+\alpha\beta^2}\left(1-\tau+\frac{m_1\tau}{r_{t+1}}\right)$$

$$= \frac{w_t}{(1+\alpha\beta^2)(1+\beta+\alpha\beta^2)}\left[\beta(1-\tau) + \frac{\tau(1+\gamma)m_2(1+\beta+\alpha\beta^2)}{r_{t+2}r_{t+1}}\right.$$

$$\left. - \frac{r_{t+2}m_1\tau(1+\alpha\beta^2)}{r_{t+1}r_{t+2}}\right]$$

$$= \frac{w_t}{(1+\alpha\beta^2)(1+\beta+\alpha\beta^2)}\left\{\beta(1-\tau) + \frac{\tau}{r_{t+2}r_{t+1}}[(1+\gamma)m_2(1+\beta\right.$$

$$+\alpha\beta^2)-r_{t+2}m_1(1+\alpha\beta^2)]\Bigg\} \tag{6-126}$$

若 $\gamma>1$，则 $1+\gamma>r_{t+2}$，且由 $m_2>m_1$，所以，中括号内两项和为正。即使中括号内两项和为负，当 τ 很小时，也有大括号内的两项和为正。因而得到：

$$(1-\tau)w_t-s_t^1>(1-\tau)w_t-s_t$$

由此，式（6－124）的第一项为负。由前面的假设，第二项的分子一定小于分母。因而，第二项也为负。当 $\beta m(L)$ 较小时会有 $\delta<0$，即个人选择晚退休。

（3）$s_t^1=0$，$s_{t+1}^o>0$ 的情况。由式（6－109），得到：

$$s_{t+1}^o=\frac{\alpha\beta(1-\tau)r_{t+2}\gamma-\tau m_2(1+\gamma)}{(1+\alpha\beta)r_{t+2}}w_t$$

由 $s_{t+1}^o>0$，可知，$m_2<\dfrac{\alpha\beta(1-\tau)r_{t+2}\gamma}{\tau(1+\gamma)}$。此时，期望效用的差：

$$\begin{aligned}\delta=&\ln((1-\tau)w_t-s_t)+\beta\ln\left[\frac{1}{2}m_1\tau w_t+r_{t+1}\theta s_t\right]\\&+\alpha\beta^2\ln\left[\frac{1}{2}r_{t+2}m_1\tau w_t+r_{t+2}r_{t+1}(1-\theta)s_t\right]+\beta m(L)\\&-\ln[(1-\tau)w_t]-\beta\ln[(1-\tau)w_{t+1}-s_{t+1}^o]\\&-\alpha\beta^2\ln[\tau m_2(w_t+w_{t+1})+r_{t+2}s_{t+1}^o]\\=&\ln\frac{(1-\tau)w_t-s_t}{(1-\tau)w_t}+\beta\ln\frac{\frac{1}{2}m_1\tau w_t+r_{t+1}\theta s_t}{(1-\tau)w_{t+1}-s_{t+1}^o}\\&+\alpha\beta^2\ln\frac{\frac{1}{2}r_{t+2}m_1\tau w_t+r_{t+2}r_{t+1}(1-\theta)s_t}{\tau m_2(w_t+w_{t+1})+r_{t+2}s_{t+1}^o}+\beta m(L)\\=&\ln\frac{(1-\tau)w_t-s_t}{(1-\tau)w_t}+\beta\ln\frac{\beta r_{t+1}[(1-\tau)w_t-s_t]}{(1-\tau)w_{t+1}-s_{t+1}^o}\end{aligned}$$

$$+\alpha\beta^2\ln\frac{\alpha\beta^2 r_{t+1}r_{t+2}[(1-\tau)w_t-s_t]}{\tau m_2(w_t+w_{t+1})+r_{t+2}s_{t+1}^o}+\beta m(L) \tag{6-127}$$

式（6－127）的第三个等式是把式（6－115）和式（6－117）代入第二个等式得到的结果。

由式（6－108），得到：

$$\tau m_2(w_t+w_{t+1})+r_{t+2}s_{t+1}^o=\alpha\beta r_{t+2}[(1-\tau)w_{t+1}-s_{t+1}^o] \tag{6-128}$$

把式（6－128）代入式（6－127），得到：

$$\begin{aligned}\delta &=\ln\frac{(1-\tau)w_t-s_t}{(1-\tau)w_t}+\beta\ln\frac{\beta r_{t+1}[(1-\tau)w_t-s_t]}{(1-\tau)w_{t+1}-s_{t+1}^o}\\&\quad+\alpha\beta^2\ln\frac{\alpha\beta^2 r_{t+1}r_{t+2}[(1-\tau)w_t-s_t]}{\alpha\beta r_{t+2}[(1-\tau)w_{t+1}-s_{t+1}^o]}+\beta m(L)\\&=\ln\frac{(1-\tau)w_t-s_t}{(1-\tau)w_t}+\beta\ln\frac{\beta r_{t+1}[(1-\tau)w_t-s_t]}{(1-\tau)w_{t+1}-s_{t+1}^o}\\&\quad+\alpha\beta^2\ln\frac{\beta r_{t+1}[(1-\tau)w_t-s_t]}{[(1-\tau)w_{t+1}-s_{t+1}^o]}+\beta m(L)\\&=\ln\frac{(1-\tau)w_t-s_t}{(1-\tau)w_t}+(\beta+\alpha\beta^2)\ln\frac{\beta r_{t+1}[(1-\tau)w_t-s_t]}{(1-\tau)w_{t+1}-s_{t+1}^o}+\beta m(L)\end{aligned} \tag{6-129}$$

下面比较式（6－129）的最后一个等式的第二项的分子和分母的大小，把式（6－109）代入式（6－130）：

$$\begin{aligned}(1-\tau)w_{t+1}-s_{t+1}^o&=(1-\tau)\gamma w_t-\frac{\alpha\beta(1-\tau)r_{t+2}\gamma-\tau m_2(1+\gamma)}{(1+\alpha\beta)r_{t+2}}w_t\\&=\frac{(1-\tau)r_{t+2}\gamma+\tau m_2(1+\gamma)}{(1+\alpha\beta)r_{t+2}}w_t\end{aligned} \tag{6-130}$$

在式（6－129）的最后一个等式右侧的第二项 ln 后面的分母中减去分子，并代入式（6－130）和式（6－122），得到：

$$\begin{aligned}&(1-\tau)w_{t+1}-s_{t+1}^o-\beta r_{t+1}[(1-\tau)w_t-s_t]\\&=\left[\frac{(1-\tau)r_{t+2}\gamma+\tau m_2(1+\gamma)}{(1+\alpha\beta)r_{t+2}}-\frac{\beta r_{t+1}}{1+\beta+\alpha\beta^2}\left(1-\tau+\frac{m_1\tau}{r_{t+1}}\right)\right]w_t\end{aligned}$$

$$=\left[\frac{(1+\beta+\alpha\beta^2)(1-\tau)r_{t+2}\gamma+(1+\beta+\alpha\beta^2)\tau m_2(1+\gamma)-\beta(1+\alpha\beta)r_{t+1}r_{t+2}(1-\tau)-\beta(1+\alpha\beta)r_{t+2}m_1\tau}{(1+\alpha\beta)r_{t+2}(1+\beta+\alpha\beta^2)}\right]w_t$$

$$=\left\{\frac{(1-\tau)r_{t+2}[\gamma(1+\beta+\alpha\beta^2)-(\beta+\alpha\beta^2)r_{t+1}]+\tau[(1+\beta+\alpha\beta^2)m_2(1+\gamma)-(\beta+\alpha\beta^2)m_1r_{t+2}]}{(1+\alpha\beta)r_{t+2}(1+\beta+\alpha\beta^2)}\right\}w_t \quad (6-131)$$

式（6－131）右侧分子第二项的中括号中，$m_2>m_1$，$1+\gamma>r_{t+2}$，$1+\beta+\alpha\beta^2>\beta+\alpha\beta^2$，因而，第二项为正。而第一项中当$\gamma(1+\beta+\alpha\beta^2)>(\beta+\alpha\beta^2)r_{t+1}$时，或$\gamma>r_{t+1}$时，即工资的增长率高于利息率时，第一项为正。因而：

$$(1-\tau)w_{t+1}-s_{t+1}^o>\beta r_{t+1}[(1-\tau)w_t-s_t^1]$$

即式（6－129）中第二项为负。而第一项显然为负。当$\beta m(L)$很小时，$\delta<0$。因而，个人选择晚退休。

（4）$s_t^1=0$，$s_{t+1}^o=0$的情况。这时的期望效用差为：

$$\begin{aligned}\delta&=\ln((1-\tau)w_t-s_t)+\beta\ln\left[\frac{1}{2}m_1\tau w_t+r_{t+1}\theta s_t\right]\\&\quad+\alpha\beta^2\ln\left[\frac{1}{2}r_{t+2}m_1\tau w_t+r_{t+2}r_{t+1}(1-\theta)s_t\right]+\beta m(L)\\&\quad-\ln[(1-\tau)w_t]-\beta\ln[(1-\tau)w_{t+1}]-\alpha\beta^2\ln[\tau m_2(w_t+w_{t+1})]\\&=\ln\frac{(1-\tau)w_t-s_t}{(1-\tau)w_t}+\beta\ln\frac{\frac{1}{2}m_1\tau w_t+r_{t+1}\theta s_t}{(1-\tau)w_{t+1}}\\&\quad+\alpha\beta^2\ln\frac{\alpha\beta^2r_{t+1}r_{t+2}[(1-\tau)w_t-s_t]}{\tau m_2(w_t+w_{t+1})}+\beta m(L)\end{aligned}\quad(6-132)$$

已知$s_{t+1}^o=0$，考虑EU_1关于s_t^1的最优化条件。在这种情况下，期望效用为：

$$\begin{aligned}EU_1&=\ln[(1-\tau)w_t-s_t^1]+\beta\ln[(1-\tau)w_{t+1}]\\&\quad+\alpha\beta^2\ln\{[\tau m_2(w_t+w_{t+1})]+r_{t+2}r_{t+1}s_t^1\}\end{aligned}$$

由关于 s_t^1 的一阶条件，得到：

$$\frac{-1}{(1-\tau)w_t - s_t^1} + \alpha\beta^2 \frac{r_{t+2}r_{t+1}}{\tau m_2(w_t + w_{t+1}) + r_{t+2}r_{t+1}s_t^1} \leqslant 0$$

由 $s_t^1 = 0$ 可知，必有：

$$\frac{-1}{(1-\tau)w_t} + \alpha\beta^2 \frac{r_{t+2}r_{t+1}}{\tau m_2(w_t + w_{t+1})} \leqslant 0$$

即：

$$\tau m_2(w_t + w_{t+1}) \geqslant \alpha\beta^2 r_{t+1}r_{t+2}(1-\tau)w_t \qquad (6-133)$$

因而，

$$\tau m_2(w_t + w_{t+1}) \geqslant \alpha\beta^2 r_{t+1}r_{t+2}(1-\tau)w_t > \alpha\beta^2 r_{t+1}r_{t+2}[(1-\tau)w_t - s_t] \qquad (6-134)$$

由式（6-134）可知，式（6-132）中的第三项为负，第一项显然为负，第二项由前面工作时的可支配收入大于早退休时的退休金和储蓄的假设，因而也为负。当 $\beta m(L)$ 比较小时，$\delta < 0$。

这里省略掉了第三期的闲暇。虽然实际上，在第三期人们也会享受闲暇，但为了模型简单，省略掉第三期的闲暇的效用。

2. 延迟退休对经济的影响

下面考虑早退休与延迟退休对经济的影响。如果所有的人都选择早退休，即在第二期退休，设 t 期的总资本为 K_t^1，那么，在经济中，三期的总资本分别为：

$$K_t^1 = s_{t-1}L_{t-1}$$

$$K_{t+1}^1 = s_tL_t$$

$$K_{t+2}^1 = s_{t+1}L_{t+1}$$

之所以这样表示，是因为现收现付制，年轻一代所交的社会养老保障金都用于支付老一代的社会养老保障金，并没有进入投资，只有储蓄才进入投资。因为各世代只在其生命的第一期储蓄，所以，$t+1$ 期的资本是 t 世代在 t 期的储蓄。这里假设个人第三期的退休金不能在第二期取出，只能在第三期才能领取，这符合我国的情况。

如果都选择晚退休的话，设 t 世代在 t 与 $t+1$ 期都进行储蓄，把 t 期的总资本记为 K_t^2，因而经济中各期的总资本为：

$$K_t^2 = s_{t-1}^1 L_{t-1} + s_{t-1}^o L_{t-2}$$

$$K_{t+1}^2 = s_t^1 L_t + s_t^o L_{t-1}$$

$$K_{t+2}^2 = s_{t+1}^1 L_{t+1} + s_{t+1}^o L_t \text{。}$$

其中，s_t^1 表示 t 世代在 t 期其年轻时的储蓄，s_t^o 表示 $t-1$ 世代在 t 期其老年时的储蓄。

现在比较两种情况下的 $t+1$ 期的资本。考虑晚退休的情况，为了简单只考虑 $s_t^1>0$，$s_{t+1}^o>0$ 的情况：

$$\begin{aligned} K_{t+1}^2 &= s_t^1 L_t + s_t^o L_{t-1} \\ &= \frac{r_{t+2}(1-\tau)[(1+\alpha\beta)\beta r_{t+1}-\gamma]-\tau(1+\gamma)m_2}{r_{t+2}r_{t+1}(1+\beta+\alpha\beta^2)} w_t L_t \\ &\quad + \left\{\frac{(1-\tau)r_{t+1}[(1+\alpha\beta^2)\gamma-\beta r_t]-\beta(1+\gamma)\tau m_2}{r_{t+1}(1+\beta+\alpha\beta^2)}\right\} w_{t-1}L_{t-1} \end{aligned} \tag{6-135}$$

设 $L_t=(1+n)L_{t-1}$，$w_{t-1}=\dfrac{w_t}{\gamma}$。因而式（6-135）变为：

$$\begin{aligned} K_{t+1}^2 &= \frac{r_{t+2}(1-\tau)[(1+\alpha\beta)\beta r_{t+1}-\gamma]-\tau(1+\gamma)m_2}{r_{t+2}r_{t+1}(1+\beta+\alpha\beta^2)} w_t L_t \\ &\quad + \left\{\frac{(1-\tau)r_{t+1}[(1+\alpha\beta^2)\gamma-\beta r_t]-\beta(1+\gamma)\tau m_2}{r_{t+1}(1+\beta+\alpha\beta^2)}\right\}\frac{w_t L_t}{(1+n)\gamma} \\ &= \left\{\frac{(1+n)\gamma\{r_{t+2}(1-\tau)[(1+\alpha\beta)\beta r_{t+1}-\gamma]-\tau(1+\gamma)m_2\}}{r_{t+2}r_{t+1}(1+\beta+\alpha\beta^2)(1+n)\gamma}\right. \\ &\quad \left. + \frac{(1-\tau)r_{t+1}r_{t+2}[(1+\alpha\beta^2)\gamma-\beta r_t]-\beta(1+\gamma)r_{t+2}\tau m_2}{r_{t+2}r_{t+1}(1+\beta+\alpha\beta^2)(1+n)\gamma}\right\} w_t L_t \end{aligned}$$

$$= \left\{ \frac{(1-\tau)\{r_{t+1}r_{t+2}(1+n)\gamma(\beta+\alpha\beta^2) - (1+n)\gamma^2 r_{t+2} + r_{t+1}r_{t+2}[(1+\alpha\beta^2)\gamma - \beta r_t]\}}{r_{t+2}r_{t+1}(1+\beta+\alpha\beta^2)(1+n)\gamma} - \frac{\tau(1+\gamma)m_2[(1+n)\gamma+\beta r_{t+2}]}{r_{t+2}r_{t+1}(1+\beta+\alpha\beta^2)(1+n)\gamma} \right\} w_t L_t$$

$$= \left\{ \frac{(1-\tau)\{r_{t+1}r_{t+2}[(1+n)\gamma(\beta+\alpha\beta^2) + (1+\alpha\beta^2)\gamma - \beta r_t] - (1+n)\gamma^2 r_{t+2}\}}{r_{t+2}r_{t+1}(1+\beta+\alpha\beta^2)(1+n)\gamma} - \frac{\tau(1+\gamma)m_2[(1+n)\gamma+\beta r_{t+2}]}{r_{t+2}r_{t+1}(1+\beta+\alpha\beta^2)(1+n)\gamma} \right\} w_t L_t \quad (6-136)$$

而早退休情况下的总资本：

$$K_{t+1}^1 = s_t L_t = \left[\frac{(1-\tau)(\beta+\alpha\beta^2)}{1+\beta+\alpha\beta^2} - \frac{m_1\tau}{r_{t+1}(1+\beta+\alpha\beta^2)} \right] w_t L_t \quad (6-137)$$

下面看两种情况下的总资本的差与 $w_t L_t$ 的比：

$$\frac{K_{t+1}^2 - K_{t+1}^1}{w_t L_t} = \frac{(1-\tau)\{r_{t+1}r_{t+2}[(1+n)\gamma(\beta+\alpha\beta^2) + (1+\alpha\beta^2)\gamma - \beta r_t] - (1+n)\gamma^2 r_{t+2}\}}{r_{t+2}r_{t+1}(1+\beta+\alpha\beta^2)(1+n)\gamma} - \frac{\tau(1+\gamma)m_2[(1+n)\gamma+\beta r_{t+2}]}{r_{t+2}r_{t+1}(1+\beta+\alpha\beta^2)(1+n)\gamma} + \frac{m_1\tau}{r_{t+1}(1+\beta+\alpha\beta^2)} - \frac{(1-\tau)(\beta+\alpha\beta^2)}{1+\beta+\alpha\beta^2}$$

$$= \frac{(1-\tau)\{r_{t+1}r_{t+2}[(1+n)\gamma(\beta+\alpha\beta^2) + (1+\alpha\beta^2)\gamma - \beta r_t - (1+n)\gamma(\beta+\alpha\beta^2)]}{r_{t+2}r_{t+1}(1+\beta+\alpha\beta^2)(1+n)\gamma}$$

$$
\frac{-(1+n)\gamma^2 r_{t+2}\} - \tau(1+\gamma)m_2[(1+n)\gamma+\beta r_{t+2}] + \tau m_1(1+n)\gamma r_{t+2}}{(1+n)\gamma(1+\beta+\alpha\beta^2)r_{t+1}r_{t+2}}
$$

$$
= \frac{(1-\tau)\{r_{t+1}r_{t+2}[(1+\alpha\beta^2)\gamma-\beta r_t]-(1+n)\gamma^2 r_{t+2}\}}{r_{t+2}r_{t+1}(1+\beta+\alpha\beta^2)(1+n)\gamma}
$$

$$
\frac{+\tau\{(1+n)\gamma m_1 r_{t+2} - (1+n)\gamma(1+\gamma)m_2 - (1+\gamma)m_2\beta r_{t+2}\}}{(1+n)\gamma(1+\beta+\alpha\beta^2)r_{t+1}r_{t+2}}
$$

$$
= \frac{(1-\tau)r_{t+2}\{r_{t+1}[(1+\alpha\beta^2)\gamma-\beta r_t]-(1+n)\gamma^2\}}{r_{t+2}r_{t+1}(1+\beta+\alpha\beta^2)(1+n)\gamma}
$$

$$
\frac{+\tau\{(1+n)\gamma m_1 r_{t+2} - m_2(1+\gamma)[\gamma(1+n)+\beta r_{t+2}]\}}{(1+n)\gamma(1+\beta+\alpha\beta^2)r_{t+1}r_{t+2}} \tag{6-138}
$$

当 $r_{t+1}<\gamma$，$\alpha\beta^2<n$ 时，式（6－138）右侧的第一项为负，考虑第二项大括号内的前两项和：

$$
(1+n)\gamma m_1 r_{t+2} - m_2(1+\gamma)\gamma(1+n)
$$

$$
=(1+n)\gamma[m_1 r_{t+2} - m_2(1+\gamma)]<0
$$

最后的不等式当 $1+\gamma>r_{t+2}$时成立。因为 $m_2>m_1$，当 $1+\gamma>r_{t+2}$时有 $m_1 r_{t+2}-m_2(1+\gamma)<0$。由式（6－138），$K_{t+1}^1>K_{t+1}^2$。

从上面的分析得到以下结论：当利息没有工资增长的幅度大，而且人口增长率没有那么小时，早退休情况下的经济总资本要大于整个社会都晚退休时的总资本。但这是在社会养老保障系统是现收现付制，工作的人对于社会养老保障系统的供款完全用于支付老年一代的退休金时的结果。

当利息很小时，早退休情况下的总资本会大于晚退休选择时经济中的总资本。这是因为当晚退休的工资足够大时，人们可以选择少储蓄来调整自己的现时消费，因为养老保障金的给付的增加可以抵消少储蓄的这一部分。

下面再比较两种情况下的经济中的资本—劳动比率。把早退休情况下的资本—劳动比率记为 $k_{t+1}^{1}=\frac{K_{t+1}^{1}}{L_{t+2}}$；晚退休情况下的资本—劳动比率记为 $k_{t+1}^{2}=\frac{K_{t+1}^{2}}{L_{t+2}+L_{t+1}}$。由于 $K_{t+1}^{1}>K_{t+1}^{2}$，且早退休情况下的劳动小于晚退休的情况，因而，$k_{t+1}^{1}>k_{t+1}^{2}$，即所有人都早退休的情况经济中的资本—劳动比率比所有人都延迟退休时要大。

以上的比较是在工资率与利率的变化都是外生情况下进行的，以下考虑工资率与利率是内生决定的情况。设生产函数为 $f(k)=k^{\alpha}$，由式（6－51）和式（6－52），得到：

$$r=1+f'(k)=1+\alpha k^{\alpha-1} \tag{6-139}$$

$$w=f(k)-kf'(k)=(1-\alpha)k^{\alpha} \tag{6-140}$$

以下考虑工资率和利率是内生决定时，进行早退休与晚退休的比较。

由于经济都从 k_0 出发，所以两种情况的 w_0 都相同，由于 0 世代（$L_0=1$）的投资构成 1 期的资本，如果 0 世代选择早退休的话，他的储蓄为 s_0。设人口为：$L_{t+1}=(1+n)L_t$，$t=0$，1，…，$L_0=1$。则第 1 期的人均资本为，$k_1^1=\frac{s_0}{1+n}$。而 0 世代选择晚退休，其在年轻时的投资为 s_0^1，因而，$k_1^2=\frac{s_0^1}{2+n}$。

由式（6－93）和式（6－106）得到：

$$s_0=\left[\frac{(1-\tau)(\beta+\alpha\beta^2)}{1+\beta+\alpha\beta^2}-\frac{m_1\tau}{r_1^1(1+\beta+\alpha\beta^2)}\right]w_0 \tag{6-141}$$

$$s_0^1=\left\{\frac{(1-\tau)[(\beta+\alpha\beta^2)r_1^2-\gamma]}{r_1^2(1+\beta+\alpha\beta^2)}-\frac{\tau(1+\gamma)m_2}{r_2^2r_1^2(1+\beta+\alpha\beta^2)}\right\}w_0 \tag{6-142}$$

这里，r_t^1 表示早退休情况下的 t 期本利，即 $r_t^1=1+f'(k_t^1)$，$t=1$，…，而 r_t^2 表示晚退休情况下的 t 期本利，即 $r_t^2=1+f'(k_t^2)$，$t=1$，…。

计算：

$$\frac{(1-\tau)(\beta+\alpha\beta^2)}{1+\beta+\alpha\beta^2}-\frac{m_1\tau}{r_1^1(1+\beta+\alpha\beta^2)}-\frac{(1-\tau)[(\beta+\alpha\beta^2)r_1^2-\gamma]}{r_1^2(1+\beta+\alpha\beta^2)}$$

$$+\frac{\tau(1+\gamma)m_2}{r_2^2r_1^2(1+\beta+\alpha\beta^2)}$$

$$=\frac{r_1^2(1-\tau)(\beta+\alpha\beta^2)-(1-\tau)(\beta+\alpha\beta^2)r_1^2+\gamma(1-\tau)}{r_1^2(1+\beta+\alpha\beta^2)}$$

$$+\frac{\tau[r_1^1(1+\gamma)m_2-m_1r_1^2r_2^2]}{r_1^1r_1^2r_2^2(1+\beta+\alpha\beta^2)}$$

$$=\frac{\gamma(1-\tau)}{r_1^2(1+\beta+\alpha\beta^2)}+\frac{\tau[r_1^1(1+\gamma)m_2-m_1r_1^2r_2^2]}{r_1^1r_1^2r_2^2(1+\beta+\alpha\beta^2)} \tag{6-143}$$

当τ充分小时，式（6－143）的右侧为正。由式（6－141）和式（6－142）可知，$s_0>s_0^1$。因而，$k_1^1=\frac{s_0}{1+n}>\frac{s_0^1}{2+n}=k_1^2$。对式（6－139）两边关于$k$求导，得到：

$$\frac{\mathrm{d}r}{\mathrm{d}k}=f''(k)<0 \tag{6-144}$$

由$k_1^1>k_1^2$，得到：

$$r_1^1=1+f'(k_1^1)<1+f'(k_1^2)=r_1^2 \tag{6-145}$$

对式（6－140）两边关于k求导，得到：

$$\frac{\mathrm{d}w}{\mathrm{d}k}=-kf''(k)>0 \tag{6-146}$$

由$k_1^1>k_1^2$，得到：

$$w_1^1>w_1^2 \tag{6-147}$$

其中，w_t^1为早退休经济t期的工资率；w_t^2为晚退休经济t期的工资率，$t=1$，…。

第2期的早退休的资本—劳动比为：

$$k_2^1=s_1\frac{L_1}{L_2}=\frac{s_1}{1+n} \tag{6-148}$$

在早退休的情况下，第 2 期的资本来自第 1 世代的投资，而劳动力在第 2 期只有第 2 世代。在晚退休的情况下，第 2 期的资本中有第 1 世代也有 0 世代在 1 期的投资，而劳动力包括第 2 世代与第 1 世代：

$$k_2^2=\frac{s_1^1L_1}{L_2+L_1}+\frac{s_1^oL_0}{L_2+L_1}=\frac{s_1^1}{2+n}+\frac{\frac{L_1}{1+n}s_1^o}{L_1(2+n)}$$

$$=\frac{s_1^1}{2+n}+\frac{s_1^o}{(1+n)(2+n)}$$

$$=\frac{(1+n)s_1^1+s_1^o}{(1+n)(2+n)} \tag{6-149}$$

计算两种情况下的人均资本的差：

$$k_2^1-k_2^2=\frac{s_1}{1+n}-\frac{(1+n)s_1^1+s_1^o}{(1+n)(2+n)}$$

$$=\frac{(2+n)s_1-(1+n)s_1^1-s_1^o}{(1+n)(2+n)} \tag{6-150}$$

为了简单，只计算式（6－150）右侧分式的分子，把式（6－93）、式（6－106）和式（6－107）代入式（6－150）第二个等式右侧分子，得到：

$$(2+n)s_1-(1+n)s_1^1-s_1^o$$

$$=(2+n)\left[\frac{(1-\tau)(\beta+\alpha\beta^2)}{1+\beta+\alpha\beta^2}-\frac{m_1\tau}{r_2^1(1+\beta+\alpha\beta^2)}\right]w_1^1$$

$$-(1+n)\left\{\frac{(1-\tau)[(\beta+\alpha\beta^2)r_2^2-\gamma]}{r_2^2(1+\beta+\alpha\beta^2)}-\frac{\tau(1+\gamma)m_2}{r_3^2r_2^2(1+\beta+\alpha\beta^2)}\right\}w_1^2$$

$$-\left\{\frac{(1-\tau)r_2^2[(1+\alpha\beta^2)\gamma-\beta r_1^2]-\beta(1+\gamma)\tau m_2}{r_2^2(1+\beta+\alpha\beta^2)}\right\}w_0$$

$$=\frac{r_2^2(1-\tau)(\beta+\alpha\beta^2)\left[(2+n)w_1^1-(1+n)w_1^2-\frac{\gamma w_0}{\beta}\right]+(1-\tau)[\gamma(1+n)+\beta r_1^2r_2^2]}{r_2^2(1+\beta+\alpha\beta^2)}$$

$$+\frac{\tau}{(1+\beta+\alpha\beta^2)}\left\{\frac{m_2(1+\gamma)}{r_2^2}\left[\frac{(1+n)w_1^2}{r_3^2}+\beta w_0\right]-\frac{(2+n)m_1w_1^1}{r_2^1}\right\}$$

$$=\frac{r_2^2(1-\tau)(\beta+\alpha\beta^2)\left[(2+n)w_1^1-(1+n)w_1^2-\frac{w_1^2}{\beta}\right]+(1-\tau)[\gamma(1+n)+\beta r_1^2r_2^2]}{r_2^2(1+\beta+\alpha\beta^2)}$$

$$+\frac{\tau}{(1+\beta+\alpha\beta^2)}\left\{\frac{m_2(1+\gamma)}{r_2^2}\left[\frac{(1+n)w_1^2}{r_3^2}+\beta w_0\right]-\frac{(2+n)m_1w_1^1}{r_2^1}\right\}$$

(6－151)

当$(2+n)w_1^1-\left(1+n+\frac{1}{\beta}\right)w_1^2\geqslant 0$，且$\tau$充分小时，会有式（6－151）的右侧为正。即$k_2^1>k_2^2$。由于$w_1^1>w_1^2$，当$\beta$足够大接近于1时，会有$(2+n)w_1^1-\left(1+n+\frac{1}{\beta}\right)w_1^2\geqslant 0$成立，因而会有$k_2^1>k_2^2$。由式（6－146）可知，$w_2^2<w_2^1$。即晚退休经济的工资率会小于早退休的经济。这从经济上可以解释为由于晚退休经济中劳动力多的缘故。

由式（6－144）可知，$r_2^2>r_2^1$。即晚退休经济的利息率高于早退休经济。这是由于早退休经济的资本—劳动比率高的缘故。

因为生产函数为$f(k_t)=k_t^{\alpha}$，$\alpha<1$，则有$w_t=(1-\alpha)k_t^{\alpha}<k_t$。由$s_t<w_t$，在人口递增的情况下，早退休的资本—劳动比$k_{t+1}^1=\frac{s_t}{1+n}<k_t^1$。更进一步，有：

$$w_{t+1}^1=(1-\alpha)(k_{t+1}^1)^{\alpha}<(1-\alpha)(k_t^1)^{\alpha}=w_t^1$$

即在早退休的经济中，工资率是递减的，$\gamma<1$。

而在人口是递减的情况下，设：

$$L_t=\frac{L_{t-1}}{1+n}$$

即：

$$\frac{L_t}{L_{t-1}}=\frac{1}{1+n}$$

在早退休的情况下，经济中的资本—劳动比为：

$$k_t^1=s_{t-1}\frac{L_{t-1}}{L_t}=s_{t-1}(1+n)>s_{t-1} \qquad (6-152)$$

把 $t-1$ 世代平均每人在年轻时的储蓄 s_{t-1} 记为 k_{t-1}^{y1}，则：

$$k_t^1=k_{t-1}^{y1}(1+n)>k_{t-1}^{y1}$$

而在晚退休的情况下，经济中的资本—劳动比为：

$$k_t^2=\frac{s_t^1L_{t-1}}{L_t+L_{t-1}}+\frac{s_t^oL_{t-2}}{L_t+L_{t-1}}=\frac{s_t^1L_{t-1}}{L_{t-1}\frac{1}{1+n}+L_{t-1}}+\frac{s_t^oL_{t-1}(1+n)}{L_{t-1}\frac{1}{1+n}+L_{t-1}}$$

$$=\frac{s_t^1}{\frac{1}{1+n}+1}+\frac{s_t^o(1+n)}{\frac{1}{1+n}+1}$$

$$=\frac{1+n}{2+n}[s_t^1+s_t^o(1+n)] \qquad (6-153)$$

把 s_t^1 记为 k_t^{y2}，把 $t-1$ 世代在 t 期的人均储蓄记为 k_{t-1}^{o2}，则：

$$k_t^2=\frac{1+n}{2+n}[k_t^{y2}+k_t^{o2}(1+n)]$$

还是从 0 期的人均资本 k_0 出发，第 2 期的资本—劳动比各为：

$$k_2^1=k_2^{y1}\frac{L_1}{L_2}=(1+n)k_2^{y1}$$

$$k_2^2=\frac{k_2^{y2}L_1}{L_2+L_1}+\frac{k_2^{o2}L_0}{L_2+L_1}=\frac{1+n}{2+n}[k_2^{y2}+(1+n)k_2^{o2}]$$

只有当 $k_2^{o2}\geqslant k_2^{y2}$ 时，也就是老年劳动者的投资高于年轻劳动者时，才可能有 $k_2^2\geqslant k_2^1$。因为否则，$k_2^{o2}<k_2^{y2}$ 的话，则有：

$$k_2^2=\frac{1+n}{2+n}[k_2^{y2}+(1+n)k_2^{o2}]<\frac{1+n}{2+n}[k_2^{y2}+(1+n)k_2^{y2}]$$

$$=\frac{1+n}{2+n}(2+n)k_2^{y2}$$

$$= (1+n)k_2^{y2}$$

即当 $k_2^{o2} < k_2^{y2}$ 时，一定有

$$k_2^2 < k_2^1$$

3. 动态均衡

考虑在早退休的情况下，动态系统的稳态点：

$$k_t^1 = k_{t+1}^1 = \cdots = k^{1*}$$

$$k^{1*} = (1+n)k^{*y1} \tag{6-154}$$

而在晚退休的情况，动态系统的稳态点：

$$k_t^2 = k_{t+1}^2 = \cdots = k^{2*}$$

$$k^{2*} = \frac{1+n}{2+n}\left[k^{*y2} + k^{*o2}(1+n)\right] \tag{6-155}$$

由式（6－104）得到：

$$s_t^1 = \frac{[\beta r_{t+2}^2 r_{t+1}^2(1-\tau)(1+\alpha\beta) - \tau m_2]w_t^2 - [r_{t+2}^2(1-\tau) + \tau m_2]w_{t+1}^2}{r_{t+2}^2 r_{t+1}^2(1+\beta+\alpha\beta^2)}$$

在稳态点，由式（6－139）和式（6－140）得到，$w_t^2 = w_{t+1}^2 = \cdots = w^{2*}$，且 $r_t^2 = r_{t+1}^2 = \cdots = r^{2*}$。由此计算：

$$k^{*y2} = \frac{[\beta(r^{2*})^2(1-\tau)(1+\alpha\beta) - \tau m_2] - [r^{2*}(1-\tau) + \tau m_2]}{(r^{2*})^2(1+\beta+\alpha\beta^2)} w^{2*}$$

$$= \frac{r^{2*}(1-\tau)[\beta r^{2*}(1+\alpha\beta) - 1] - 2\tau m_2}{(r^{2*})^2(1+\beta+\alpha\beta^2)} w^{2*} \tag{6-156}$$

由式（6－105）得到：

$$s_{t+1}^o = \left\{1 - \tau - \frac{\beta[r_{t+2}^2(1-\tau) + \tau m_2]}{r_{t+2}^2(1+\beta+\alpha\beta^2)}\right\} w_{t+1}^2$$

$$-\beta r_{t+1}^2\left[1 - \tau - \frac{\beta r_{t+1}^2 r_{t+2}^2(1-\tau)(1+\alpha\beta) - \tau m_2}{r_{t+2}^2 r_{t+1}^2(1+\beta+\alpha\beta^2)}\right] w_t^2$$

在均衡时得到：

$$k^{*o2} = \left\{1 - \tau - \frac{\beta[r^{2*}(1-\tau) + \tau m_2]}{r^{2*}(1+\beta+\alpha\beta^2)}\right\} w^{2*}$$

$$-\beta r^{2*}\left[1-\tau-\frac{\beta(r^{2*})^2(1-\tau)(1+\alpha\beta)-\tau m_2}{(r^{2*})^2(1+\beta+\alpha\beta^2)}\right]w^{2*}$$

$$=\left\{(1-\tau)(1-\beta r^{2*})\right.$$

$$\left.-\frac{\beta[r^{2*}(1-\tau)+\tau m_2]-\beta^2(r^{2*})^2(1-\tau)(1+\alpha\beta)+\beta\tau m_2}{r^{2*}(1+\beta+\alpha\beta^2)}\right\}w^{2*}$$

$$=\left\{(1-\tau)(1-\beta r^{2*})\right.$$

$$\left.-\frac{\beta r^{2*}(1-\tau)[1-(\beta+\alpha\beta^2)r^{2*}]+2\beta\tau m_2}{r^{2*}(1+\beta+\alpha\beta^2)}\right\}w^{2*} \quad (6-157)$$

为符合我国的实际情况，设利息率在早退休与晚退休情况下相同，即 $r^{1*}=r^{2*}=r^*$。而：

$$w^{1*}=f(k^{1*})-k^{1*}f'(k^{1*})=(1-\alpha)(k^{1*})^{\alpha} \quad (6-158)$$

把式（6－93）和式（6－158）代入式（6－154），得到：

$$k^{1*}=(1+n)\left[\frac{(1-\tau)(\beta+\alpha\beta^2)}{1+\beta+\alpha\beta^2}-\frac{m_1\tau}{r^*(1+\beta+\alpha\beta^2)}\right]w^{1*}$$

$$=(1+n)\left[\frac{(1-\tau)(\beta+\alpha\beta^2)}{1+\beta+\alpha\beta^2}-\frac{m_1\tau}{r^*(1+\beta+\alpha\beta^2)}\right](1-\alpha)(k^{1*})^{\alpha}$$

得到：

$$(k^{1*})^{1-\alpha}=(1+n)(1-\alpha)\left[\frac{(1-\tau)(\beta+\alpha\beta^2)}{1+\beta+\alpha\beta^2}-\frac{m_1\tau}{r^*(1+\beta+\alpha\beta^2)}\right]$$

即：

$$k^{1*}=(1+n)^{\frac{1}{1-\alpha}}(1-\alpha)^{\frac{1}{1-\alpha}}$$

$$\left[\frac{(1-\tau)(\beta+\alpha\beta^2)}{1+\beta+\alpha\beta^2}-\frac{m_1\tau}{r^*(1+\beta+\alpha\beta^2)}\right]^{\frac{1}{1-\alpha}} \quad (6-159)$$

把式（6－156）和式（6－157）代入式（6－155），得到：

$$k^{2*}=\frac{1+n}{2+n}\left\{\frac{r^*(1-\tau)[\beta r^*(1+\alpha\beta)-1]-2\tau m_2}{(r^*)^2(1+\beta+\alpha\beta^2)}+(1+n)\times\right.$$

$$\left\{(1-\tau)(1-\beta r^{*})-\frac{\beta r^{*}(1-\tau)[1-(\beta+\alpha\beta^{2})r^{*}]+2\beta\tau m_{2}}{r^{*}(1+\beta+\alpha\beta^{2})}\right\}\Bigg\}w^{2*}$$

$$=\frac{1+n}{2+n}\Bigg\{\frac{r^{*}(1-\tau)[\beta r^{*}(1+\alpha\beta)-1]-2\tau m_{2}}{(r^{*})^{2}(1+\beta+\alpha\beta^{2})}+$$

$$(1+n)\left\{(1-\tau)(1-\beta r^{*})-\frac{\beta(r^{*})^{2}(1-\tau)[1-(\beta+\alpha\beta^{2})r^{*}]+2r^{*}\beta\tau m_{2}}{(r^{*})^{2}(1+\beta+\alpha\beta^{2})}\right\}\Bigg\}w^{2*}$$

$$=\Bigg\{\frac{r^{*}(1-\tau)\{\beta r^{*}(1+\alpha\beta)-1+(1+n)r^{*}(1-\beta r^{*})(1+\beta+\alpha\beta^{2})}{(r^{*})^{2}(1+\beta+\alpha\beta^{2})}$$

$$\frac{-\beta r^{*}(1+n)[1-(\beta+\alpha\beta^{2})r^{*}]\}-2\tau m_{2}[1+(1+n)\beta r^{*}]}{(r^{*})^{2}(1+\beta+\alpha\beta^{2})}\Bigg\}w^{2*}\left(\frac{1+n}{2+n}\right)$$

$$=\Bigg\{\frac{r^{*}(1-\tau)\{\beta r^{*}(1+\alpha\beta)-1+(1+n)r^{*}[(1-\beta r^{*})(1+\beta+\alpha\beta^{2})}{(r^{*})^{2}(1+\beta+\alpha\beta^{2})}$$

$$\frac{-\beta+\beta(\beta+\alpha\beta^{2})r^{*}]\}-2\tau m_{2}[1+(1+n)\beta r^{*}]}{(r^{*})^{2}(1+\beta+\alpha\beta^{2})}\Bigg\}w^{2*}\left(\frac{1+n}{2+n}\right)$$

$$=\Bigg\{\frac{r^{*}(1-\tau)[\beta r^{*}(1+\alpha\beta)-1+(1+n)r^{*}(1+\alpha\beta^{2}-\beta r^{*})]}{(r^{*})^{2}(1+\beta+\alpha\beta^{2})}$$

$$\frac{-2\tau m_{2}[1+(1+n)\beta r^{*}]}{(r^{*})^{2}(1+\beta+\alpha\beta^{2})}\Bigg\}\left(\frac{1+n}{2+n}\right)(1-\alpha)(k^{2*})^{\alpha}$$

因而，得到：

$$k^{2*}=\Bigg\{\frac{r^{*}(1-\tau)[\beta r^{*}(1+\alpha\beta)-1+(1+n)r^{*}(1+\alpha\beta^{2}-\beta r^{*})]}{(r^{*})^{2}(1+\beta+\alpha\beta^{2})}$$

$$-\frac{2\tau m_{2}[1+(1+n)\beta r^{*}]}{(r^{*})^{2}(1+\beta+\alpha\beta^{2})}\Bigg\}^{\frac{1}{1-\alpha}}\left(\frac{1+n}{2+n}\right)^{\frac{1}{1-\alpha}}(1-\alpha)^{\frac{1}{1-\alpha}}\qquad(6-160)$$

在晚退休的情况下，当老年人的投资远大于年轻人时，可能会有 $k^{*2}>k^{*1}$。

这是因为，

$$k^{2*}=\frac{1+n}{2+n}[k^{*y2}+k^{*o2}(1+n)]>\frac{(1+n)}{2+n}(2+n)k^{*y2}=(1+n)k^{*y2}$$

当 k^{*o2} 远大于 k^{1*}，且 n 足够大时，可能会有 $k^{2*}>k^{1*}$。也就是说，当人口老龄化发展非常快、m_2 和 τ 都很小时，k^{2*} 会变得很大，可能会有 $k^{2*}>k^{1*}$。

现在，考虑自由选择早退休和晚退休的情况，而只有在 $\delta=0$ 时，人们才可能自由选择。因为，否则，当 $\delta>0$ 时，所有人都会选择第二期退休，而当 $\delta<0$ 时，所有人又都会选择第三期退休。要想达到 $\delta=0$，就要求闲暇的效用充分大。

设在第二期退休的概率为 ϑ，且 ϑ 与人口的变化无关。在第 t 期的期望总资本为：

$$\begin{aligned}E_tK_t&=(1-\vartheta)(k_t^{o2}L_{t-2}+k_t^{y2}L_{t-1})+\vartheta k_t^{y1}L_{t-1}\\&=(1-\vartheta)k_t^{o2}L_{t-2}+(1-\vartheta)k_t^{y2}L_{t-1}+\vartheta k_t^{y1}L_{t-1}\end{aligned}$$

期望劳动为：

$$L^e=\vartheta L_t+(1-\vartheta)(L_t+L_{t-1})=L_t+(1-\vartheta)L_{t-1}。$$

当人口不变时，期望资本—期望劳动的比率为：

$$\begin{aligned}\frac{EK_t}{L_t^e}&=\frac{(1-\vartheta)k_t^{o2}L_{t-2}+(1-\vartheta)k_t^{y2}L_{t-1}+\vartheta k_t^{y1}L_{t-1}}{L_t+(1-\vartheta)L_{t-1}}\\&=\frac{[(1-\vartheta)(k_t^{o2}+k_t^{y2})+\vartheta k_t^{y1}]L_{t-1}}{L_t[1+(1-\vartheta)]}\\&=\frac{(1-\vartheta)(k_t^{o2}+k_t^{y2})+\vartheta k_t^{y1}}{2-\vartheta}\end{aligned}\tag{6-161}$$

当人口减少时，即 $L_{t-1}=(1+n)L_t$ 时，期望资本—期望劳动比为：

$$\frac{EK_t}{L_t^e}=\frac{(1-\vartheta)(k_t^{o2}L_{t-2}+k_t^{y2}L_{t-1})+\vartheta k_t^{y1}L_{t-1}}{L_t+(1-\vartheta)L_{t-1}}$$

$$= \frac{\{(1-\vartheta)[k_t^{o2}(1+n)+k_t^{y2}]+\vartheta k_t^{y1}\}L_{t-1}}{[1+(1-\vartheta)(1+n)]L_t}$$

$$= \frac{\{(1-\vartheta)[k_t^{o2}(1+n)+k_t^{y2}]+\vartheta k_t^{y1}\}(1+n)}{1+(1-\vartheta)(1+n)} \qquad (6-162)$$

在人口增多的情况，即 $L_t=(1+n)L_{t-1}$ 时，第 t 期的期望总资本为：

$$\begin{aligned} EK_t &= (1-\vartheta)(k_t^{o2}L_{t-2}+k_t^{y2}L_{t-1})+\vartheta k_t^{y1}L_{t-1} \\ &= L_{t-2}\{(1-\vartheta)[k_t^{o2}+(1+n)k_t^{y2}]+\vartheta(1+n)k_t^{y1}\} \end{aligned}$$

期望劳动为：

$$\begin{aligned} L_t^e = \vartheta L_t+(1-\vartheta)(L_t+L_{t-1}) &= L_t+(1-\vartheta)L_{t-1} \\ &= [(1+n)+(1-\vartheta)]L_{t-1} \\ &= (2+n-\vartheta)L_{t-1} \end{aligned}$$

期望资本—期望劳动比率为：

$$\frac{EK_t}{L_t^e} = \frac{L_{t-2}\{(1-\vartheta)[k_t^{o2}+k_t^{y2}(1+n)]+\vartheta k_t^{y1}(1+n)\}}{L_{t-1}(2+n-\vartheta)}$$

$$= \frac{(1-\vartheta)[k_t^{o2}+k_t^{y2}(1+n)]+\vartheta k_t^{y1}(1+n)}{(1+n)(2+n-\vartheta)} \qquad (6-163)$$

下面计算式（6－163）的分母与式（6－162）分母的差，和式（6－163）的分子与式（6－162）的分子的差。

先计算两个分母的差：

$$\begin{aligned} &(1+n)(2+n-\vartheta)-(1-\vartheta)(1+n)-1 \\ &= (1+n)(2+n-\vartheta-1+\vartheta)-1 \\ &= (1+n)^2-1 \\ &= n(2+n)>0 \end{aligned}$$

可以得到在人口增多的情况下$\frac{EK_t}{L_t^e}$的分母大于在人口减少情况下$\frac{EK_t}{L_t^e}$的分母。再计算分子之间的差：

$$\{(1-\vartheta)[(1+n)k_t^{o2}+k_t^{y2}]+\vartheta k_t^{y1}\}(1+n)$$

$$-\{(1-\vartheta)[k_t^{o2}+(1+n)k_t^{y2}]+\vartheta k_t^{y1}(1+n)\}$$

$$=(1-\vartheta)k_t^{o2}(1+n)^2-(1-\vartheta)k_t^{o2}$$

$$=(1-\vartheta)n(2+n)k_t^{o2}>0$$

在人口增多的情况下$\frac{EK_t}{L_t^e}$的分子小于在人口减少情况下$\frac{EK_t}{L_t^e}$的分子。因此，在人口减少情况下，经济中的期望资本—期望劳动比$\frac{EK_t}{L_t^e}$比人口增多情况下要大。也就是说，在人口老龄化深化的情况下，自由选择退休时间，且 $\vartheta\neq1$，经济中的期望资本—期望劳动比比人口增多时要大。

在人口不变的情况下，如果都选择早退休，也就是在式（6－161）中令 $\vartheta=1$ 时，资本—劳动比为：

$$k=k_t^{y1}$$

现在计算$\frac{(1-\vartheta)(k_t^{o2}+k_t^{y2})+\vartheta k_t^{y1}}{2-\vartheta}$关于 ϑ 的导数，导数为：

$$\frac{[k_t^{y1}-(k_t^{o2}+k_t^{y2})](2-\vartheta)+(1-\vartheta)(k_t^{o2}+k_t^{y2})+\vartheta k_t^{y1}}{(2-\vartheta)^2}$$

$$=\frac{2k_t^{y1}-(k_t^{o2}+k_t^{y2})}{(2-\vartheta)^2} \tag{6－164}$$

当 $k_t^{o2}+k_t^{y2}>2k^{y1}$时，式（6－164）为负，即早退休的概率越大，期望资本—期望劳动的比率就越小。晚退休的概率的越大，期望资本—期望劳动的比率就越大。当 $2k_t^{y1}>k_t^{o2}+k_t^{y2}$ 时，式（6－164）为正。早退休的概率越大，期望资本—期望劳动的比率就越大。也就是说，当老年人比选择早退休的年轻人投资高时，期望资本—期望劳动的比率可能关于 ϑ 递减。

在人口减少的情况下，如果都选择早退休，也就是在（6－162）

中令 $\vartheta=1$ 时，资本—劳动比为：

$$k=k_t^{y1}(1+n)$$

资本—劳动比要大于人口不变的情况。

现在计算$\dfrac{(1-\vartheta)[k_t^{o2}(1+n)+k_t^{y2}]+\vartheta k_t^{y1}}{1+(1-\vartheta)(1+n)}$关于 ϑ 的导数：

$$\frac{[k_t^{y1}-k_t^{o2}(1+n)-k_t^{y2}][1+(1-\vartheta)(1+n)]+(1+n)\{(1-\vartheta)[k_t^{o2}(1+n)+k_t^{y2}]+\vartheta k_t^{y1}\}}{[1+(1-\vartheta)(1+n)]^2}$$

$$=\frac{-[k_t^{o2}(1+n)+k_t^{y2}]+k_t^{y1}[1+(1-\vartheta)(1+n)+(1+n)\vartheta]}{[1+(1-\vartheta)(1+n)]^2}$$

$$=\frac{-[k_t^{o2}(1+n)+k_t^{y2}]+k_t^{y1}(2+n)}{[1+(1-\vartheta)(1+n)]^2} \tag{6-165}$$

当 $k_t^{o2}(1+n)+k_t^{y2}>(2+n)k^{y1}$时，式（6-165）为负，晚退休的概率越大，期望资本—期望劳动比就越大；当 $k_t^{o2}(1+n)+k_t^{y2}<(2+n)k^{y1}$ 时，式（6-165）为正，早退休的概率越高，期望资本—期望劳动比就越大。当老年人的投资比选择早退休的年轻人投资 k_t^{y1} 高时，式（6-165）可能为负，早退休的概率越大（早退休的人越多），期望资本—期望劳动比就越小，而晚退休的概率越大（晚退休的人越多），则期望资本—期望劳动比就越大。

现在，再看人口增加的情况。如果都选择早退休，也就是在（6-163）中令 $\vartheta=1$，资本—劳动比为：

$$k=\frac{k_t^{y1}}{1+n}$$

比人口不变和人口减少的情况下的人均资本都要小。再对$\dfrac{(1-\vartheta)[k_t^{o2}+k_t^{y2}(1+n)]+\vartheta k_t^{y1}(1+n)}{(2+n-\vartheta)}$关于 ϑ 求导，得到导数：

$$\frac{[k_t^{y1}(1+n)-k_t^{o2}-k_t^{y2}(1+n)](2+n-\vartheta)+(1-\vartheta)[k_t^{o2}+k_t^{y2}(1+n)]+\vartheta k_t^{y1}(1+n)}{(2+n-\vartheta)^2}$$

$$= \frac{k_t^{y1}(1+n)(2+n) - [k_t^{o2} + k_t^{y2}(1+n)](1+n)}{(2+n-\vartheta)^2} \quad (6-166)$$

当 $k_t^{o2} + k_t^{y2}(1+n) > (2+n)k_t^{y1}$ 时，式（6－166）为负，晚退休的概率越大，期望资本—期望劳动比就越大；当 $k_t^{o2} + k_t^{y2}(1+n) < (2+n)k_t^{y1}$ 时，早退休的概率越大，期望资本—期望劳动比就越大。当老年人比选择早退休的年轻人的投资 k_t^{y1} 高时，式（6－166）可能为负，期望资本—期望劳动比关于 ϑ 递减，也就是说，早退休的概率越大（早退休的人越多），期望资本—期望劳动比就越小，而晚退休的概率越大（晚退休的人越多），则期望资本—期望劳动比就越大。

可以假设老年人在他们为退休而进行的投资远高于选择早退休的青年人，那么，无论在人口不变，人口增加还是人口减少的情况下，都有晚退休的概率越大，期望资本—期望劳动的比越大。这是晚退休对经济最重要的影响。而这一假设是合理的，因为当 $\gamma > 1$ 时，老年人不退休时的工资高于其年轻时的工资，而且在老年没有了养育孩子的负担。

命题 6.2 在工资随时间而增长的情况下，当工资的增长率大于利息率时，存在社会养老保障供款率 τ 的变化区间，在这区间内，会有晚退休时的效用高于早退休时的效用。如果老年人的投资远高于选择早退休的青年人的投资时，晚退休的概率越大，期望资本—期望劳动比就越大。

6.3 风险资产存在下的最优退休时间选择

在本节中，考虑风险投资下退休时间的最优选择问题。在个人的工作期间，个人的工资用于消费和投资，退休时把投资的收入买成商业养老保险的年金，用于退休后的消费。个人根据自己的消费和投资计划来决定自己的退休时间。

在6.2节，在社会养老保障下，考虑储蓄、消费与退休时间的选择问题，是无风险投资的问题。而本节则考虑风险投资下的消费、投资组合与退休时间的选择问题。实际上，很多发达国家都对社会养老保障系统进行了改革，实行了既定供款计划或既定给付计划，而我国也对个人账户的养老基金进行了风险投资。为适应我国今后的社会养老保障系统改革，本节考虑在退休前进行风险投资，以获得比储蓄更大的收益，退休时把这笔基金买成商业养老保险年金用于退休后的生活的模型。实际上，个人投资与社会养老保障金的集体投资可以看作是相同的，所以，这一模型也适用于我国社会养老保障基金的投资问题。

把 R 记为退休时间，T 为寿命的长度。把在无风险资产上投资的即时收益记为 r。风险资产的价格服从下列伊藤过程：

$$\mathrm{d}P = \alpha P\mathrm{d}t + \sigma P\mathrm{d}z \tag{6-167}$$

其中，α 是平均单位时间的瞬时期望收益，σ^2 是瞬时条件方差，$\mathrm{d}z$ 是 Wiener 过程。劳动的工资也服从伊藤过程：

$$\mathrm{d}w = \varepsilon w\mathrm{d}t + k\sigma w\mathrm{d}z \tag{6-168}$$

个人的目标是最大化以下的生涯期望效用：

$$E_0\left[\int_0^R e^{-\rho s}u(c(s))\mathrm{d}s + V(R)\right] \tag{6-169}$$

其中 $V(R)$ 为个人退休以后的效用。本节考虑工资变化是非随机的与随机的情况。

1. 非随机工资的情况

首先，考虑工资的变动是非随机的情况。设工资为 $w(t)$，工资的增长率为 ε，是常数，即：

$$\frac{\dot{w}(t)}{w(t)} = \varepsilon \tag{6-170}$$

设0期的工资为 $w(0)$。对式（6－170）两边在［0，t］上对 t 积分，得到：

$$\int_0^t \frac{\dot{w}(v)}{w(v)}\mathrm{d}v = \int_0^t \varepsilon \mathrm{d}v$$

解出，得到：

$$\ln w(t) - \ln w(0) = \varepsilon t$$

进一步去掉对数，得到：

$$w(t) = w(0)e^{\varepsilon t} \qquad (6-171)$$

退休后的效用是消费与闲暇的效用之和：

$$\begin{aligned} V(R) &= \max_{C(t)}\int_R^T e^{-\rho s}u[C(s)]\mathrm{d}s + \int_R^T e^{-\rho s}\gamma \mathrm{d}s \\ &= \max_{C(t)}\int_R^T e^{-\rho s}u[C(s)]\mathrm{d}s + \frac{\gamma}{\rho}(e^{-\rho R} - e^{-\rho T}) \end{aligned} \qquad (6-172)$$

$$\text{s. t.} \int_R^T e^{-rt}C(t)\mathrm{d}t = B(R) \qquad (6-173)$$

其中，$B(R)$ 为个人在退休时购买年金的数量，也可以考虑为得到退休福利的量。

退休后的最优化问题的拉格朗日函数为：

$$L = \int_R^T e^{-\rho t}u[C(t)]\mathrm{d}t + \lambda\left[B(R) - \int_R^T e^{-rt}C(t)\mathrm{d}t\right]$$

一阶条件为：

$$\int_R^T e^{-\rho t}u'[C(t)]\mathrm{d}t - \lambda\int_R^T e^{-rt}\mathrm{d}t = 0$$

整理，得到：

$$\int_R^T [e^{-\rho t}u'[C(t)] - \lambda e^{-rt}]\mathrm{d}t = 0 \qquad (6-174)$$

由式（6－174）得到：

$$u'[C(t)] = \lambda e^{-(r-\rho)t} \qquad (6-175)$$

设 $u(C(t)) = \ln C(t)$，则式（6－175）变为：

$$\frac{1}{C(t)}=\lambda e^{-(r-\rho)t} \tag{6-176}$$

即：

$$C(t)=\frac{e^{-(\rho-r)t}}{\lambda} \tag{6-177}$$

把式（6－177）代入式（6－173），得到：

$$\int_R^T e^{-rt}\frac{e^{-(\rho-r)t}}{\lambda}\mathrm{d}t = B(R)$$

即：

$$\int_R^T e^{-\rho t}\mathrm{d}t = \lambda B(R) \tag{6-178}$$

对式（6－178）的左侧求积分，得到：

$$\frac{1}{\rho}[e^{-\rho R}-e^{-\rho T}]=\lambda B(R)$$

解出 λ，得到：

$$\lambda=\frac{e^{-\rho R}-e^{-\rho T}}{\rho B(R)} \tag{6-179}$$

把式（6－179）代入式（6－177），得到：

$$C(t)=\frac{e^{-(\rho-r)t}\rho B(R)}{e^{-\rho R}-e^{-\rho T}} \tag{6-180}$$

把式（6－180）代入式（6－172），得到退休后的最大效用：

$$\begin{aligned}
V(R) &= \int_R^T e^{-\rho t}\ln\left[\frac{\rho B(R)e^{-(\rho-r)t}}{(e^{-\rho R}-e^{-\rho T})}\right]\mathrm{d}t+\frac{\gamma}{\rho}(e^{-\rho R}-e^{-\rho T}) \\
&= [-\ln(e^{-\rho R}-e^{-\rho T})+\ln\rho+\ln B(R)]\int_R^T e^{-\rho t}\mathrm{d}t \\
&\quad -\int_R^T(\rho-r)te^{-\rho t}\mathrm{d}t+\frac{\gamma}{\rho}(e^{-\rho R}-e^{-\rho T}) \\
&= [\ln\rho+\ln B(R)-\ln(e^{-\rho R}-e^{-\rho T})]\frac{(e^{-\rho R}-e^{-\rho T})}{\rho}+\frac{\gamma}{\rho}(e^{-\rho R}-e^{-\rho T}) \\
&\quad -(\rho-r)\left[\left(-\frac{te^{-\rho t}}{\rho}\right)\bigg|_R^T+\int_R^T\frac{e^{-\rho t}}{\rho}\mathrm{d}t\right]
\end{aligned}$$

$$= [\ln\rho + \ln B(R) - \ln(e^{-\rho R} - e^{-\rho T})]\frac{(e^{-\rho R} - e^{-\rho T})}{\rho}$$

$$+ \frac{\gamma}{\rho}(e^{-\rho R} - e^{-\rho T}) - (\rho - r)\left[\left(\frac{Re^{-\rho R} - Te^{-\rho T}}{\rho}\right) + \frac{(e^{-\rho R} - e^{-\rho T})}{\rho^2}\right]$$

$$(6-181)$$

退休前的最优化问题是最大化以下期望效用：

$$E_0\int_0^R e^{-\rho s}u[c(s)]\mathrm{d}s \qquad (6-182)$$

首先求财富 W 的运动方程。

为了简单，设只有一个风险资产，一个无风险资产。无风险资产的瞬时收益率为 r，而风险资产的价格为 $P(t)$，服从式（6－167）的运动方程。设风险投资占总资产的比例为 $x(t)$；$c(t)$ 为 t 时刻的每单位时间的消费。

先求总财富 W 在 $t+h$ 时刻的值：

$$W(t+h) = \frac{P(t+h)x(t)[W(t) - c(t)h]}{P(t)}$$

$$+ \frac{r(t+h)[1 - x(t)]}{r(t)}[W(t) - c(t)h] + w(t)h$$

$$(6-183)$$

其中，$\frac{x(t)[W(t) - c(t)h]}{P(t)}$ 是时刻 t 风险资产的股份数，$\frac{P(t+h)x(t)[W(t) - c(t)h]}{P(t)}$ 是风险资产在 $t+h$ 时刻的价值。$\frac{r(t+h)[1 - x(t)]}{r(t)}[W(t) - c(t)h]$ 是无风险资产在 $t+h$ 时刻的价值。$w(t)h$ 是 h 的时间期间的工资收入，$c(t)h$ 是这期间的消费。

由式（6－183）得到：

$$W(t+h) - W(t) = \frac{P(t+h)x(t)[W(t) - c(t)h]}{P(t)}$$

$$+\frac{r(t+h)(1-x(t))}{r(t)}[W(t)-c(t)h]+w(t)h-W(t)$$

$$=\frac{P(t+h)x(t)[W(t)-c(t)h]}{P(t)}+\frac{r(t+h)(1-x(t))}{r(t)}[W(t)-c(t)h]$$

$$+w(t)h-[x(t)+(1-x(t))][W(t)-c(t)h]-c(t)h$$

$$=x(t)[W(t)-c(t)h]\frac{P(t+h)-P(t)}{P(t)}+$$

$$(1-x(t))[W(t)-c(t)h]\frac{r(t+h)-r(t)}{r(t)}+w(t)h-c(t)h$$

(6－184)

由式（6－184）得到：

$$\lim_{h\to 0}\frac{W(t+h)-W(t)}{h}=\lim_{h\to 0}\left\{x(t)[W(t)-c(t)h]\right.$$

$$\left[\frac{P(t+h)-P(t)}{P(t)h}\right]+(1-x(t))[W(t)-c(t)h]$$

$$\left.\left[\frac{r(t+h)-r(t)}{r(t)h}\right]+w(t)-c(t)\right\} \quad (6-185)$$

由式（6－185）得到：

$$\begin{aligned}\mathrm{d}W&=x(t)W(t)(\alpha\mathrm{d}t+\sigma\mathrm{d}z)+[1-x(t)]W(t)r\mathrm{d}t+w(t)\mathrm{d}t-c(t)\mathrm{d}t\\&=x(t)W(t)(\alpha-r)\mathrm{d}t+W(t)r\mathrm{d}t+x(t)W(t)\sigma\mathrm{d}z+w(t)\mathrm{d}t-c(t)\mathrm{d}t\\&=\{[r+x(t)(\alpha-r)]W+w-c\}\mathrm{d}t+x(t)W(t)\sigma\mathrm{d}z\end{aligned}$$

因而，

$$\mathrm{d}W=\{[r+x(\alpha-r)]W+w-c\}\mathrm{d}t+\sigma xW\mathrm{d}z \quad (6-186)$$

由退休前的效用最大化问题和投资组合，加上退休后的问题的结果，得到以下最优化问题：

$$J(c,x)=\max_{c,x}E_0\int_0^R e^{-\rho s}u[c(s)]\mathrm{d}s+V(R) \quad (6-187)$$

在它的解（W，c）中，$W(R)=B(R)$。即退休时的财富为 $B(R)$。由这一 $B(R)$ 可以得到退休后的最优目标函数 $V(R)$。设：

$$J[W(t),w(t),t] = \max_{\{c(s),x(s)\}} E_t\int_t^R e^{-\rho s}u[c(s)]ds \quad (6-188)$$

对 $J[W(t+h),\ w(t+h),\ t+h]$ 在 t 点进行台劳展开，得到：

$$\begin{aligned}
J[W(t+h),\ w(t+h),\ t+h] = & \max_{\{c(s),x(s)\}} E_{t+h}\{J[W(t),\ w(t),\ t]\\
& + \frac{\partial J}{\partial W}[W(t+h)-W(t)] + J_t h + J_w[w(t+h)-w(t)]\\
& + \frac{1}{2}\frac{\partial^2 J}{\partial W^2}[W(t+h)-W(t)]^2 + \frac{1}{2}\frac{\partial J^2}{\partial w^2}[w(t+h)-w(t)]^2\\
& + \frac{1}{2}J_{tt}h^2 + J_{tW}[W(t+h)-W(t)]h + J_{tw}[w(t+h)-w(t)]h\\
& + J_{Ww}[W(t+h)-W(t)][w(t+h)-w(t)] + o(h^2)\}
\end{aligned} \quad (6-189)$$

对 $w(t+h)$ 和 $W(t+h)$ 在 t 点进行台劳展开，得到：

$$E_t[w(t+h)] = E_t[w(t) + w\varepsilon h + o(h)] = w(t) + w\varepsilon h + o(h)$$

$$E_t[w(t+h) - w(t)] = w\varepsilon h + o(h) \quad (6-190)$$

$$\begin{aligned}
E_t[W(t+h)] = & E_t\{W(t) + \{[x(\alpha-r)+r]W + w - c\}h\\
& + \sigma x W dz + o(h)\}\\
= & W(t) + \{[x(\alpha-r)+r]W - c + w\}h + E_t\sigma x W dz + o(h)
\end{aligned}$$

因为 $E_t(dz)=0$，所以：

$$\begin{aligned}
E_t[W(t+h)-W(t)] = & \{[x(\alpha-r)+r]W - c + w\}h + E_t\sigma x W dz + o(h)\\
= & \{[x(\alpha-r)+r]W - c + w\}h + o(h)
\end{aligned} \quad (6-191)$$

由伊藤公式，$(dz)^2 = dt$，$dzdt = 0$，$(dt)^2 = 0$，在各式中令 $h = dt$，得到：

$$\begin{aligned}
& E_t[W(t+h)-W(t)]^2\\
= & \{[x(\alpha-r)+r]W - c + w\}^2h^2 + \sigma^2x^2W^2h\\
& + 2E_t\{[(x(\alpha-r)+r)W - c + w]h\sigma x W dz\} + o(h^2)\\
= & \sigma^2x^2W^2h + O(h^2)
\end{aligned} \quad (6-192)$$

$$E_t[w(t+h)-w(t)]^2 = E_t\{w^2\varepsilon^2h^2 + 2o(h)w\varepsilon h + o(h^2)\} = O(h^2) \quad (6-193)$$

$$E_t\{[W(t+h)-W(t)]h\}$$
$$=\{[x(\alpha-r)+r]W-c+w\}h^2+E_t[\sigma xWh\mathrm{d}z]+o(h^2)=O(h^2)$$

(6－194)

$$E_t\{[w(t+h)-w(t)]h\}=E_t\{w\varepsilon h^2+o(h^2)\}=O(h^2)$$

(6－195)

$$E_t\{[W(t+h)-W(t)][w(t+h)-w(t)]\}$$
$$=\{[x(\alpha-r)+r]W-c+w\}w\varepsilon h^2+E_t[w\varepsilon h\sigma xW\mathrm{d}z]+o(h^2)=O(h^2)$$

(6－196)

把式（6－190）~式（6－196）代入式（6－189），由 $E_t\mathrm{d}z=0$ 和伊藤公式 $(\mathrm{d}z)^2=\mathrm{d}t$，$\mathrm{d}z\mathrm{d}t=0$，$(\mathrm{d}t)^2=0$，得到：

$$J[W(t+h),\ w(t+h),\ t+h]=\max_{\{c(s),x(s)\}}\{J[W(t),\ w(t),\ t]$$
$$+J_W\{[x(\alpha-r)+r]W-c+w\}h+J_th+J_ww\varepsilon h+\frac{1}{2}\frac{\partial^2J}{\partial W^2}\sigma^2x^2W^2h$$
$$+\frac{1}{2}\frac{\partial J^2}{\partial w^2}O(h^2)+\frac{1}{2}J_{tt}h^2+J_{tW}O(h^2)+J_{tw}O(h^2)+J_{Ww}O(h^2)+o(h^2)\}$$
$$=J(W(t),\ w(t),\ t)+\max_{\{c(s),x(s)\}}$$
$$\{J_W\{[x(\alpha-r)+r]W-c+w\}h+J_th+J_ww\varepsilon h$$
$$+\frac{1}{2}\frac{\partial^2J}{\partial W^2}\sigma^2x^2W^2h+O(h^2)\}$$

得到：

$$J[W(t+h),\ w(t+h),\ t+h]-J[W(t),\ w(t),\ t]$$
$$=\max_{\{c(s),x(s)\}}\Big\{J_W\{[x(\alpha-r)+r]W-c+w\}h+J_th+J_ww\varepsilon h$$
$$+\frac{1}{2}\frac{\partial^2J}{\partial W^2}\sigma^2x^2W^2h+O(h^2)\Big\} \quad (6-197)$$

两边同除以 h，得到：

$$\frac{J[W(t+h),\ w(t+h),\ t+h]-J[W(t),\ w(t),\ t]}{h}$$

$$= \max_{\{c(s),x(s)\}} \{J_W\{[x(\alpha-r)+r]W-c+w\}$$

$$+J_t+J_w\varepsilon w+\frac{1}{2}\frac{\partial^2 J}{\partial W^2}\sigma^2 x^2 W^2+O(h)\} \tag{6-198}$$

式（6－198）的左侧为：

$$\frac{\max\limits_{\{c(s),x(s)\}} E_{t+h}\int_{t+h}^{R} e^{-\rho s}u[c(s)]ds - \max\limits_{\{c(s),x(s)\}} E_t\int_t^R e^{-\rho s}u[c(s)]ds}{h}$$

$$=\frac{-\max\limits_{\{c(s),x(s)\}} E_{t+h}\int_t^{t+h} e^{-\rho s}u[c(s)]ds}{h}$$

令 $g=s-t$，则分子的积分为：

$$-\int_t^{t+h} e^{-\rho s}u[c(s)]ds = -\int_0^h e^{-\rho(t+g)}u[c(t+g)]dg$$

$$= -\int_0^h e^{-\rho(t+g)}u[c(t+g)]dg$$

那么，左侧为：

$$\frac{-\max\limits_{\{c(s),x(s)\}} E_{t+h}\int_t^{t+h} e^{-\rho s}u[c(s)]ds}{h} = \frac{-\max\limits_{\{c(s),x(s)\}} E_{t+h}\int_0^h e^{-\rho(t+g)}u[c(t+g)]dg}{h}$$

令 $h\to 0$，取极限：

$$\lim_{h\to 0}\frac{-\max\limits_{\{c(s),x(s)\}} E_{t+h}\int_0^h e^{-\rho(t+g)}u[c(t+g)]dg}{h}$$

$$=\lim_{h\to 0}\frac{-\max\limits_{\{c(s),x(s)\}} E_{t+h}e^{-\rho(t+h)}u[c(t+h)]}{1}$$

$$=\lim_{h\to 0}\{-\max_{\{c(s),x(s)\}} E_{t+h}\frac{e^{-\rho t}u[c(t)]}{1}\}$$

$$=-\max_{\{c(s),x(s)\}} E_t e^{-\rho t}u[c(t)] \tag{6-199}$$

在式（6－198）两边令 $h\to 0$，得到：

$$-\max_{\{c(t),x(t)\}}\{e^{-\rho t}u[c(t)]\} = \max_{\{c(s),x(s)\}}\{J_W\{[x(\alpha-r)+r]W-c+w\}$$

$$+J_t+J_w w\varepsilon+\frac{1}{2}\frac{\partial^2 J}{\partial W^2}\sigma^2 x^2 W^2\}$$

即：

$$0=\max_{\{c(s),x(s)\}}\{e^{-\rho t}u[c(t)]+J_W\{[x(\alpha-r)+r]W-c+w\}+J_t$$
$$+J_w\varepsilon w+\frac{1}{2}\frac{\partial^2 J}{\partial W^2}\sigma^2 x^2 W^2\} \quad (6-200)$$

由式（6－200）的最大化问题，得到关于 c 的一阶条件：

$$\frac{e^{-\rho t}}{c(t)}-J_W=0 \quad (6-201)$$

由式（6－201）得到：

$$c(t)=\frac{e^{-\rho t}}{J_W} \quad (6-202)$$

由式（6－200）得到关于 $x(t)$ 的一阶条件：

$$(\alpha-r)W\frac{\partial J}{\partial W}+x\sigma^2 W^2\frac{\partial^2 J}{\partial W^2}=0 \quad (6-203)$$

由式（6－203）中解出 x，得到：

$$x=-\frac{(\alpha-r)\frac{\partial J}{\partial W}}{\sigma^2 W\frac{\partial^2 J}{\partial W^2}} \quad (6-204)$$

考虑退休后的消费在 R 时刻为：

$$C(R)=\frac{e^{-(\rho-r)R}\rho B(R)}{e^{-\rho R}-e^{-\rho T}} \quad (6-205)$$

而退休前的最佳消费为：

$$c(R)=\frac{e^{-\rho R}}{J_W} \quad (6-206)$$

当 $C(R)=c(R)$ 时，由式（6－205）和式（6－206），得到：

$$\frac{e^{-(\rho-r)R}\rho B(R)}{e^{-\rho R}-e^{-\rho T}}=\frac{e^{-\rho R}}{J_W} \quad (6-207)$$

由式（6－207），得到：

$$B(R)=\frac{(e^{-\rho R}-e^{-\rho T})e^{-\rho R}}{\rho J_W e^{-(\rho-r)R}}=\frac{(e^{-\rho R}-e^{-\rho T})e^{-rR}}{\rho J_W}$$
$$=\frac{(1-e^{-\rho(T-R)})e^{-(\rho+r)R}}{\rho J_W}$$
$$(6-208)$$

当时刻 R 的财富满足式（6－209）时个人选择退休：

$$W(R)=B(R)=\frac{(1-e^{-\rho(T-R)})e^{-(\rho+r)R}}{\rho J_W} \quad (6-209)$$

当 $J_t=0$，$J_w=0$ 时，把式（6－202）和式（6－204）代入式（6－200），得到：

$$0=e^{-\rho t}u(c(t))+\left\{\left[r-(\alpha-r)\frac{(\alpha-r)J_W}{\sigma^2 WJ_{WW}}\right]W+w-c\right\}\frac{\partial J}{\partial W}$$
$$+\frac{1}{2}J_{WW}\frac{(\alpha-r)^2J_W^2}{\sigma^4W^2J_{WW}^2}\sigma^2W^2 \quad (6-210)$$

把式（6－206）代入式（6－210），得到：

$$0=e^{-\rho t}\ln\frac{e^{-\rho t}}{J_W}+\left\{\left[r-(\alpha-r)\frac{(\alpha-r)J_W}{\sigma^2WJ_{WW}}\right]W+w-\frac{e^{-\rho t}}{J_W}\right\}\frac{\partial J}{\partial W}$$
$$+\frac{1}{2}\frac{\partial^2 J}{\partial W^2}\frac{(\alpha-r)^2J_W^2}{\sigma^4W^2J_{WW}^2}\sigma^2W^2 \quad (6-211)$$

对式（6－211）整理，得到：

$$-\rho te^{-\rho t}-e^{-\rho t}\ln J_W+rWJ_W-\frac{(\alpha-r)^2J_W^2}{\sigma^2J_{WW}}+wJ_W-e^{-\rho t}+\frac{(\alpha-r)^2J_W^2}{2\sigma^2J_{WW}}=0$$
$$(6-212)$$

对式（6－212）合并同类项，得到：

$$-(1+\rho t)e^{-\rho t}-e^{-\rho t}\ln J_W+rWJ_W-\frac{(\alpha-r)^2J_W^2}{2\sigma^2J_{WW}}+wJ_W=0 \quad (6-213)$$

2. 随机工资的情况

设工资是随机变动的：

$$dw = \varepsilon w dt + k\sigma w dz \quad (6-168)$$

在这种情况下，求资产 W 的变化。类似前一小节的计算：

$$W(t+h) = \frac{P(t+h)x(t)[W(t)+w(t)h-c(t)h]}{P(t)}$$

$$+\frac{r(t+h)[1-x(t)]}{r(t)}[W(t)+w(t)h-c(t)h]$$

其中，W 为资产，w 为工资

$$W(t+h)-W(t) = \frac{P(t+h)x(t)[W(t)+w(t)h-c(t)h]}{P(t)}$$

$$+\frac{r(t+h)[1-x(t)]}{r(t)}[W(t)+w(t)h-c(t)h]-[x(t)+1-x(t)]W(t)$$

$$=\frac{P(t+h)x(t)[W(t)+w(t)h-c(t)h]}{P(t)}$$

$$+\frac{r(t+h)(1-x(t))}{r(t)}[W(t)+w(t)h-c(t)h]$$

$$-[x(t)+1-x(t)][W(t)+w(t)h-c(t)h]+w(t)h-c(t)h$$

$$=x(t)[W(t)+w(t)h-c(t)h]\left[\frac{P(t+h)}{P(t)}-1\right]+[1-x(t)]$$

$$[W(t)+w(t)h-c(t)h]\left[\frac{r(t+h)}{r(t)}-1\right]-c(t)h+w(t)h$$

$$=x(t)[W(t)+w(t)h-c(t)h]\frac{[P(t+h)-P(t)]}{P(t)}$$

$$+[1-x(t)][W(t)+w(t)h-c(t)h]\frac{[r(t+h)-r(t)]}{r(t)}$$

$$-c(t)h+w(t)h \quad (6-214)$$

在式（6－214）两边同除以 h，得到：

$$\frac{W(t+h)-W(t)}{h}$$

$$=x(t)[W(t)+w(t)h-c(t)h]\frac{[P(t+h)-P(t)]}{P(t)h}+[1-x(t)]$$

$$[W(t)+w(t)h-c(t)h]\frac{[r(t+h)-r(t)]}{r(t)h}-c(t)+w(t) \tag{6-215}$$

在式（6－215）两边令 $h \to 0$，得到：

$$\begin{aligned} dW &= x(t)W(\alpha dt+\sigma dz)+[1-x(t)]rWdt+w(t)dt-c(t)dt \\ &= \{[(\alpha-r)x(t)+r]W+w(t)-c(t)\}dt+x(t)W\sigma dz \end{aligned} \tag{6-216}$$

由工资的变化是随机的，得到：

$$dw=\varepsilon w dt+k\sigma w dz$$

对 $w(t+h)$ 和 $W(t+h)$ 在 t 点进行台劳展开，由 $E_t dz=0$，得到：

$$E_t[w(t+h)]=E_t[w(t)+w\varepsilon h+k\sigma w dz+o(h)]=w(t)+w\varepsilon h+o(h)$$

$$E_t[w(t+h)-w(t)]=w\varepsilon h+o(h) \tag{6-217}$$

$$\begin{aligned} E_t[W(t+h)] &= E_t\{W(t)+\{[x(\alpha-r)+r]W+w-c\}h+\sigma xW dz+o(h)\} \\ &= W(t)+\{[x(\alpha-r)+r]W-c+w\}h+E_t\sigma xW dz+o(h) \end{aligned}$$

因为 $E_t(dz)=0$，所以：

$$\begin{aligned} E_t[W(t+h)-W(t)] &= \{[x(\alpha-r)+r]W-c+w\}h+E_t\sigma xW dz+o(h) \\ &= \{[x(\alpha-r)+r]W-c+w\}h+o(h) \end{aligned} \tag{6-218}$$

由伊藤公式，$(dz)^2=dt$，$dzdt=0$，$(dt)^2=0$，在各式中令 $h=dt$，计算得到：

$$\begin{aligned} E_t[W(t+h)-W(t)]^2 &= \{[x(\alpha-r)+r]W-c+w\}^2h^2+\sigma^2x^2W^2h \\ &\quad +2E_t\{[(x(\alpha-r)+r)W-c+w]h\sigma xW dz\}+o(h^2) \\ &= \sigma^2x^2W^2h+O(h^2) \end{aligned} \tag{6-219}$$

$$\begin{aligned} & E_t[w(t+h)-w(t)]^2 \\ &= E_t[w\varepsilon h+k\sigma w dz+o(h)]^2 \\ &= E_t[w^2\varepsilon^2h^2+k^2\sigma^2w^2h+2o(h)w\varepsilon h+2o(h)k\sigma w dz+2w^2\varepsilon hk\sigma dz+o(h^2)] \\ &= k^2\sigma^2w^2h+O(h^2) \end{aligned} \tag{6-220}$$

$$E_t\{[W(t+h)-W(t)]h\}=E_t\{[(x(\alpha-r)+r)W-c+w]h^2$$

$$+\sigma xWh\mathrm{d}z+o(h^2)\}=O(h^2)\quad(6-221)$$

$$E_t\{[w(t+h)-w(t)]h\}=E_t\{w\varepsilon h^2+k\sigma w(\mathrm{d}z)h+o(h^2)\}=O(h^2)\quad(6-222)$$

$$E_t\{[W(t+h)-W(t)][w(t+h)-w(t)]\}$$
$$=E_t\{\{[((\alpha-r)x(t)+r)W+w(t)-c(t)]h+x(t)W\sigma\mathrm{d}z+o(h)\}$$
$$[\varepsilon wh+k\sigma w\mathrm{d}z+o(h)]\}=xk\sigma^2Wwh+O(h^2)\quad(6-223)$$

把 $J(W(t+h),\ t+h)$ 在 t 点台劳展开，得到：

$$J[W(t+h),\ w(t+h),\ t+h]=\max_{\{c(s),x(s)\}}E_{t+h}\Big\{J[W(t),\ w(t),\ t]$$
$$+\frac{\partial J}{\partial W}[W(t+h)-W(t)]+J_th+J_w[w(t+h)-w(t)]$$
$$+\frac{1}{2}\frac{\partial^2J}{\partial W^2}[W(t+h)-W(t)]^2+\frac{1}{2}\frac{\partial J^2}{\partial w^2}[w(t+h)-w(t)]^2+\frac{1}{2}J_{tt}h^2$$
$$+J_{tW}[W(t+h)-W(t)]h+J_{tw}[w(t+h)-w(t)]h$$
$$+J_{Ww}[W(t+h)-W(t)][w(t+h)-w(t)]+o(h^2)\Big\}\quad(6-224)$$

把式(6－216)～式（6－223）代入式（6－224），由 $E_t\mathrm{d}z=0$ 和伊藤公式（$\mathrm{d}z)^2=\mathrm{d}t$，$\mathrm{d}z\mathrm{d}t=0$，$(\mathrm{d}t)^2=0$，令 $h=\mathrm{d}t$，得到：

$$J(W(t+h),\ t+h)=\max_{\{c(s),x(s)\}}\Big\{J(W(t),\ t)+\frac{\partial J}{\partial W}\Big\{[(\alpha-r)x(t)$$
$$+r]W+w(t)-c(t)\Big\}h+\frac{\partial J}{\partial w}w\varepsilon h+\frac{\partial J}{\partial t}h+\frac{1}{2}\frac{\partial^2J}{\partial W^2}\sigma^2x^2W^2h$$
$$+\frac{1}{2}\frac{\partial^2J}{\partial w^2}k^2\sigma^2w^2h+\frac{\partial^2J}{\partial w\partial W}xk\sigma^2Wwh+O(h^2)\Big\}\quad(6-225)$$

把 $J(W(t),\ t)$ 移到左侧，在式（6－225）两边同除以 h，得到：

$$\frac{J[W(t+h),\ t+h]-J[W(t),\ t]}{h}$$
$$=\max_{\{c(s),x(s)\}}\Big\{\frac{\partial J}{\partial W}\{[r+x(\alpha-r)]W+w-c\}+\frac{\partial J}{\partial w}\varepsilon w+\frac{\partial J}{\partial t}$$

$$+\frac{1}{2}\frac{\partial^2 J}{\partial W^2}x^2\sigma^2W^2+\frac{1}{2}\frac{\partial^2 J}{\partial w^2}k^2\sigma^2w^2+\frac{\partial^2 J}{\partial w\partial W}kx\sigma^2wW+O(h)\Big\}$$

(6－226)

令 $h\to 0$，由式（6－199），得到：

$$-\max_{\{c(s),x(s)\}}E_t\{e^{-\rho t}u[c(t)]\}$$

$$=\max_{\{c(s),x(s)\}}\{[r+(\alpha-r)x]W+w-c\}\frac{\partial J}{\partial W}+\frac{\partial J}{\partial t}$$

$$+\frac{\partial J}{\partial w}\varepsilon w+\frac{1}{2}\frac{\partial^2 J}{\partial W^2}\sigma^2x^2W^2+\frac{1}{2}\frac{\partial^2 J}{\partial w^2}k^2\sigma^2w^2+\frac{\partial^2 J}{\partial w\partial W}kx\sigma^2wW \quad (6-227)$$

把式（6－227）左侧的项移到右侧，得到：

$$0=\max_{\{c(t),x(t)\}}\Big\{e^{-\rho t}u(c(t))$$

$$+\{[r+(\alpha-r)x]W+w-c\}\frac{\partial J}{\partial W}+\frac{\partial J}{\partial t}+\frac{\partial J}{\partial w}\varepsilon w$$

$$+\frac{1}{2}\frac{\partial^2 J}{\partial W^2}\sigma^2x^2W^2+\frac{1}{2}\frac{\partial^2 J}{\partial w^2}k^2\sigma^2w^2+\frac{\partial^2 J}{\partial w\partial W}kx\sigma^2wW\Big\} \quad (6-228)$$

由式（6－228）得到最大化问题关于 c 的一阶条件：

$$\frac{e^{-\rho t}}{c(t)}=\frac{\partial J}{\partial W} \quad (6-229)$$

整理得到：

$$c(t)=\frac{e^{-\rho t}}{J_W} \quad (6-230)$$

由式（6－228），得到最大化问题关于 x 的一阶条件：

$$(\alpha-r)\frac{\partial J}{\partial W}W+xW^2\sigma^2\frac{\partial^2 J}{\partial W^2}+\frac{\partial^2 J}{\partial w\partial W}k\sigma^2wW=0 \quad (6-231)$$

解出 x，得到：

$$x=-\frac{(\alpha-r)\frac{\partial J}{\partial W}+\frac{\partial^2 J}{\partial w\partial W}k\sigma^2w}{\sigma^2W\frac{\partial^2 J}{\partial W^2}} \quad (6-232)$$

与上一小节的情况相同，由式（6－180）得到：

$$C(R)=\frac{e^{-(\rho-r)R}\rho B(R)}{e^{-\rho R}-e^{-\rho T}} \tag{6-233}$$

由式（6－230）得到：

$$c(R)=\frac{e^{-\rho R}}{J_W} \tag{6-234}$$

令 $C(R)=c(R)$，由式（6－233）和式（6－234），得到：

$$\frac{e^{-(\rho-r)R}\rho B(R)}{e^{-\rho R}-e^{-\rho T}}=\frac{e^{-\rho R}}{J_W} \tag{6-235}$$

解出 $B(R)$，得到：

$$B(R)=\frac{(e^{-\rho R}-e^{-\rho T})e^{-(r-\rho)R}e^{-\rho R}}{J_W\rho}=\frac{(e^{-\rho R}-e^{-\rho T})e^{-rR}}{\rho J_W}$$
$$=\frac{(1-e^{-\rho(T-R)})e^{-(r+\rho)R}}{\rho J_W} \tag{6-236}$$

因此，当财富达到 $B(R)$ 时，即 $W(R)=B(R)$ 时，选择在 R 时刻退休。

把式（6－230）和式（6－232）代入式（6－228），得到：

$$-\rho te^{-\rho t}-e^{-\rho t}\ln J_W+rWJ_W-(\alpha-r)\frac{\left[(\alpha-r)\frac{\partial J}{\partial W}+\frac{\partial^2 J}{\partial w\partial W}k\sigma^2 w\right]}{\sigma^2 W\frac{\partial^2 J}{\partial W^2}}WJ_W$$
$$+wJ_W-\frac{e^{-\rho t}}{J_W}J_W+\frac{\partial J}{\partial t}+\frac{\partial J}{\partial w}\varepsilon w+\frac{1}{2}\frac{\partial^2 J}{\partial W^2}\sigma^2\frac{\left[(\alpha-r)\frac{\partial J}{\partial W}+\frac{\partial^2 J}{\partial w\partial W}k\sigma^2 w\right]^2}{\sigma^4 W^2 J_{WW}^2}W^2$$
$$+\frac{1}{2}\frac{\partial^2 J}{\partial w^2}k^2\sigma^2 w^2-\frac{\partial^2 J}{\partial w\partial W}k\frac{\left[(\alpha-r)\frac{\partial J}{\partial W}+\frac{\partial^2 J}{\partial w\partial W}k\sigma^2 w\right]}{\sigma^2 W\frac{\partial^2 J}{\partial W^2}}\sigma^2 wW=0$$
$$(6-237)$$

对式（6－237）进行整理，得到：

$$-e^{-\rho t}\ln J_W+rWJ_W-(\alpha-r)\frac{[(\alpha-r)J_W+J_{Ww}k\sigma^2 w]J_W}{\sigma^2 J_{WW}}$$

$$+wJ_W-(1+\rho t)e^{-\rho t}+\frac{\partial J}{\partial t}+\frac{\partial J}{\partial w}\varepsilon w$$

$$+\frac{1}{2}\frac{[(\alpha-r)J_W+J_{wW}k\sigma^2 w]^2}{\sigma^2 J_{WW}}+\frac{1}{2}J_{ww}k^2\sigma^2 w^2$$

$$-J_{wW}kw\frac{[(\alpha-r)J_W+J_{wW}k\sigma^2 w]}{J_{WW}}=0 \tag{6-238}$$

进一步整理，得到：

$$-e^{-\rho t}\ln J_W+rWJ_W-\frac{[(\alpha-r)J_W+J_{Ww}k\sigma^2 w]}{\sigma^2 J_{WW}}\{(\alpha-r)J_W$$

$$-\frac{1}{2}[(\alpha-r)J_W-J_{Ww}k\sigma^2 w]\}+wJ_W-(1+\rho t)e^{-\rho t}+\frac{\partial J}{\partial t}+\frac{\partial J}{\partial w}\varepsilon w$$

$$+\frac{1}{2}J_{ww}k^2\sigma^2 w^2-J_{wW}kw\frac{[(\alpha-r)J_W+J_{wW}k\sigma^2 w]}{J_{WW}}=0 \tag{6-239}$$

或把式（6－239）写成：

$$-e^{-\rho t}\ln J_W+rWJ_W-\frac{[(\alpha-r)J_W+J_{Ww}k\sigma^2 w]}{J_{WW}}\left\{\frac{(\alpha-r)J_W}{\sigma^2}\right.$$

$$\left.-\frac{\frac{1}{2}[(\alpha-r)J_W-J_{Ww}k\sigma^2 w]}{\sigma^2}+J_{wW}kw\right\}+wJ_W-(1+\rho t)e^{-\rho t}$$

$$+\frac{\partial J}{\partial t}+\frac{\partial J}{\partial w}\varepsilon w+\frac{1}{2}J_{ww}k^2\sigma^2 w^2=0 \tag{6-240}$$

当$\frac{\partial J}{\partial t}=0$时，$J[W(t), w(t), t]=J[W(t), w(t)]$。式（6－240）变为：

$$-e^{-\rho t}\ln J_W+rWJ_W-\frac{[(\alpha-r)J_W+J_{Ww}k\sigma^2 w]}{J_{WW}}\left\{\frac{(\alpha-r)J_W}{\sigma^2}\right.$$

$$\left.-\frac{\frac{1}{2}[(\alpha-r)J_W-J_{Ww}k\sigma^2 w]}{\sigma^2}+J_{wW}kw\right\}$$

$$+wJ_W-(1+\rho t)e^{-\rho t}+\frac{\partial J}{\partial w}\varepsilon w+\frac{1}{2}J_{ww}k^2\sigma^2 w^2=0 \tag{6-241}$$

第7章

商业养老保险的需求模型

在人口老龄化不断加深的情况下，年轻人口的比例不断下降，靠劳动人口对社会养老保障的供款来支付越来越多的退休人员的社会养老保障金会越来越困难。只依靠社会养老保障来维持退休后的生活势必会增加社会和国家的负担，也会影响自己和子女的生活。因此，在工作期间就应该为将来退休后的生活做好金钱上的储备。在储蓄与投资的同时，购买商业养老保险也是有效的方法之一。在本书第6章6.3节研究了年轻时投资，到退休时购买商业养老保险的模型。本章构建了适合我国实际养老保险产品的模型来分析商业养老保险产品的需求。在本章的模型中，个人在年轻时直接购买商业养老保险，退休时在获得社会养老保障金的同时也得到商业养老保险年金。

在我国还没有进入世界发达国家行列之前，就先迈进了老龄化社会。我国的社会养老保障系统还没有很好完善，社会养老保障基金还没有像发达国家那么多年的积累，就面临了越来越多的老龄人口的退休。为了减轻国家财政上的负担，也为了更好地安排个人退休后的生活，个人应在社会养老保障之外，考虑商业养老保险的购买，国家也应对商业养老保险业给予发展上的支持。本章主要从理论模型上考虑和分析商业养老保险的需求问题。首先，建立模型，求出商业养老保险的需求函数，然后，对商业养老保险的需求函数进行分析，分析老龄化因素、国家政策的变动和经济变动对商业养老保险需求的影响。

关于商业养老保险需求的分析，对个人来说，可以帮助他们合理地安排自己退休后的生活与退休前的资金分配；对于保险公司来说，开发新产品、合理地定价，也需要了解投保人的需求，并对影响保险需求的经济因素进行分析，当这些因素变动时，合理地调整保险产品的定价；对于政府来说，为了发展商业养老保险，更好地支持人们积极地选择商业养老保险，研究人们对商业养老保险的需求也是十分必要的。

7.1　商业养老保险的需求函数

本章使用世代交叠模型。考虑 t 期诞生的一个代表家庭的效用最大化问题。首先，家庭必须在工资收入 w_t 中支付社会养老保障的供款 τ，剩余的收入 $w_t-\tau$ 为家庭的可支配收入。设家庭中的男性工作，赚得工资，因而由男性安排家庭的消费计划，把可支配收入在储蓄、商业养老保险和消费上进行分配。在此，设商业养老保险的收益为 $Q_{t+1}>R_{t+1}$。之所以这样假设，是因为否则，商业养老保险的购买会为零。商业养老保险只在男性生存的情况下才能支付。设 s_t 为家庭的总投资，θ_t 为在家庭的总投资中储蓄所占的比例，而 $1-\theta_t$ 是用于购买商业养老保险的比例。设 π^a 为家庭中的男性在 $t+1$ 期初的生存概率。如男性在 $t+1$ 期初生存，他在这一期中退休，领取社会养老保障金 $B\tau$ 和商业养老保险，其中 B 会随着下一代的年轻人口的数量，即下一期间社会养老保障供款人的数量变化而变化。家庭依靠社会养老保障、商业养老保险和储蓄的本利而消费，在 $t+1$ 期末死亡。如男性在 $t+1$ 期初死亡，他的配偶以他的遗产作为生活费用，而男性在计算家庭的效用时，对于他死后配偶单独的效用要乘以一个小于 1 的常数 d。把男性死后留下的遗产记为 B_t。

设保费为公平保费，即：

$$\pi^a Q_t = R_t \tag{7-1}$$

其中，Q_t 为商业养老保险的收益，R_t 为 t 期的无风险收益。式（7－1）被表示为生存概率与养老金收益的乘积等于无风险收益。

家庭面对如下的最优化问题：

$$\max_{\{c_t^y, c_{t+1}^o, B_t\}} \{E_t U(c_t^y,\ c_{t+1}^o,\ B_t)\}$$

$$= \max_{\{c_t^y, c_{t+1}^o, B_t\}} \{u(c_t^y) + \beta\pi^a u(c_{t+1}^o) + \mathrm{d}\beta(1-\pi^a)u(B_t)\} \tag{7-2}$$

$$\text{s. t.}\ \ c_t^y = w_t - \tau - \theta_t s_t - (1-\theta_t)\ s_t \tag{7-3}$$

$$c_{t+1}^o = B\tau + R_{t+1}\theta_t s_t + Q_{t+1}\ (1-\theta_t)\ s_t \tag{7-4}$$

$$B_t = R_{t+1}\theta_t s_t \tag{7-5}$$

把家庭在 t 期的消费记为 c_t^y；把男性在 $t+1$ 期生存情况下的家庭的 $t+1$ 期的消费记为 c_{t+1}^o；而把男性在 $t+1$ 期初死亡后的遗产记为 B_t，其配偶消费所有遗产获得效用。把配偶单独的效用乘以一个小于 1 的常数 d 加在家庭的总效用上。把 $t+1$ 期家庭的效用用贴现率 β 贴现到 t 期。其中，$B\tau$ 表示男性退休后的社会养老保障的给付，B 为给付率。

第一个预算约束表示把可支配收入进行投资和消费，而投资又选择储蓄和购买商业养老保险，用于储蓄的比例是 θ_t，而用于购买商业养老保险的比例为（$1-\theta_t$）。第二个预算约束为男性在 $t+1$ 期生存时，把储蓄的本金和购买的商业养老保险的年金，连同社会养老保障金全部用于 $t+1$ 期的家庭消费。第三个约束式表示，当男性在 $t+1$ 期的期初死亡的情况下，配偶把他的遗产—储蓄的本金全部消费掉。

把式（7-3）~式（7-5）代入式（7-2），得到下面期望效用函数的表示：

$$E_tU(c_t^y,\ c_{t+1}^o,\ B_t)=u[w_t-\tau-\theta_ts_t-(1-\theta_t)s_t]$$
$$+\beta\pi^a u[B\tau+R_{t+1}\theta_ts_t+Q_{t+1}(1-\theta_t)s_t]+\mathrm{d}\beta(1-\pi^a)u(R_{t+1}\theta_ts_t) \tag{7-6}$$

由式（7-6）的最优化问题得到关于 s_t 的一阶条件：

$$-u'(c_t^y)+\beta\pi^a u'(c_{t+1}^o)[\theta_tR_{t+1}+(1-\theta_t)Q_{t+1}]$$
$$+\beta(1-\pi^a)\mathrm{d}u'(B_t)\theta_tR_{t+1}=0 \tag{7-7}$$

关于 θ_t 的一阶条件：

$$-\beta\pi^a u'(c_{t+1}^o)(Q_{t+1}-R_{t+1})s_t+\beta(1-\pi^a)\mathrm{d}u'(B_t)R_{t+1}s_t=0 \tag{7-8}$$

把式（7-8）化简为：

$$-\pi^a u'(c_{t+1}^o)(Q_{t+1}-R_{t+1})+(1-\pi^a)\mathrm{d}u'(B_t)R_{t+1}=0 \tag{7-9}$$

由式（7-9）得到：

$$(1-\pi^a)\mathrm{d}u'(B_t)R_{t+1}=\pi^a u'(c_{t+1}^o)(Q_{t+1}-R_{t+1}) \tag{7-10}$$

把式（7-10）代入式（7-7），得到：

$$-u'(c_t^y)+\beta\pi^a u'(c_{t+1}^o)[\theta_tR_{t+1}+(1-\theta_t)Q_{t+1}]$$
$$+\beta\pi^a u'(c_{t+1}^o)(Q_{t+1}-R_{t+1})\theta_t=0 \tag{7-11}$$

式（7-11）经过化简，得到：

$$-u'(c_t^y)+\beta\pi^a u'(c_{t+1}^o)Q_{t+1}=0 \tag{7-12}$$

由于效用函数 u 为凹函数，所以满足上述条件的驻点的函数值一定是最大值。即驻点就是最大值点。

下面设：

$$u(c)=\ln c \tag{7-13}$$

求出具体最大值点。先在式（7-12）中，代入式（7-13）、式（7-3）和式（7-4），得到：

$$\frac{-1}{w_t-\tau-s_t}+\frac{\beta\pi^a Q_{t+1}}{B\tau+R_{t+1}\theta_t s_t+Q_{t+1}(1-\theta_t)s_t}=0 \qquad (7-14)$$

在式（7－14）中通分、去分母，得到：

$$-B\tau-R_{t+1}\theta_t s_t-Q_{t+1}(1-\theta_t)s_t+\beta\pi^a Q_{t+1}(w_t-\tau-s_t)=0 \qquad (7-15)$$

把式（7－13）、式（7－4）和式（7－5）代入式（7－9），得到：

$$\frac{-\pi^a(Q_{t+1}-R_{t+1})}{B\tau+R_{t+1}\theta_t s_t+Q_{t+1}(1-\theta_t)s_t}+\frac{(1-\pi^a)\mathrm{d}R_{t+1}}{R_{t+1}\theta_t s_t}=0 \qquad (7-16)$$

对式（7－16）通分、去分母，得到：

$$-\pi^a(Q_{t+1}-R_{t+1})\theta_t s_t+(1-\pi^a)d[B\tau+R_{t+1}\theta_t s_t+Q_{t+1}(1-\theta_t)s_t]=0 \qquad (7-17)$$

由式（7－17）得到：

$$B\tau+R_{t+1}\theta_t s_t+Q_{t+1}(1-\theta_t)s_t=\frac{\pi^a(Q_{t+1}-R_{t+1})\theta_t s_t}{(1-\pi^a)d} \qquad (7-18)$$

注意，式（7－18）也可以写成：

$$c_{t+1}^o=\frac{\pi^a(Q_{t+1}-R_{t+1})\theta_t s_t}{(1-\pi^a)d} \qquad (7-19)$$

把式（7－19）代入式（7－15），得到：

$$-\frac{\pi^a(Q_{t+1}-R_{t+1})\theta_t s_t}{(1-\pi^a)d}+\beta\pi^a Q_{t+1}(w_t-\tau-s_t)=0 \qquad (7-20)$$

在式（7－20）中通分、去分母，得到：

$$-\pi^a(Q_{t+1}-R_{t+1})\theta_t s_t+\beta\pi^a(1-\pi^a)\mathrm{d}Q_{t+1}(w_t-\tau-s_t)=0 \qquad (7-21)$$

由式（7－21）得到：

$$\theta_t s_t=\frac{(1-\pi^a)\mathrm{d}\beta Q_{t+1}(w_t-\tau-s_t)}{Q_{t+1}-R_{t+1}} \qquad (7-22)$$

把式（7－17）改写为：

$$-\pi^a(Q_{t+1}-R_{t+1})\theta_t s_t+(1-\pi^a)d(B\tau+Q_{t+1}s_t)$$
$$-(1-\pi^a)d(Q_{t+1}-R_{t+1})\theta_t s_t=0$$

即：

$$-[\pi^a+(1-\pi^a)d](Q_{t+1}-R_{t+1})\theta_t s_t+(1-\pi^a)d(B\tau+Q_{t+1}s_t)=0 \tag{7-23}$$

由式（7－23）得到：

$$\theta_t s_t=\frac{(1-\pi^a)d(B\tau+Q_{t+1}s_t)}{[\pi^a+(1-\pi^a)d](Q_{t+1}-R_{t+1})} \tag{7-24}$$

比较（7－22）与（7－24），得到：

$$\frac{(1-\pi^a)d(B\tau+Q_{t+1}s_t)}{[\pi^a+(1-\pi^a)d](Q_{t+1}-R_{t+1})}=\frac{(1-\pi^a)\mathrm{d}\beta Q_{t+1}(w_t-\tau-s_t)}{Q_{t+1}-R_{t+1}} \tag{7-25}$$

经过整理，得到：

$$\beta Q_{t+1}(w_t-\tau-s_t)=\frac{B\tau+Q_{t+1}s_t}{\pi^a+(1-\pi^a)d} \tag{7-26}$$

把式（7－26）中含有 s_t 的项移到一侧，不含 s_t 的项移到另一侧，整理，得到：

$$s_tQ_{t+1}\left\{\beta+\frac{1}{\pi^a+(1-\pi^a)d}\right\}=\beta Q_{t+1}(w_t-\tau)-\frac{B\tau}{\pi^a+(1-\pi^a)d} \tag{7-27}$$

或写成：

$$s_tQ_{t+1}\frac{\beta[\pi^a+(1-\pi^a)d]+1}{\pi^a+(1-\pi^a)d}=\beta Q_{t+1}(w_t-\tau)-\frac{B\tau}{\pi^a+(1-\pi^a)d} \tag{7-28}$$

由此得到：

$$s_t=\frac{\beta Q_{t+1}(w_t-\tau)[\pi^a+(1-\pi^a)d]-B\tau}{Q_{t+1}\{\beta[\pi^a+(1-\pi^a)d]+1\}} \tag{7-29}$$

由式（7－22）得到：

$$\theta_t = \frac{(1-\pi^a)\mathrm{d}\beta Q_{t+1}\left(\frac{w_t-\tau}{s_t}-1\right)}{Q_{t+1}-R_{t+1}}$$

$$= \frac{\beta(1-\pi^a)\mathrm{d}Q_{t+1}\{(w_t-\tau)Q_{t+1}\beta[\pi^a+(1-\pi^a)d]+(w_t-\tau)Q_{t+1}}{(Q_{t+1}-R_{t+1})\{\beta Q_{t+1}(w_t-\tau)[\pi^a+(1-\pi^a)d]-B\tau\}}$$

$$+\frac{-\beta Q_{t+1}(w_t-\tau)[\pi^a+(1-\pi^a)d]+B\tau\}}{(Q_{t+1}-R_{t+1})\{\beta Q_{t+1}(w_t-\tau)[\pi^a+(1-\pi^a)d]-B\tau\}}$$

$$= \frac{\beta(1-\pi^a)\mathrm{d}Q_{t+1}[(w_t-\tau)Q_{t+1}+B\tau]}{(Q_{t+1}-R_{t+1})\{\beta Q_{t+1}(w_t-\tau)[\pi^a+(1-\pi^a)d]-B\tau\}} \quad (7-30)$$

右侧第二个等式是把式（7－29）代入并通分的结果，经过整理，得到右侧第三个等式。

现在要分析 $0<\theta_t<1$ 是否可以成立。由分子是正的，只需要判断分母为正即可得到 $\theta_t>0$ 的结论。当 $\beta Q_{t+1}(w_t-\tau)[\pi^a+(1-\pi^a)d]>B\tau$ 时，可知分母是正的，因而 $\theta_t>0$，也就是说，当 β 与 d 充分大时，会有 $\theta_t>0$。

下面考虑 $\theta_t<1$ 是否成立。也就是看式（7－30）右侧的分子是否小于分母，即：

$$\begin{aligned}&\beta(1-\pi^a)\mathrm{d}Q_{t+1}(w_t-\tau)Q_{t+1}+\beta(1-\pi^a)\mathrm{d}Q_{t+1}B\tau\\&<(Q_{t+1}-R_{t+1})\beta\pi^aQ_{t+1}(w_t-\tau)+Q_{t+1}\beta Q_{t+1}(w_t-\tau)(1-\pi^a)d\\&-R_{t+1}\beta Q_{t+1}(w_t-\tau)(1-\pi^a)d-B\tau(Q_{t+1}-R_{t+1})\end{aligned} \quad (7-31)$$

整理得到：

$$\begin{aligned}&\beta(1-\pi^a)\mathrm{d}Q_{t+1}B\tau+B\tau(Q_{t+1}-R_{t+1})<(Q_{t+1}-R_{t+1})\beta\pi^aQ_{t+1}(w_t-\tau)\\&-R_{t+1}\beta Q_{t+1}(w_t-\tau)(1-\pi^a)d\end{aligned} \quad (7-32)$$

由式（7－32），经过整理，得到：

$$\begin{aligned}&B\tau\{[1+\beta(1-\pi^a)d]Q_{t+1}-R_{t+1}\}<\\&\beta Q_{t+1}(w_t-\tau)\{\pi^aQ_{t+1}-[\pi^a+(1-\pi^a)d]R_{t+1}\}\end{aligned} \quad (7-33)$$

也可写作：

$$B\tau < \frac{\beta Q_{t+1}(w_t - \tau)\{\pi^a Q_{t+1} - [\pi^a + (1-\pi^a)d]R_{t+1}\}}{[1+\beta(1-\pi^a)d]Q_{t+1} - R_{t+1}} \tag{7-34}$$

由式（7－1）得到：

$$Q_{t+1} = \frac{R_{t+1}}{\pi^a} \tag{7-35}$$

看式（7－34）的分子中的大括号内两项和：

$$\begin{aligned}\pi^a Q_{t+1} - [\pi^a + (1-\pi^a)d]R_{t+1} &= R_{t+1} - [\pi^a + (1-\pi^a)d]R_{t+1} \\ &= R_{t+1}[1 - \pi^a - (1-\pi^a)d]\end{aligned} \tag{7-36}$$

再看分母：

$$\begin{aligned}[1+\beta(1-\pi^a)d]Q_{t+1} - R_{t+1} &= [1+\beta(1-\pi^a)d]\frac{R_{t+1}}{\pi^a} - R_{t+1} \\ &= R_{t+1}\left\{[1+\beta(1-\pi^a)d]\frac{1}{\pi^a} - 1\right] \\ &= \frac{R_{t+1}}{\pi^a}\{[1+\beta(1-\pi^a)d] - \pi^a\} \\ &= \frac{R_{t+1}}{\pi^a}[1+\beta d - \pi^a(1+\beta d)] \\ &= \frac{R_{t+1}}{\pi^a}(1+\beta d)(1-\pi^a)\end{aligned} \tag{7-37}$$

把式（7－36）和式（7－37）代入式（7－34），得到：

$$\begin{aligned}B\tau &< \frac{\beta\pi^a Q_{t+1}(w_t-\tau)\{1-[\pi^a+(1-\pi^a)d]\}}{(1+\beta d)(1-\pi^a)} \\ &= \frac{\beta R_{t+1}(w_t-\tau)\{1-[\pi^a+(1-\pi^a)d]\}}{(1+\beta d)(1-\pi^a)} \\ &= \frac{\beta R_{t+1}(w_t-\tau)[(1-\pi^a)-(1-\pi^a)d]}{(1+\beta d)(1-\pi^a)} \\ &= \frac{\beta R_{t+1}(w_t-\tau)(1-\pi^a)(1-d)}{(1+\beta d)(1-\pi^a)}\end{aligned}$$

$$=\frac{\beta R_{t+1}(1-d)}{(1+\beta d)}(w_t-\tau) \quad (7-38)$$

当 $d<\frac{\beta R_{t+1}-1}{\beta(1+R_{t+1})}$时，应有：

$$\mathrm{d}\beta(1+R_{t+1})<\beta R_{t+1}-1 \quad (7-39)$$

整理，得到：

$$1+\beta d<\beta R_{t+1}(1-d) \quad (7-40)$$

由式（7－40）得到 $\frac{\beta R_{t+1}(1-d)}{(1+\beta d)}>1$。因而，式（7－38）可能成立，也就是，$\theta_t<1$ 成立。

7.2　商业养老保险需求的影响分析

下面讨论各种参数的变化对商业养老保险（生存险）需求的影响，也就是，讨论各种外界因素，如人口老龄化因素—生存概率的上升，或者由人口老龄化引起的国家政策的变化，例如，对养老保障系统供款的上升、养老金给付的减少，还有经济上利息率的变化及保险公司给付上的变化对商业养老保险需求的影响。在第一节得到投资 s_t 与储蓄占总投资的比率 θ_t 的函数解析式，分析各经济参数对 s_t 与 θ_t 的影响就可以推断出经济参数对商业养老保险需求的影响。

1. 经济和人口老龄化因素对商业养老保险需求的影响

（1）收入对商业养老保险需求的影响。在 θ_t 的表示式中，把其他不含有 $w_t-\tau$ 的乘积因子都看作常数，只需考虑收入的变化对包含 $w_t-\tau$ 项的因子 $k=\frac{(w_t-\tau)Q_{t+1}+B\tau}{\beta Q_{t+1}(w_t-\tau)[\pi^a+(1-\pi^a)d]-B\tau}$的影响即可。

计算$\frac{dk}{dw_t}$：

$$\frac{dk}{dw_t}=\frac{Q_{t+1}\{\beta Q_{t+1}(w_t-\tau)[\pi^a+(1-\pi^a)d]-B\tau\}-\beta Q_{t+1}[\pi^a+(1-\pi^a)d][(w_t-\tau)Q_{t+1}+B\tau]}{m_1^2}$$

$$=\frac{-Q_{t+1}B\tau-\beta Q_{t+1}[\pi^a+(1-\pi^a)d]B\tau}{m_1^2}$$

$$=-\frac{B\tau Q_{t+1}\{1+\beta[\pi^a+(1-\pi^a)d]\}}{m_1^2}<0 \qquad (7-41)$$

其中，$m_1=\beta Q_{t+1}(w_t-\tau)[\pi^a+(1-\pi^a)d]-B\tau$。

由式（7－41）可知，随着收入的增加，储蓄占总投资（储蓄与商业养老保险的总和）的比例θ_t会下降，而商业养老保险的购买占总投资的比例$1-\theta_t$会上升。由式（7－29）可以看出，随着收入的增加，总投资的量s_t也增加，因而综合起来，随着收入的上升，商业养老保险的需求应增加。

（2）社会养老保障供款τ对商业养老保险需求的影响。只需分析式（7－30）中θ_t的第一个等式中因子$m_2=\frac{w_t-\tau}{s_t}$对于τ的变化的影响。这可由对该因子关于τ求导而得到。考虑：

$$\frac{dm_2}{d\tau}=\frac{-s_t-\frac{ds_t}{d\tau}(w_t-\tau)}{s_t^2} \qquad (7-42)$$

而由式（7－29）可得：

$$\frac{ds_t}{d\tau}=\frac{-\beta Q_{t+1}[\pi^a+(1-\pi^a)d]-B}{Q_{t+1}\{\beta[\pi^a+(1-\pi^a)d]+1\}}<0 \qquad (7-43)$$

把式（7－43）代入式（7－42），得到：

$$\frac{dm_2}{d\tau}=\frac{-s_t-\frac{ds_t}{d\tau}(w_t-\tau)}{s_t^2}$$

$$=\frac{-\beta Q_{t+1}(w_t-\tau)[\pi^a+(1-\pi^a)d]+B\tau+\beta Q_{t+1}(w_t-\tau)[\pi^a+(1-\pi^a)d]+B(w_t-\tau)}{s_t^2Q_{t+1}\{\beta[\pi^a+(1-\pi^a)d]+1\}}$$

$$=\frac{Bw_t}{s_t^2Q_{t+1}\{\beta[\pi^a+(1-\pi^a)d]+1\}}>0 \quad (7-44)$$

$\frac{dm_2}{d\tau}>0$，意味着$\frac{d\theta_t}{d\tau}>0$，即养老保险占总投资的比例 $1-\theta_t$ 随 τ 的增加而减少。而由式（7－43）可知，随着对社会养老保障供款的上升，总投资额下降，而储蓄的占比上升，商业养老保险的占比下降，综合起来，商业养老保险的需求下降。从经济上可以解释如下：首先，对社会养老保障供款的上升减少了可支配收入，由收入效应，总投资会下降。而当 B 不变时，由于 τ 的增加，势必会导致将来领取的社会养老保障金额的增加，由社会养老保障与生存保险的替代效应，会造成商业养老保险需求的下降。总之，对社会养老保障供款的增加造成对商业养老保险的需求下降。随着我国人口老龄化的程度加深，现收现付的社会养老保障体系会难以持续。按照很多发达国家社会养老保障体系改革的经验，会实行保证社会养老保障系统持续运营的新对策：或者提高供款率，或者减少将来领取的养老金的金额。提高供款率，势必会造成商业养老保险需求的减少。

（3）社会养老保障的给付 B 对商业养老保险需求的影响。很明显，由式（7－29）可以看出 B 的上升，造成总投资的下降。又由式（7－30）的第一个等式，s_t 的减少造成 θ_t 的上升，而造成商业养老保险购买占比 $1-\theta_t$ 的下降，总起来，B 的上升造成商业养老保险购买的下降。这直接可由商业养老保险与社会养老保障的替代关系来解释，社会养老保障福利的增加会造成商业养老保险（生存保险）需求的减少。而相反，在我国人口老龄化的背景下，根据世界发达国家社会养老保障系统改革的经验，B 会减少，因而，商业养老保险的需求会增加。即使还没有进行社会养老保障系统的改革，人们也会预期我国社会养老保障福利的下降，而增加商业养老保险的购买。

（4）预期寿命的上升对商业养老保险需求的影响。在这一模型中，预期寿命的上升表现为生存概率 π^a 的增加。这也是造成人口老龄化的原因之一。首先分析生存概率 π^a 的上升对总投资 s_t 的影响：

设：

$$x_1 = \pi^a + (1 - \pi^a)d \tag{7-45}$$

在式（7－29）中代入 x_1，并对 π^a 求导，得到：

$$\begin{aligned}\frac{\mathrm{d}s_t}{\mathrm{d}\pi^a} &= \frac{\beta Q_{t+1}(w_t-\tau)(1-d)(\beta x_1+1)-\beta(1-d)[\beta Q_{t+1}(w_t-\tau)x_1-B\tau]}{Q_{t+1}(\beta x_1+1)^2}\\ &= \frac{\beta Q_{t+1}(w_t-\tau)(1-d)+\beta(1-d)B\tau}{Q_{t+1}(\beta x_1+1)^2}\\ &= \frac{\beta(1-d)[Q_{t+1}(w_t-\tau)+B\tau]}{Q_{t+1}(\beta x_1+1)^2}>0\end{aligned} \tag{7-46}$$

下面看 π^a 对 θ_t 的影响。只需看 θ_t 的表示式（7－30）中含有 π^a 的因 $i = \dfrac{1-\pi^a}{\beta Q_{t+1}(w_t-\tau)[\pi^a+(1-\pi^a)d]-B\tau}$ 对 π^a 变化的影响。令 $m_3 = \beta Q_{t+1}(w_t-\tau)[\pi^a+(1-\pi^a)d]-B\tau$，对因子 i 关于 π^a 求导，得到：

$$\begin{aligned}\frac{\mathrm{d}i}{\mathrm{d}\pi^a} &= \frac{-\beta Q_{t+1}(w_t-\tau)[\pi^a+(1-\pi^a)d]+B\tau-(1-\pi^a)\beta Q_{t+1}(w_t-\tau)(1-d)}{m_3^2}\\ &= \frac{-\beta Q_{t+1}(w_t-\tau)\pi^a+B\tau-(1-\pi^a)BQ_{t+1}(w_t-\tau)}{m_3^2}\\ &= \frac{-\beta Q_{t+1}(w_t-\tau)+B\tau}{m_3^2}\end{aligned} \tag{7-47}$$

当 $\beta Q_{t+1}(w_t-\tau) > B\tau$ 时，即当将来的社会养老保障给付较小时，随着生存概率的上升，在储蓄上投资的比例会减少，而在商业养老保险的购买上的比例要上升。综合起来，当 π^a 上升时，对于商业养老保险的需求会上升。这是因为，由于生存概率的上升，首先用于将来退休后的消费而进行的投资总额要增加，而当社会养老保障的支付低于他们的预期时，他们会增加商业养老保险的购买。

下面证明 $B\tau<\beta Q_{t+1}(w_t-\tau)$ 成立。由于 $\theta<1$ 成立，因而，由前所证，必有式（7－34）成立：

$$B\tau<\frac{\beta Q_{t+1}(w_t-\tau)\{\pi^a Q_{t+1}-[\pi^a+(1-\pi^a)d]R_{t+1}\}}{[1+\beta(1-\pi^a)d]Q_{t+1}-R_{t+1}} \tag{7-34}$$

观察式（7－34）的右侧：

$$\frac{\beta Q_{t+1}(w_t-\tau)\{\pi^a Q_{t+1}-[\pi^a+(1-\pi^a)d]R_{t+1}\}}{[1+\beta(1-\pi^a)d]Q_{t+1}-R_{t+1}}$$

$$=\beta Q_{t+1}(w_t-\tau)\frac{\pi^a Q_{t+1}-[\pi^a+(1-\pi^a)d]R_{t+1}}{[1+\beta(1-\pi^a)d]Q_{t+1}-R_{t+1}} \tag{7-48}$$

其中的因子：

$$\frac{\pi^a Q_{t+1}-[\pi^a+(1-\pi^a)d]R_{t+1}}{[1+\beta(1-\pi^a)d]Q_{t+1}-R_{t+1}}=\frac{\pi^a(Q_{t+1}-R_{t+1})-(1-\pi^a)dR_{t+1}}{[1+\beta(1-\pi^a)d]Q_{t+1}-R_{t+1}}$$

$$<\frac{\pi^a(Q_{t+1}-R_{t+1})}{Q_{t+1}-R_{t+1}}=\pi^a<1 \tag{7-49}$$

由式（7－34）可得：

$$\begin{aligned}B\tau&<\frac{\beta Q_{t+1}(w_t-\tau)\{\pi^a Q_{t+1}-[\pi^a+(1-\pi^a)d]R_{t+1}\}}{[1+\beta(1-\pi^a)d]Q_{t+1}-R_{t+1}}\\&<\pi^a\beta Q_{t+1}(w_t-\tau)\\&<\beta Q_{t+1}(w_t-\tau)\end{aligned}$$

（5）商业养老保险收益率 Q_{t+1} 对需求的影响。首先看 Q_{t+1} 对总投资 s_t 的影响，由式（7－29）得到：

$$s_t = \frac{\beta(w_t - \tau)[\pi^a + (1 - \pi^a)d] - \frac{B\tau}{Q_{t+1}}}{\beta[\pi^a + (1 - \pi^a)d] + 1} \tag{7-50}$$

由式（7－50）可知，随着 Q_{t+1}的上升，s_t 是增加的。

再考虑对 θ_t 的影响：

由式（7－30）的第一个等式，得到：

$$\frac{d\theta_t}{dQ_{t+1}} = \frac{\beta(1-\pi^a)\mathrm{d}\left[\left(\frac{w_t-\tau}{s_t}-1\right)(Q_{t+1}-R_{t+1}) - \frac{Q_{t+1}(w_t-\tau)(Q_{t+1}-R_{t+1})\frac{ds_t}{dQ_{t+1}}}{s_t^2} - Q_{t+1}\left(\frac{w_t-\tau}{s_t}-1\right)\right]}{(Q_{t+1}-R_{t+1})^2}$$

$$=\beta(1-\pi^a)\mathrm{d}\left[\frac{-\left(\frac{w_t-\tau}{s_t}-1\right)R_{t+1} - \frac{Q_{t+1}(w_t-\tau)(Q_{t+1}-R_{t+1})\frac{ds_t}{dQ_{t+1}}}{s_t^2}}{(Q_{t+1}-R_{t+1})^2}\right] \tag{7-51}$$

因为$\frac{w_t-\tau}{s_t}-1=\frac{w_t-\tau-s_t}{s_t}>0$ 及$\frac{ds_t}{dQ_{t+1}}>0$，因此$\frac{d\theta_t}{dQ_{t+1}}<0$，及$\frac{d(1-\theta_t)}{dQ_{t+1}}>0$。这样，随着 Q_{t+1}的增加，储蓄的总投资占比减少，而商业养老保险的总投资占比增加。综合起来，随着 Q_{t+1}的增加，商业养老保险的购买增加。

（6）无风险利率 R_{t+1}对商业养老保险需求的影响。由于无风险利率对总投资没有影响，而对于储蓄占比的影响，通过式（7－30）可知，当 R_{t+1}上升时，储蓄占比上升，而商业养老保险的需求下降。即，因为总投资不变，所以无风险利率的上升导致储蓄的增加及商业养老保险需求的减少。对于我国来说，提高利率的经济政策会造成商业养老保险需求的下降。而降低无风险利率的经济政策会促进商业养老保险的需求。

命题 7.1 （1）收入的上升使商业养老保险的需求增加。

（2）对社会养老保障系统的供款增加使商业养老保险的需求减少，供款的减少使商业养老保险的需求增加。

（3）社会养老保障的给付减少使商业养老保险的需求增加。

（4）预期寿命的上升使商业养老保险的需求增加。

（5）商业养老保险的收益率的上升使商业养老保险的需求增加。

（6）无风险利率的上升使商业养老保险的需求减少。

2. 均衡的分析

由于现收现付的社会养老保障系统，年轻人对系统的供款都付给了老年人的养老，所以社会养老保障系统在模型中并没有参与到资本的投资。虽然，在将来考虑养老金投资时会改变这一假设，但在这里，假设这部分基金没有参与资本的投资。在这里的模型中，储蓄和买保险的资金进入资本的投资。

在这一模型中，商业养老保险中的总资本在这一模型中需要支付 $t-1$ 世代的年金。则经济中总期望资本为：

$$K_t = s_t L_t - \pi^a Q'_t (1-\theta_{t-1}) s_{t-1} L_{t-1} \tag{7-52}$$

因为，当保险公司把 $t-1$ 世代缴纳的商业养老保险金进行投资时已收入了 $R_t(1-\theta_{t-1})s_{t-1}L_{t-1}$，因而只需额外支付给 $t-1$ 世代（$Q_t - R_t$）$(1-\theta_t)s_{t-1}L_{t-1}$即可。所以 $Q'_t = Q_t - R_t$。

而经济中的资本—劳动期望比率为：

$$k_t = \frac{K_t}{L_t} = s_t - \pi^a Q'_t s_{t-1}(1-\theta_{t-1})\frac{L_{t-1}}{L_t} \tag{7-53}$$

生存概率的升高造成经济中的资本—劳动期望比率下降。

可以看到，在商业养老保险的购买上，生存概率的上升使得资本—劳动期望比下降。

在本章中，笔者根据我国的实际险种来进行分析。这些分析的目的在于两个方面。其一，对于个人来说，可以在自己的工作期间中，合理地分配自己的资产，进行投资和消费，为自己退休后的生活做准备，以减轻对社会养老保障的依赖，减轻国家的负担，也可以很好地计划自己的生活。其二，人口老龄化除了给养老产业带来机遇外，也给保险企业带来了新的机遇，怎样开创新的养老保险产品，以满足越来越多的养老需求就是摆在他们面前的重要问题。要开发合适的产品，就一定要对需求做调查，对需求有细致的了解。因此，本章对保险企业的发展也有着重要的意义。

第 8 章

人口老龄化对策的建议

本书的目的是研究人口老龄化理论的动态模型。作为此研究的“副产品”，本章基于前两章模型分析和证明的结果，对我国人口老龄化问题的对策提出一些建议。解决人口老龄化问题的最重要和根本的问题是提高出生率的问题，关于这一问题已在第四章提出了政策性建议。出生率的改善是一个长期的问题，而且出生率改善的效果也是在长期中才能看出来的。本章提出的建议是在相对短期就需要解决的问题，也就是针对人口老龄化的现状，迫在眉睫应重视和解决的问题。

8.1 关于人口老龄化对策模型的研究结果

关于人口老龄化的对策问题，本书的第 2 部分重点研究了退休时间选择和商业养老保险的需求问题。这两项都是针对我国养老保障系统的可持续性的对策。为了减轻企业和个人的负担，我国已降低了社会养老保障的供款率，在人口老龄化不断深入的情况下，如果还是坚持现在退休时间的规定，越来越多的 50～60 岁健康的人们会加入退休的行列，开始他们长达30年左右领取养老金的生活；而由于老龄化的深入，支撑社会养老保障系统的年轻劳动力会越来越少。长此以往，势必会面临社会养老保障系统现收现付制难以为继的局面，因而，可以说延迟退休和社会养老保障的改革势在必行。

另外，个人也要做不完全依赖社会养老保障、以多种方法为将来的退休储备资金的准备。即进行个人储蓄、投资和购买商业养老保险。那么，如何把可支配收入在现时消费、储蓄与商业养老保险的投保上合理地分配就是需要研究的重要问题。以下，总结这些研究得到的主要结果。

本书第6章对退休时间的选择进行了研究。通过连续时间和离散时间模型分别研究了最优退休时间和最优消费路径的问题，得到以下三方面结果。

（1）在不进行风险投资和储蓄的情况下，当实工资为递减（工资的增长率低于通货膨胀率）时，①供款率 τ 的上升会使个人选择提前退休。②当初始工资增加时，个人会选择晚退休。③替代率 a 的上升会导致早退休。④贴现率或死亡率的上升会使个人选择早退休。⑤退休后闲暇的效用的上升会使个人选择早退休。

退休后只依靠社会养老保障生活的个人，在人口老龄化不断加深的情况下（死亡率的下降），会面临替代率的减少，由第6章模型分析的结果（3）和结果（4），个人会选择晚退休。这一选择与政府为维持社会养老保障系统的可持续性而希望的延迟退休的政策一致。在个人储蓄并购买风险资产时，从消费、投资组合的最优化问题中得到，个人会在自己的投资达到一定数额时选择退休（这一数额可以平滑退休前与退休后的消费，使一生的效用达到最大）。如在工作期间风险投资失败，个人会选择延迟退休以弥补其风险投资的损失，即延迟退休是对个人风险投资的一种保险。

（2）在离散时间模型中关于退休时间、储蓄和社会养老保障的研究中可以看到，因为个人在延迟退休期间仍然缴纳社会养老保险，而由于晚退休，退休后的替代率会提高，而且，退休后需要支付消费的年数减少，因而个人会减少储蓄。如果社会养老保障基金不进行投资的话，会导致经济中的总资本减少。又由于老年一代延迟退休而使劳动力增加，因而晚退休会使经济的资本—劳动比率下降。为改变这一状况，需要把社会养老保障基金的一部分进行投资。这样，第一，可以增加经济中的总资本；第二，提高基金的收益使社会养老保障基金增值，维持养老保障系统的可持续性。

（3）在对商业养老保险需求的研究上，得到以下六项结果。①收入的上升使商业养老保险的需求增加。②对社会养老保障系统的供款增加使商业养老保险的需求减少，供款的减少使商业养老保险的需求增加。③社会养老保障给付的减少使商业养老保险的需求增加。④预期寿命的上升使商业养老保险的需求增加。⑤商业养老保险的收益率的上升使商业养老保险的需求增加。⑥无风险利率的上升使商业养老保险的需求减少。

在人口老龄化不断深入的情况下，社会养老保障系统需要供养的老年人口越来越多，而支撑这一系统的年轻人口却越来越少，其结果，社会养老保障系统会难以为继。因而，个人应该制定不完全依赖社会养老保障的方针，积极购买商业养老保险、健康保险以补充社会养老保障金，使自己退休后的生活更好。

由商业养老保险需求的研究结果可以看到，我国现在的减税、降税和降低对社会养老保障缴费的政策，会使可支配收入上升，由结果（1）和结果（2），商业养老保险的需求会上升；随着人口老龄化的加深，我国会和其他发达国家一样，对社会养老保障系统进行改革，一般会采用提高缴费率和降低社会养老保障的给付，以保证社会养老保险的持续运行。由结果（3）对社会养老保险的供款上升会减少年轻人口对商业养老保险的需求，应慎重使用这样的政策。降低社会养老保障的给付会使年轻人口的商业养老保险需求上升，但会使老年人口的福利降低，使老年人口遭受损失。总之，社会养老保障的改革总会触动两代人的利益，或者是年轻人口，或者是老年人口。但年轻人口的可支配收入减低，会对经济和出生率都产生更大的影响。随着经济和医疗行业的发展，预期寿命会上升，由结果（4）商业养老保险的需求会增加。总的来说，人口老龄化的加深会使商业养老保险的需求增加。

另外，现在实行的低利率的经济政策会使商业养老保险的需求上升［由结果（6）］，而且政府应慎用提高利率的经济政策。

基于以上的研究结果，对人口老龄化的对策提出建议。

8.2　对于我国人口老龄化对策的建议

当前最重要的是保证社会养老保障系统可持续性的问题。差不多所有的发达国家在人口老龄化的背景下，都面临现收现付制的社会养老保障系统难以为继的局面，他们纷纷改变了社会养老保障的现收现付的制度，采用既定供款计划（DC）与既定给付计划（DB），而且实行了延迟退休或延迟养老金给付的制度。而我国还在实行60岁退休的制度。但如果一味地照搬先进国家的经验，一律延迟退休的话，也会给从事体力工作的人带来身体上的负担。同样，技术需要不断革新和发明，知识的老旧也会带来很多效率性问题。针对个人的身体状况和工作的行业不同，提出以下四方面建议。

1. 采取柔软的结合个人意愿的退休制度。

（1）对于从事科学研究工作的人应在本人选择的基础上适当地延

迟退休的时间。

（2）对于从事技术劳动的工人也应在本人选择的基础上适当地延迟退休的时间。

（3）对于技术工人、教师等应不断进行技术和知识更新的培训。

（4）对于延迟退休的人员可根据个人意愿采取灵活的工作安排，例如半天工作，或一周工作2~3天等。

实行这样的退休制度，结合对工人、技术人员、教师等不断进行对于新知识的学习和培训，结合个人的意愿和身体情况，可采用60岁以后的半天工作等柔软的劳动供给政策，达到延迟退休，延迟领取养老金的效果。

由于我国实行现时的缴纳社会养老保障金的制度比较晚，很多退休人员绝大部分的工作时间都是在低工资时期，所以他们没有向社会养老保障系统供款或没有缴纳足够的供款，却在退休后领取高额的社会养老保障金，因而，人口老龄化给我国的社会养老保障系统带来比发达国家更大的困难和负担。发达国家的社会养老保障系统经过了几十年的积累尚且无法应付人口老龄化的不断深化，我国就更应该尽早进行社会养老保障系统的改革。

2. 养老保障系统的改革问题

（1）对于个人账户的基金实行最大免税额，个人可以多供款到个人账户直到达到最大免税额为止，对这部分存入个人账户的基金实行免税。将来退休时，多缴纳的人可以取得较高的退休福利，但领取多缴纳的部分时要缴纳税金。

（2）对个人账户的基金和统筹账户的部分基金进行投资，在退休时买成商业养老保险年金。这样可以增加经济中的总资本，解决因为推迟退休而减少储蓄，使得经济中的总资本减少而导致的人均资本下降问题，也可以增加养老基金的收入。

在对社会养老保障系统进行改革的同时，为减轻国家财政负担，政府应号召个人在年轻的工作期间积极购买商业保险，并对个人购买保险的资金免征所得税，同时，也应对保险公司给予补助，大力发展保险行业。

3. 社会养老保障的辅助商业养老保险的购买

对于个人合理地利用工作时期的收入对自己将来的退休生活进行规划方面提出以下两点建议。

（1）在工作期间适当地购买商业养老保险，寿险、商业健康险等，以利于将来的养老消费和抵御收入风险和疾病风险。

（2）应该对工作期间的收入和退休时间自己做好规划，在现时消费、储蓄、投资之间合理地分配自己的可支配收入。

由本书第 7 章模型的分析证明，商业养老保险的购买除了可以补充个人将来社会养老保障金的不足，给国家减少负担，同时也给保险业带来收益和发展。在此，对保险业提出以下建议。

4. 多开发适合人口老龄化社会的保险产品

多开发适合老年人的商业养老保险，健康险和长期护理险等方面的新产品，使工作的人员可以在年轻时购买。这既适应人口老龄化的需要，也使得保险业得到发展。

5. 政府的作用

政府应通过各种渠道对现时工作的人们进行指导，使得他们在消费、投资上合理地分配自己的可支配收入，为将来的退休生活做好资金上的准备。同时，应该尽量减少他们抚养子女的负担，使得他们能有更多的钱来储蓄，为将来的养老做准备。对于保险行业，政府应该给予支持，使得保险行业取得更大发展。这会使我国的金融体系更加完善、扩大投资，使得实体经济更快地增长。

在本书第 6 章和第 7 章中都指出了个人在储蓄、直接投资和商业养老保险上的资金都进入了投资，这对经济增长直接有着重大意义。因而，无论是为了个人将来的养老、减轻社会养老保障系统的负担，还是为了现在经济的发展与增长，政府都应该努力促进增加现时工作人员的储蓄、投资和商业养老保险的购买。

由于现在的年轻一代多为独生子女，又生长在我国经济高速发展时期，他们常常在现时消费上大手大脚，而不考虑将来的事情。为此，政府应该进行宣传和教育。

（1）政府应对年轻人口进行合理安排工作时的收入，年轻时进行储蓄、购买商业保险等多种投资，为将来的退休做好准备的宣传教育。例如，通过电视节目、举办各种讲座和讨论会等。

（2）国家应对于个人购买的商业保险提供税金方面减免的支持。

（3）国家应该尽量减少年轻人养育子女的负担，大力发展公共幼儿教育和公共教育，减少教育成本，使年轻家庭可多生育子女，同时可以增加家庭的储蓄和投资。

（4）国家应该发展和支持保险行业。发展保险业实际上就是发展金融行业，有效地提高投资的转换率，增加对实体经济的投资，对经济增长有着重大意义。

（5）政府应对进行商业养老保险、商业健康保险的业务的保险公司提供税金上的部分减免或提供补助等支持，以大力发展商业养老保险和健康保险。

参考文献

[1] Aidt, T. S. , A. Berry, H. Low. Public Pensions [D]. Unpublished Manuscript, University of Cambridge, 2008.

[2] Azariadis, C. & A. Drazen. Threshold Externalities in Economic Development [J]. Quarterly Journal of Economics, 1990, 105: 501 -526.

[3] Barr, N. & P. Diamond. The Economics of Pensions [J]. Oxford Review of Economic Policy, 2006, 22 (1): 15 -39.

[4] Barro, R. J. Economic Growth in a Cross - Section of Countries [J]. Quarterly Journal of Economics, 1991, 106 (2): 407 -443.

[5] Barro, R. J. & G. S. Becker. Fertility Choice in a Model of Economic Growth [J]. Econometrica, 1989, 57 (2): 481 -501.

[6] Becker, G. S. An Economic Analysis of Fertility [A]. In Ansley J. Coale, ed. Demographic and Economic Change in Developed Countries. Princeton [M]. NJ: Princeton University Press, 1960: 209 -240.

[7] Becker, G. S. & R. J. Barro. A Reformulation of the Economic Theory of Fertility [J]. Quarterly Journal of Economics, 1988, Ⅲ (1): 1 -25.

[8] Beker, R. A. & J. H. Boyd III. Capital Theory, Equilibrium Analysis and Recursive Utility [M]. Oxford: Blackwell Publishers, 1997.

[9] Becker, G. S. , K. M. Murphy, R. F. Tamura. Human Capital, Fertility, and Economic Growth [J]. Journal of Political Economy, 1990, 98 (5): S12 -S37.

[10] Becker, G. S. & H. G. Lewis. On the Interaction between the Quantity and Quality of Children [J]. Journal of Political Economy , 1973, 81: S279 – S289.

[11] Benhabib, J. & K. Nishimura. Endogenous Fluctuations in the Barro – Beker Theory of Fertility [A]. In: Demographic Change and Economic Development [M]. Springer – Verlag Berlin Heideberg, 1989.

[12] Benveniste, L. M. & J. A. Scheinkman. On the Differentiability of the Value Function in Dynamic Models of Economics [J]. Econometrica, 1979, 47 (3): 727 – 732.

[13] Blanchard, O. J. Debt, Deficits, and Finite Horizons [J]. Journal of Political Economy, 1985, 93 (2): 223 – 247.

[14] Blanchard, O. J. & S. Fischer, Lectures on Macroeconomics [M]. Cambridge, Massachusetts, London, England: The MIT Press, 1989.

[15] Bloom, D. E. , D. Canning, G. Fink, J. E. Finlay. Fertility, Female Labor Force Participation, and the Demographic Dividend [J]. Journal of Economic Growth , 2009, 14: 79 – 101.

[16] Bodie, Z. , R. C. Merton, W. F. Samuelson. Labor Supply Flexibility and Portfolio Choice in a Life Cycle Model [J]. Journal of Economic Dynamics & Control, 1992, 16: 427 – 449.

[17] Bodie, Z. , J. B. Detemple, S. Otruba, S. Walter. Optimal Consumption – Portfolio Choices and Retirement Planning [J]. Journal of Economic Dynamics & Control , 2004, 28: 1115 – 1148.

[18] Boucekkine, R. , B. Diene, T. Azomahou. A Closed Look at the Relationship between Life Expectancy and Economic Growth [D]. Mimeographed, 2007.

[19] Butz, W. P. & M. P. Ward. The Emergence of Countercyclical

U. S. Fertility [J]. The American Economic Review, 1979, 69 (3): 318 - 328.

[20] Cairns, A. J. G., D. Blake, K. Dowd. Stochastic Lifestyling: Optimal Dynamic Asset Allocation for Defined Contribution Pension Plans [J]. Journal of Economic Dynamics & Control, 2006, 30: 843 - 877.

[21] Chakraborty, S. Endogenous Lifetime and Economic Growth [J]. Journal of Economic Theory, 2004, 116: 119 - 137.

[22] Choi, K. J. & G. Shim. Disutility, Optimal Retirement, and Portfolio Selection [J]. Mathematical Finance, 2006, 16 (2): 443 - 467.

[23] Cocco, J. F., F. J. Comes, P. J. Maenhout, Consumption and Portfolio Choice over the Life Cycle [J]. The Review of Financial Studies, 2005, 18 (2): 491 - 533.

[24] Doepke, M. Accounting for Fertility Decline During the Transition to Growth [J]. Journal of Economic Growth, 2004, 9: 347 - 383.

[25] Durand, J. D. The Labor Force in Economic Development and Demographic Transition [A]. In Leon Tabah, ed. Population Growth and Economic Development in the Third World [M]. Dolhain, Belgium: Ordina Editions, 1975: 47 - 78.

[26] Finlay, J. Endogenous Longevity and Economic Growth [D]. Program on the Global Demography of Aging Working Paper Series, No. 7, 2006.

[27] Fischer, S. A Life Cycle Model of Life Insurance Purchases [J]. International Economic Review, 1973, 14 (1): 132 - 152.

[28] Galindev, R. Leisure Goods, Education Attainment and Fertility Choice [J]. Journal of Economic Growth, 2011, 16: 157 - 181.

[29] Galor, O. & O. Moav. Natural Selection and the Origin of Eco-

nomic Growth [J]. Quaterly Journal of Economics, 2002, 117 (4): 1133 - 1192.

[30] Galor, O. & O. Moav. Das Human Capital: A Theory of the Demise of the Class Structure [D]. Unpublished Manuscript, Brown University and Hebrew University, 2003.

[31] Galor, O. & A. Mountford. Trading Population for Productivity [D]. Unpublished Manuscript, Brown University and Hebrew University, 2003.

[32] Galor, O. & D. N. Weil. The Gendar Gap, Fertility, and Growth [J]. The American Economic Review, 1996, 86 (3): 374 - 387.

[33] Galor, O. & D. N. Weil. Population, Technology, and Growth: From Malthusian Stagnation to the Demographic Transition and Beyond [J]. The American Economic Review, 2000, 90 (4): 806 - 828.

[34] Goldin, C. Understanding the Gender Gap: An Economic History of American Women [M]. New York: Oxford University Press, 1990.

[35] Goldin, C. The U - Shaped Female Labor Force Function in Economic Development and Economic History [D]. National Bureau of Economic Research (Cambridge, MA) Working Paper No. 4707, 1994.

[36] Hall, R. & C. Jones. Why do Some Countries Produce so much more Output per Worker than Others [J]. Quarterly Journal of Economics, 1999, 114: 83 - 116.

[37] Hansen, G. D. & E. C. Prescott. Malthus to Solow [J]. The American Economic Review, 2002, 92 (4): 1205 - 1217.

[38] Hazan, M. & B. Berdugo. Child Labor, Fertility, and Economic Growth [J]. The Economic Journal, 2002, 112 : 810 - 828.

[39] Heckman, J. J. & J. R. Walker. The Relationship between Wages

and Income and the Timing and Spacing of Births: Evidence from Swedish Longitudinal Data [J]. Econometrica, 1990, 58 (6): 1411 -1442.

[40] Jones, C. I. Was an Industrial Revolution Inevitable? Economic Growth over the Very Long Run [J]. Advances in Macroeconomics, 2001, 1 (2).

[41] Kalemli - Ozcan, S. & D. N. Weil. Mortality Change, the Uncertainty Effect, and Retirement [J]. Journal of Economic Growth , 2010, 15: 65 -91.

[42] Kanaya, S. Division Work between Male and Female, Human Capital, Demographic Transition [J]. Economy and Economics, 2002, 92. (in Japanese).

[43] Kratzas, I. , J. P. Lehoczky, S. P. Sethi, S. E. Shreve. Explicit Solution of a General Consumption/Investment Problem [J]. Mathematics of Operations Research, 1986, 11 (2): 261 -294.

[44] Klenow, P. J. & A. Rodriguez - Clare. The Neoclassical Revival in Growth Economics: Has It Gone Too Far? [A]. In: NBER Macroeconomics Annual 1997 [M]. MIT Press, Cambridge, London, 1997: 73 -103.

[45] Kogel, T. & A. Prskawetz. Agricultural Productivity Growth and the Escape from the Malthusian Trap [J]. Journal of Economic Growth, 2001, 6: 337 -357.

[46] Kremer, M. Population Growth and Technological Change: One Million B. C. to 1990 [J]. Quarterly Journal of Economics, 1993, 108 (3): 681 -716.

[47] Lagerlof, N. P. Gender Equality and Long - Run Growth [J]. Journal of Economic Growth, 2003, 8 (4): 403 -426.

[48] Lagerlof, N. P. The Galor - Weil Model Revisited: A Quantitative Exercise [D] . Working Paper of York University, 2005.

[49] Laun, T., S. Markussen, T. C. Vigtel, J. Wallenius. Health, Longevity and Retirement Reform [J]. Journal of Economic Dynamics & Control, 2019, 103: 123-157.

[50] Levine, R. & D. Renelt. A Sensitivity Analysis of Cross-Country Growth Regressions [J]. The American Economic Review, 1992, 82: 942-963.

[51] Lucas, R. E. Jr. On the Mechanics of Economic Development [J]. Journal of Monetary Economics, 1988, 22: 3-42.

[52] Malthus, T. R. An Essay on the Principle of Population [M]. Cambridge: Cambridge University Press, 1826.

[53] Mankiw, G. N., D. Romer, D. N. Weil. A Contribution to the Empirics of Economic Growth [J]. Quarterly Journal of Economics, 1992, 107 (2): 407-437.

[54] Meltzer, D. Mortality Decline, the Demographic Transition and Economic Growth [D]. Chicago: Ph. D. Thesis, University of Chicago, 1992.

[55] Mincer, J. Market Prices, Opportunity Costs, and Income Effects [A]. in Carl F. Christ, ed.. Measurement in Economics: Studies in Mathematical Economics and Econometrics in Memory of Yehuda Grunfeld, Stanford [M]. CA: Stanford University Press, 1963: 67-82.

[56] Morton, R. C. Lifetime Portfolio Selection under Uncertainty: The Continuous-Time Case [J]. The Review of Economics and Statistics, 1969, 51 (3): 247-257.

[57] Morton, R. C. Optimum Consumption and Portfolio Rules in a Continuous-Time Model [J]. Journal of Economic Theory, 1971 (3): 373-413.

[58] Nishimura, K. & L. K. Raut. Endogenous Fertility and Growth Dynamics [A]. In: G. Ranis and L. K. Raut, eds. Trade, Growth, and De-

velopment [M]. North – Holland: Amsterdam, 1999: 39 –53.

[59] Qi Ling. An Analysis of the Model of Division Work between Male and Female with Endogenous Fertility [J]. OIKONOMICA, 2002, 39 (2): 1 –21. (in Japanese)

[60] Qi Ling & Sadao Kanaya. The Concavity of the Value Function of the Extended Barro – Beker Model [J]. Journal of Economic Dynamics & Control, 2010, 34 (2): 314 –329.

[61] Sala – i – Martin, X. I Just Ran Two Million Regressions [J]. The American Economic Review, 1997, 87: 178 –183.

[62] Samuelson, P. A. Lifetime Portfolio Selection by Dynamic Stochastic Programming [J]. The Review of Economics and Statistics, 1969, 51 (3): 239 –246.

[63] Schultz, T. P. The Economics of Population [M]. MA: Addison – Wesley, 1981.

[64] Schultz, T. P. Changing World Prices, Women's Wages, and the Fertility Transition: Sweden, 1860 –1910 [J]. Journal of Political Economy, 1985, 93 (6): 1126 –1154.

[65] Schultz, T. P. Demand for Children in Low Income Countries [A]. In Mark R. Rosenzweig and Oded Stark, eds. Handbook of Population and Family Economics [M]. Amsterdam: North – Holland, 1997: 349 –430.

[66] Schultz, T. W. Transforming Traditional Agriculture [M]. New Haven: Yale University Press, 1964.

[67] Schultz, T. W. The Value of the Ability to Deal with Disequilibria [J]. Journal of Economic Literature, 1975, 13 (3): 827 –846.

[68] Stokey, N. L., R. E. Lucas Jr., E. C. Prescott, Recursive Methods in Economic Dynamics [M]. Massachusetts and London, England: Har-

vard University Press Cambridge, 1989.

[69] Sundaresan, S. & F. Zapatero. Valuation, Optimal Asset Allocation and Retirement Incentives of Pension Plans [J]. The Review of Financial Studies, 1997, 10 (3): 631 –660.

[70] Tamura, R. Human Capital and the Switch from Agriculture to Industry [J]. Journal of Economic Dynamics & Control, 2002, 27: 207 –242.

[71] Vohra, R. V. Advanced Mathematical Economics [M]. London and New York: Routledge Taylor & Francis Group, 2005.

[72] Weil, D. N. Economic Growth [M]. Publishing as Addison – Wesley: Pearson Education, Inc. 2005.

[73] Willis, R. J. A New Approach to the Economic Theory of Fertility Behavior [J]. Journal of Political Economy, 1973, 81 (2): S14 –S69.

[74] Weil, D. N. Economic Growth [M]. Publishing as Addison – Wesley: Pearson Education, Inc., 2005.

[75] Weil, D. N. Population Aging [D]. NEBR Working Paper Series, 2006.

[76] World Bank. World Development Report: Investing in Health [M]. New York: Oxford Vniversity Press, 1993.

[77] Yaari, M. E. Uncertain Lifetime, Life Insurance, and the Theory of the Consumer [J]. The Review of Economic Studies, 1965, 32 (2): 137 –150.